Sabine Tofahrn **Strafprozessrecht**

JURIQ Erfolgstraining

# Strafprozessrecht

von
Sabine Tofahrn

5., neu bearbeitete Auflage

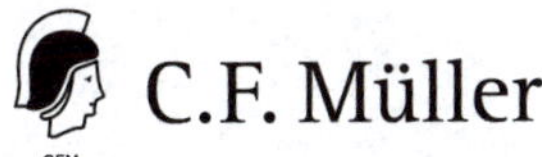

Bibliografische Information der Deutschen Nationalbibliothek
Die Deutsche Nationalbibliothek verzeichnet diese Publikation in der Deutschen Nationalbibliografie; detaillierte bibliografische Daten sind im Internet über <http://dnb.d-nb.de> abrufbar.

ISBN: 978-3-8114-6102-4
ePub: 978-3-8114-6124-6

E-Mail: kundenservice@cfmueller.de
Telefon: +49 6221 1859 599
Telefax: +49 6221 1859 598

www.cfmueller.de



Satz: TypoScript, München
Illustrationen: Mattfeldt & Sänger, München
Druck: Westermann Druck, Zwickau

# Liebe Leserinnen und Leser,

die Reihe „JURIQ Erfolgstraining“ zur Klausur- und Prüfungsvorbereitung verbindet sowohl für Studienanfänger als auch für höhere Semester die Vorzüge des klassischen Lehrbuchs mit meiner Unterrichtserfahrung zu einem umfassenden Lernkonzept aus Skript und Online-Training.

In einem ersten Schritt geht es um das **Erlernen** der nach Prüfungsrelevanz ausgewählten und gewichteten Inhalte und Themenstellungen. Die klausurrelevanten Probleme werden dabei systematisch strukturiert dargestellt und anhand zahlreicher Beispiele veranschaulicht. Zusätzlich hilft Ihnen die **visuelle Lernunterstützung** durch

- ein nach didaktischen Gesichtspunkten ausgewähltes Farblayout
- optische Verstärkung durch einprägsame Graphiken und
- wiederkehrende Symbole am Rand

= Definition zum Auswendiglernen und Wiederholen

= Problempunkt

= Online-Wissens-Check

**Illustrationen als „Lernanker“** für schwierige Beispiele und Fallkonstellationen steigern die Merk- und Erinnerungsleistung Ihres Langzeitgedächtnisses.

Auf die Phase des Lernens folgt das **Wiederholen und Überprüfen** des Erlernten im **Online-Wissens-Check**: Wenn Sie im Internet unter **www.juracademy.de/skripte/login** das speziell auf das Skript abgestimmte Wissens-, Definitions- und Aufbautraining absolvieren, erhalten Sie ein direktes Feedback zum eigenen Wissensstand und kontrollieren Ihren individuellen Lernfortschritt. Durch dieses aktive Lernen vertiefen Sie zudem nachhaltig und damit erfolgreich Ihre strafprozessrechtlichen Kenntnisse!

**Frage 10** (Punkte: 1)

Ein Zeuge macht in der Hauptverhandlung von seinem Zeugnisverweigerungsrecht Gebrauch. Welches Beweismittel darf nach h.M. in die Hauptverhandlung eingeführt und im Urteil verwertet werden?

Bitte beachten Sie, dass eine oder mehrere Antworten richtig sein können.

**Antwort**

| Aussagen | Antwort | Aussagerichtigkeit und Kommentar |
|---|---|---|
| a) Die Einvernahme des vernehmenden Polizisten? | ☐ ✓ | Falsch, das wäre eine Umgehung des Unmittelbarkeitsgrundsatzes. |
| b) Der Vorhalt aus dem Protokoll bei der Einvernahme des Richters? | ☑ ✓ | Richtig. Das Beweismittel bleibt allerdings die Aussage des Richters. |
| c) Die Einvernahme des vernehmenden Richters? | ☑ ✓ | Richtig. Dies ist nach h.M. unter Berufung auf die Wertung des § 254 StPO möglich. |
| d) Die Aussage des Zeugen im Ermittlungsverfahren durch Vorlesen des Protokolls? | ☐ ✓ | Falsch, das verstößt gegen den Unmittelbarkeitsgrundsatz und führt zu einem Verwertungsverbot. |

→ **Richtig**
Punkte für diese Antwort: 1/1.

Die JURIQ **Klausurtipps** zu gängigen Fallkonstellationen und häufigen Fehlerquellen weisen Ihnen dabei den Weg durch den Problemdschungel in der Prüfungssituation.

Das **Lerncoaching** jenseits der rein juristischen Inhalte ist als zusätzlicher Service zum Informieren und Sammeln gedacht: Ein erfahrener Psychologe stellt u.a. Themen wie Motivation, Leistungsfähigkeit und Zeitmanagement anschaulich dar, zeigt Wege zur Analyse und Verbesserung des eigenen Lernstils auf und gibt Tipps für eine optimale Nutzung der Lernzeit und zur Überwindung evtl. Lernblockaden.

Dieses Skript behandelt die **Grundzüge des Strafprozessrechts**. Es verschafft Ihnen einen fundierten Überblick und versetzt Sie so in die Lage, die **strafprozessualen Fragen im ersten Examen** sowohl in der Klausur als auch in der mündlichen Prüfung souverän zu beantworten. Den Kandidaten, die sich während der **Referendarzeit** erstmals mit dem Strafprozessrecht befassen, dient es als „Grundgerüst" auf dem aufbauend Sie sich dann mit den speziellen Zweitexamensproblemen beschäftigen können.

Auf geht's – ich wünsche Ihnen viel Freude und Erfolg beim Erarbeiten des Stoffs!

Und noch etwas: Das Examen kann jeder schaffen, der sein juristisches Handwerkszeug beherrscht und kontinuierlich anwendet. Jura ist kein „Hexenwerk". Setzen Sie nie ausschließlich auf auswendig gelerntes Wissen, sondern auf Ihr Systemverständnis und ein solides methodisches Handwerk. Wenn Sie Hilfe brauchen, Anregungen haben oder sonst etwas loswerden möchten, sind wir für Sie da. Wenden Sie sich gerne an C.F. Müller GmbH, Waldhofer Straße 100, 69123 Heidelberg, E-Mail: kundenservice@cfmueller.de. Dort werden auch Hinweise auf Druckfehler sehr dankbar entgegen genommen, die sich leider nie ganz ausschließen lassen.

Köln, im Juli 2023 *Sabine Tofahrn*

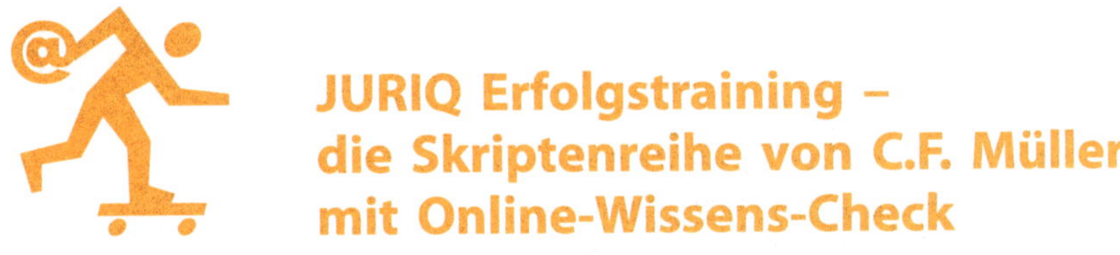

# JURIQ Erfolgstraining – die Skriptenreihe von C.F. Müller mit Online-Wissens-Check

Mit dem Kauf dieses Skripts aus der Reihe **„JURIQ Erfolgstraining"** haben Sie gleichzeitig eine Zugangsberechtigung für den Online-Wissens-Check erworben – ohne weiteres Entgelt. Die Nutzung ist freiwillig und unverbindlich.

Was bieten wir Ihnen im Online-Wissens-Check an?

- Sie erhalten einen individuellen Zugriff auf **Testfragen zur Wiederholung und Überprüfung des vermittelten Stoffs**, passend zu jedem Kapitel Ihres Skripts.
- Eine individuelle **Lernfortschrittskontrolle** zeigt Ihren eigenen Wissensstand durch Auswertung Ihrer persönlichen Testergebnisse.

Wie nutzen Sie diese Möglichkeit?

## Online-Wissens-Check

Registrieren Sie sich einfach für Ihren kostenfreien Zugang auf **www.juracademy.de/skripte/login** und schalten sich dann mit Hilfe des Codes für Ihren persönlichen Online-Wissens-Check frei.

**Ihr persönlicher User-Code: 185914132**

Der Online-Wissens-Check und die Lernfortschrittskontrolle stehen Ihnen für die **Dauer von 24 Monaten** zur Verfügung. Die Frist beginnt erst, wenn Sie sich mit Hilfe des Zugangscodes in den Online-Wissens-Check zu diesem Skript eingeloggt haben. Den Starttermin haben Sie also selbst in der Hand.

Für den technischen Betrieb des Online-Wissens-Checks ist die JURIQ GmbH, Littenstraße 11, 10179 Berlin zuständig. Bei Fragen oder Problemen können Sie sich jederzeit an das JURIQ-Team wenden, und zwar per E-Mail an: team@juriq.de.

# Inhaltsverzeichnis

# Literaturverzeichnis


| | |
|---|---|
| *Beulke/Swoboda* | Strafprozessrecht, 16. Aufl. 2022 |
| *Engländer* | Examens-Repetitorium Strafprozessrecht, 11 Aufl. 2022 |
| *Haller/Conzen* | Das Strafverfahren, 9. Aufl. 2021 |
| *Kühne* | Strafprozessrecht, 9. Aufl. 2015 |
| *Joecks/Jäger* | Studienkommentar StPO, 5. Aufl. 2022 |
| *Meyer-Goßner/Schmitt* | Strafprozessordnung, 66. Aufl. 2023 |
| *Russack* | Die Revision in der strafrechtlichen Assessorklausur, 15. Aufl. 2023 |
| *SK-StPO* | Systematischer Kommentar zur StPO, 4. Aufl. 2011 (SK-*Bearbeiter*) |

# Tipps vom Lerncoach

### Warum Lerntipps in einem Jura-Skript?

Es gibt in Deutschland ca. 1,6 Millionen Studierende, deren tägliche Beschäftigung das Lernen ist. Lernende, die stets ohne Anstrengung erfolgreich sind, die nie kleinere oder größere Lernprobleme hatten, sind eher selten. Besonders juristische Lerninhalte sind komplex und anspruchsvoll. Unsere Skripte sind deshalb fachlich und didaktisch sinnvoll aufgebaut, um das Lernen zu erleichtern.

Über fundierte Lerntipps wollen wir darüber hinaus all diejenigen ansprechen, die ihr Lern- und Arbeitsverhalten verbessern und unangenehme Lernphasen schneller überwinden wollen.

Diese Tipps stammen von *Frank Wenderoth,* der als Diplom-Psychologe seit vielen Jahren in der Personal- und Organisationsentwicklung als Berater und Personal Coach tätig ist und außerdem Jurastudierende in der Prüfungsvorbereitung und bei beruflichen Weichenstellungen berät.

### Wie lernen Menschen?

Die Wunschvorstellung ist häufig, ohne Anstrengung oder ohne eigene Aktivität „à la Nürnberger Trichter" lernen zu können. Die modernen Neurowissenschaften und auch die Psychologie zeigen jedoch, dass Lernen ein aktiver Aufnahme- und Verarbeitungsprozess ist, der auch nur durch aktive Methoden verbessert werden kann. Sie müssen sich also für sich selbst einsetzen, um Ihre Lernprozesse zu fördern. Sie verbuchen die Erfolge dann auch stets für sich.

### Gibt es wichtigere und weniger wichtige Lerntipps?

Auch das bestimmen Sie selbst. Die Lerntipps sind als Anregungen zu verstehen, die Sie aktiv einsetzen, erproben und ganz individuell auf Ihre Lernsituation anpassen können. Die Tipps sind pro Rechtsgebiet thematisch aufeinander abgestimmt und ergänzen sich von Skript zu Skript, können aber auch unabhängig voneinander genutzt werden.

Verstehen Sie die Lerntipps „à la carte"! Sie wählen das aus, was Ihnen nützlich erscheint, um Ihre Lernprozesse noch effektiver und ökonomischer gestalten zu können!

# Lernthema 6
# Methoden zum besseren Lernen und Behalten

Viele Lernende stellen sich die Frage, wie sie den umfangreichen Lernstoff noch besser aufnehmen, verstehen und wiedergeben können. In einem ersten Schritt geht es in den Lerntipps um die Erkenntnisse der Lernforschung zum Thema „Lernkanäle". Dann erhalten Sie praktische Tipps zu einer speziellen Lesemethode und einem System des Wiederholungslernens.

## Lerntipps

### Viele Aufnahmekanäle führen zum Lernen!

Die häufigsten Lernkanäle sind Lesen (Text), Sehen (natürliche Situationen, Abbildungen), Hören (Vorlesung, Diskussion) und Handeln (selbst aufschreiben, anderen erzählen). Über die genaue Nutzungseffektivität der Lernkanäle gibt es wenig gesicherte Erkenntnisse. Dennoch gibt es einen Vorteil, wenn Sie unterschiedliche Kanäle für gleiche Lerninhalte nutzen. Die unterschiedlichen Aufnahmemodi erlauben unterschiedliche Orte der Abspeicherung des gleichen Lerninhalts im Gehirn. Der Lerngegenstand wird dem Gehirn damit zum einen „plastischer", und beim Erinnern haben wir zum anderen mehr als eine Zugriffsmöglichkeit auf das Gelernte.

### Folgende Tipps dazu zusammengefasst:

- Wenn es nur irgendwie geht, machen Sie sich den Stoff auf unterschiedlichen Kanälen zugänglich.
- Wichtige Begriffe, Definitionen sollten gelesen, gesprochen, geschrieben, gehört und in einen Sinnzusammenhang gebracht werden.
- Sprechen Sie Fragen und Antworten vor sich hin – denken Sie laut!
- Schreiben Sie sich Lernmaterial auf (z.B. Karteikarten).
- Lesen Sie nach bestimmten Methoden (z.B. SQ3R-Methode).
- Nutzen Sie eLearning.
- Hören Sie Argumente, Querverbindungen von Studienkollegen, Dozenten.

### SQ3R – Sie werden sich wundern!

Sie erinnern sich an den letzten Roman, den Sie gelesen haben. Drama, Liebe, Spannung, Unterhaltung … . Einen Roman beginnt man üblicherweise vorn zu lesen, häufig folgt er einem Zeitstrahl, hat Höhepunkte, lebendige Charaktere, erzeugt bei Ihnen Erlebniswelten mit Gefühlen und persönliche Identifikationsmöglichkeiten. Ein Fachbuch greift nicht auf die stilistischen Mittel eines Romanautors zurück, sondern benutzt den „roten Faden der Sachlogik". Trotz allem lesen viele Lernende Fachbücher und -artikel wie Romane von vorne bis hinten (und damit häufig ohne Höhepunkt).

Die Ergebnisse des Lernforschers *Robinson* (Erfinder der Wunderformel SQ3R) zeigen:

- Mit der Romanlesemethode wird bei Fachtexten nur die Hälfte des Gelesenen inhaltlich aufgenommen.
- Das nochmalige Durchlesen nach dieser Methode erbringt kaum Verbesserungen.

**Fazit:**

Fachtexte müssen mit besonders dafür entwickelten Lesetechniken erarbeitet werden. Dafür wurde die Methode SQ3R von *Robinson* entwickelt. Obwohl sich das kompliziert anhört, ist die Methode aber einfach anzuwenden und sehr effektiv.

### Survey – Verschaffen Sie sich den Überblick!

Lesen Sie nicht, sondern erforschen Sie grob, was auf Sie zukommt.

Bei einem Buch, Artikel oder Text können Sie z.B. folgendermaßen vorgehen:

- Titel, Überschriften und Unterüberschriften, Inhaltsverzeichnis lesen
- Zusammenfassungen, Umschlagtexte eines Buches lesen
- Abbildungen, Tabellen und ihre Überschriften ansehen
- Texthervorhebungen gegebenenfalls überfliegen.

Diese Phase dauert nur wenige Minuten. Das weitere Lesen ist nicht mehr orientierungslos, sondern trifft auf eine sinnvolle Struktur. Es wird eine Erwartungshaltung und Neugier erzeugt, welche die Aufnahmebereitschaft begünstigt.

Methoden zum besseren Lernen und Behalten

### Question – Stellen Sie sich Fragen!

Sie sollten sich jetzt immer noch bremsen mit dem Lesen. Es wurde eine Erwartungshaltung bei Ihnen erzeugt, es tauchen Fragen in Ihrem Kopf auf, Ihr Gehirn ist auf aktive Suche umgeschaltet. Stellen Sie sich jetzt Fragen, die Sie bei Bedarf auch aufschreiben können:

- Was stelle ich mir unter diesem Thema vor?
- Was weiß ich bereits von dem Stoff? Was über den Autor?
- Welche Kapitel und Überschriften werden genannt?
- Welche unbekannten Fachbegriffe tauchen auf?
- Welche Verbindungen sehe ich zu anderen Themen?
- Welche spezifischen Fragen tauchen auf?

Sie werden schneller vorgegebene Strukturen des Textes erkennen, Wesentliches von Unwesentlichem unterscheiden können. Sie lernen immer spezifischer Ihre Sachfragen zu stellen, um diese später gezielter zu beantworten.

### Read – Lesen Sie jetzt gründlich Abschnitt für Abschnitt!

Sie sind jetzt gut vorbereitet. Lesen den Text bitte langsam und konzentriert durch und beachten Sie folgende Hinweise:

- Erkennen Sie die vorgegebene Struktur des Textes, beachten Sie Gliederungshierarchien und ordnen Sie danach ein, was Haupt- und Unterpunkte sind.
- Schlagen Sie unbekannte Fachbegriffe direkt nach und klären Sie diese im Kontext.
- Beachten Sie grafische Hervorhebungen im Text besonders (fett, kursiv, Einrückungen).
- Beachten Sie auch sprachliche Hervorhebungen („wesentlich, von zentraler Bedeutung, kritisch ist, wie oben erwähnt, im Gegensatz zu ...").
- Finden Sie die Hauptaussagen der einzelnen Abschnitte.
- Heben Sie zusätzlich für Sie Wesentliches hervor durch Markierungen im Text oder am Seitenrand mit Bemerkungen (z.B. „Theorie, Vergleiche, Kritik, Ergebnis, Bezug").
- Lassen Sie sich anfangs nicht davon verwirren, Sie werden später derartige Worthinweise und Kernideen dann immer schneller finden.

Nach dem Lesen eines Abschnittes machen Sie eine kleine Pause von 3 Minuten.

### Recall – Wiederholen Sie und fassen Sie jeden Abschnitt schriftlich zusammen!

Nachdem Sie einen Abschnitt gelesen haben, sind Sie in der Lage, die wesentlichen Inhalte ohne Vorlage wiederzugeben. Sie können die Kernaussagen im Geiste wiederholen. Bei komplexeren Lerninhalten sollten Sie sich aber schriftliche Notizen machen.

Gehen Sie wie folgt vor:

- Schreiben Sie die wichtigsten Begriffe, Kerngedanken kurz auf und gebrauchen Sie dabei Ihre eigenen Formulierungen.
- Beantworten Sie die unter „Question" gestellten spezifischen Fragen.
- Erstellen Sie eigenständig Tabellen, Abbildungen, Gliederungen und Schemata, um komplizierte Inhalte zu veranschaulichen.

Auf diese – erst einmal zeitaufwändige Weise – haben Sie nun eine aussagekräftige Sammlung wesentlicher Inhalte, die Sie möglichst gut auffindbar in Aktenordnern oder auf Karteikarten für die spätere Verwendung dokumentieren können. In der Vorbereitung der Prüfungen und Arbeitsgruppensitzungen können Sie gezielter darauf zurückgreifen.

### Review – Wiederholen Sie den gesamten Text mündlich!

Jetzt kommt die Zusammenschau in einer mündlichen Wiederholung. Gehen Sie dafür noch einmal alle Überschriften, Gliederungen, Hervorhebungen und Notizen (zügig) durch, um gut auf Ihre mündliche Nacherzählung vorbereitet zu sein. Stellen Sie sich nun mündlich die wesentlichen Aussagen des Textes vor. Sie können dabei auch Vergleiche, Querverbindungen zu anderen Texten oder ähnlichen Theorien herstellen.

### Üben Sie die SQ3R Methode!

Erarbeiten Sie jetzt einen einfachen nicht allzu langen Text nach der SQ3R Methode. Sie werden bei häufigerer Anwendung merken, dass diese Arbeitstechnik genial einfach ist, dank *Robinson*.



Survey
Erforschen, Überblick gewinnen: Titel, Kapitel, Überschriften, Zusammenfassungen

Question
Fragen stellen: Was weiß ich bislang zum Thema, Autor?
Was möchte ich gerne wissen?

Read
Langsames Lesen des Textes/Abschnitts mit Hervorhebungen und Bemerkungen

Recall
Wiederholen und schriftliches Zusammenfassen der wichtigsten Inhalte mit eigenen Formulierungen

Review
Nacherzählen und Wiederholen des gesamten Textes mit Querverbindungen, Kritik

Die SQ3R Methode hilft vor allem beim Erlernen von Zusammenhangswissen.

### Wiederholen Sie auch Ihr Faktenwissen (z.B. Definitionen) mit System!

Sie kennen vom Vokabellernen vielleicht, dass es für einen aktiven Wortschatz besonders günstig ist, Vokabeln nach individueller Schwierigkeit z.B. auf Karteikarten zu lernen und nicht nach Kapiteln. Erstellen Sie sich analog eine differenzierte Lernkartei für Definitionen, die Sie so regelmäßig wiederholen können. Vielleicht eignet sich das grundlegende Wiederholungssystem auch für Schemata. Probieren Sie es aus!

- Jede neue Definition wird auf eine kleine Karteikarte (ca. 7 x 10 cm) geschrieben. Auf der einen Seite ist der Begriff, auf der anderen Seite die Definition.
- Je nach subjektiv empfundener Schwierigkeit werden die Karten in fünf unterschiedliche Pakete eingeteilt.
- Nehmen Sie einen Karteikasten mit fünf möglichst unterschiedlich großen Fächern.

- Die schwierigsten Karten kommen in das kleinste, die leichtesten in das größte Fach. Sie brauchen auf jeden Fall fünf unterschiedlich schwierige Karteipakete (können auch nummeriert sein).
- Täglich werden zehn Definitionen wiederholt, indem aus jedem Fach zwei Karten vom Anfang des Stapels abgefragt werden.
- Wird die Definition gut beherrscht, so wandert sie nach hinten in das nächst größere (leichtere) Fach.
- Die schlecht beherrschten Definitionen wandern ins nächst schmalere (schwierigere) Fach.
- „Mittelprächtig" beherrschte bleiben im gleichen Fach, wandern jedoch wieder ans Ende des Stapels.

Auf diese Weise wiederholen Sie die noch nicht erlernten Definitionen häufiger. Wenn Sie täglich konsequent zehn Definitionen in zehn Minuten wiederholen würden, hätten Sie in einem Vierteljahr ca. 900 Definitionen präsent.

**Online-Wissens-Check statt Karteikasten!**

Alternativ hierzu können Sie auch den zu diesem Skript gehörenden kostenlosen Online-Wissens-Check nutzen. Dabei nutzen Sie gleich mehrere „Lernkanäle". Sie beantworten einfach die dort gestellten Wiederholungsfragen, erhalten direktes feedback zum Wissensstand und sehen tagesaktuell Ihren individuellen Lernfortschritt. Einfach anmelden unter **www.juracademy.de/skripte/login**. Den user code finden Sie auf der Codeseite nach dem Vorwort zu diesem Skript.

# 1. Teil
# Überblick über das Strafverfahren

Solide Kenntnisse des Strafverfahrensrechts sind nicht nur unabdingbar für das Bestehen des zweiten Staatsexamens, sondern auch erforderlich für die Examensklausur und die mündliche Prüfung im ersten juristischen Staatsexamen. Sollten Sie schon einmal den an Ihren Universitäten angebotenen Examensklausurenkurs besucht haben, dann werden Sie wissen, dass bei einer Vielzahl von Klausuren des ersten Staatsexamens **strafprozessuale Zusatzfragen** gestellt werden. Sowohl hier als auch in der mündlichen Prüfung können und sollten Sie also mit solidem Basiswissen schnell und sicher punkten. 1

Wir werden nachfolgend die wesentlichen Grundzüge des Strafprozessrechts darstellen, die Sie sowohl für das erste als auch für das zweite Staatsexamen beherrschen müssen, wobei wir uns im Wesentlichen auf das klausurrelevante Erkenntnisverfahren beschränken werden.

**JURIQ-Klausurtipp**

Die Zusatzfragen, die Ihnen typischerweise in der Klausur begegnen können, finden Sie in diesem Skript an den entsprechenden klausurrelevanten Stellen in den dazu gehörenden *Beispielen*.[1]

Versuchen Sie, die Fragen zunächst selbst zu beantworten, bevor Sie die nachfolgend geschilderten Lösungen lesen.

Die Beantwortung der Zusatzfrage folgt keinem schulmäßigen Aufbau, wie Sie ihn aus dem materiellen Strafrecht kennen. Gleichwohl orientiert auch sie sich an Normen aus der StPO, die Sie kennen sollten.

Für gewöhnlich wird die Zusatzfrage am Ende der Klausur – meist aus Zeitnot – stiefmütterlich behandelt, was unklug ist, da Sie mit einer gelungenen Beantwortung einen guten „letzten Eindruck" hinterlassen können. Aus diesem Grund empfiehlt es sich, die Zusatzfrage auf einem separaten Blatt zu Beginn zu beantworten, allerdings nur dann, wenn ihre Beantwortung Sie nicht vor allzu große Schwierigkeiten stellt. Sollte Ihnen das Thema unbekannt sein, und müssen Sie dementsprechend erst lange in der StPO suchen, sollten Sie die Bearbeitung des insoweit wichtigeren materiell-rechtlichen Teils vorziehen und darauf hoffen, dass Ihnen am Ende noch genug Zeit zum Suchen bleibt.

## A. Funktion des Strafverfahrens

Wenn in Ihrer Klausur nach der Strafbarkeit der Beteiligten gefragt ist, dann bestimmen Sie anhand des materiellen Strafrechts, welche Straftatbestände durch die jeweiligen Verhaltensweisen verwirklicht wurden. Sie gehen dabei im ersten Staatsexamen von einem feststehenden Sachverhalt aus. In der Praxis muss dieser Sachverhalt jedoch erst ermittelt und bewiesen werden. Schließlich muss im Wege eines rechtsstaatlichen Verfahrens eine rechtskräftige Entscheidung herbeigeführt werden, die dann Grundlage für die Vollstreckung einer Strafe 2

1 Weitere typische Zusatzfragen finden Sie bei *Murmann* JuS-Beilage 11/2007.

ist. Wie, durch wen und anhand welcher Beweise das Vorliegen einer **Straftat ermittelt** und die **Strafverfolgung durchgesetzt** wird, regelt das Strafprozessrecht. Dabei werden im Wesentlichen drei grundlegende Ziele verfolgt.

## I. Wahrheit und Gerechtigkeit

3 

Durch eine **umfassende Aufklärung des Sachverhalts** und eine **ordnungsgemäße Beweiserhebung und -verwertung** soll zunächst gewährleistet werden, dass niemand zu Unrecht bestraft wird. Das Strafrecht soll also eine in materiell-rechtlicher Hinsicht richtige und damit gerechte Entscheidung herbeiführen.[2] Die Feststellung und Durchsetzung eines Strafanspruchs obliegt dabei dem Staat.

## II. Rechtsstaatlichkeit

4 Die erstrebte Wahrheit und Gerechtigkeit kann es in einem Rechtsstaat nicht um jeden Preis geben. Es muss verhindert werden, dass der Staat in seinem Bestreben nach einer möglichst effektiven Strafverfolgung den möglichen Straftäter unverhältnismäßigen Eingriffen aussetzt. Beachten Sie, dass in einem Strafverfahren der mögliche Straftäter bis zum Erreichen einer rechtskräftigen Entscheidung als unschuldig angesehen werden muss. Aus diesem Grund ist es unabdingbar, dass die gerichtliche **Entscheidung prozessual ordnungsgemäß zustande kommt** und dem möglichen Straftäter **Rechtsmittel** zur Verfügung stehen, mit denen er sich gegen staatliche Willkürmaßnahmen zur Wehr setzen kann.

**Beispiel** Der gewalttätige A steht im Verdacht, seine Ehefrau, die seit einigen Wochen spurlos verschwunden ist, ermordet und die Leiche beseitigt zu haben. Da es jedoch keine hinreichenden Beweise gibt, steht die Staatsanwaltschaft kurz davor, das Ermittlungsverfahren gem. § 170 Abs. 2 StPO einzustellen. Der Polizeibeamte P ist jedoch mit diesem Ermittlungsergebnis nicht zufrieden und beschließt, der Wahrheit ein wenig auf die Sprünge zu helfen. Aus diesem Grund droht er A bei der nächsten Vernehmung an, er werde ihm durch einen speziell ausgebildeten Beamten des Geheimdienstes und unter ärztlicher Überwachung Schmerzen zufügen, deren Ausmaß er sich noch nicht einmal in seinen schlimmsten Träumen vorstellen könne. Er werde dabei darauf achten, dass keine sichtbaren Spuren am Körper des A verbleiben würden, so dass dieser, sollte er sich später auf eine verbotene Verhörmethode berufen wollen, keinerlei Beweise haben

2 *BVerfGE* 20, 45; *Beulke* Strafprozessrecht Rn. 7.

werde. Der derart eingeschüchterte A legt daraufhin ein vollumfängliches Geständnis ab, welches auch zum Auffinden der Leiche führt.[3]

Hier hat P zwar effektiv die von A begangene Straftat verfolgt. Die Art und Weise steht jedoch im Widerspruch zu § 136a StPO, wonach die Androhung von Folter verboten ist. Das Geständnis des A kann mithin vor Gericht als Beweismittel nicht verwertet werden. Sofern keine anderen Beweismittel vorliegen, ist A wegen der tatsächlich begangenen Straftat freizusprechen. P hat sich hingegen gem. § 240 StGB strafbar gemacht, indem er A Folter androhte. ■

### III. Rechtsfrieden

Das Strafverfahren soll schließlich durch eine rechtskräftige und damit für alle verbindliche Entscheidung die geltende **Rechtsordnung bestätigen** und dadurch Rechtsfrieden schaffen.[4] 5

## B. Gesetzliche Grundlagen des Strafverfahrens

Strafprozessuale Normen finden sich in verschiedenen Gesetzen. Bekannt sein sollten Ihnen vor allem: 6

- Die **StPO**: Sie stellt die Hauptquelle des Strafverfahrensrechts dar und regelt insbesondere den Ablauf des Verfahrens.
- Das **GVG**: Es enthält vor allem Normen, die sich mit dem Aufbau, der Zusammensetzung und der Zuständigkeit der Gerichte sowie der Organisation der Staatsanwaltschaft beschäftigen.
- Das **GG**: Kennen sollten Sie hier vor allem das Rechtsstaatsprinzip, welches in Art. 20 Abs. 3 GG geregelt ist sowie die grundrechtsgleichen Rechte gem. den Art. 101, 103 und 104 GG.
- Das **JGG**: Dieses Gesetz ist zu berücksichtigen bei Verfahren gegen Jugendliche und Heranwachsende.
- Das **StGB**: Hier finden Sie Vorschriften zu Verfolgungsvoraussetzungen, wie z.B. dem Strafantrag gem. §§ 77 ff. StGB und zu Verfolgungshindernissen, wie z.B. der Verjährung gem. §§ 78 ff. StGB.
- Die **EMRK (Europäische Menschenrechtskonvention)**: Kennen sollten Sie hier vor allem Art. 6 EMRK, der sich mit den grundlegenden Rechten des Angeklagten befasst.

## C. Gliederung des Strafverfahrens

Wie wir soeben gesehen haben, hat das Strafverfahren die Aufgabe, den staatlichen Strafanspruch festzustellen und nach Erreichen einer rechtskräftigen Entscheidung durchzusetzen. Dementsprechend zerfällt das Strafverfahren in **zwei große Verfahrensabschnitte**: 7

3 Vgl. dazu den Fall „Daschner" im Skript „Strafrecht BT I" Rn. 386.

4 Interessante Ausführungen zum Sinn und Unsinn des Strafens finden Sie bei *Hassemer* Warum Strafe sein muss, 2009.

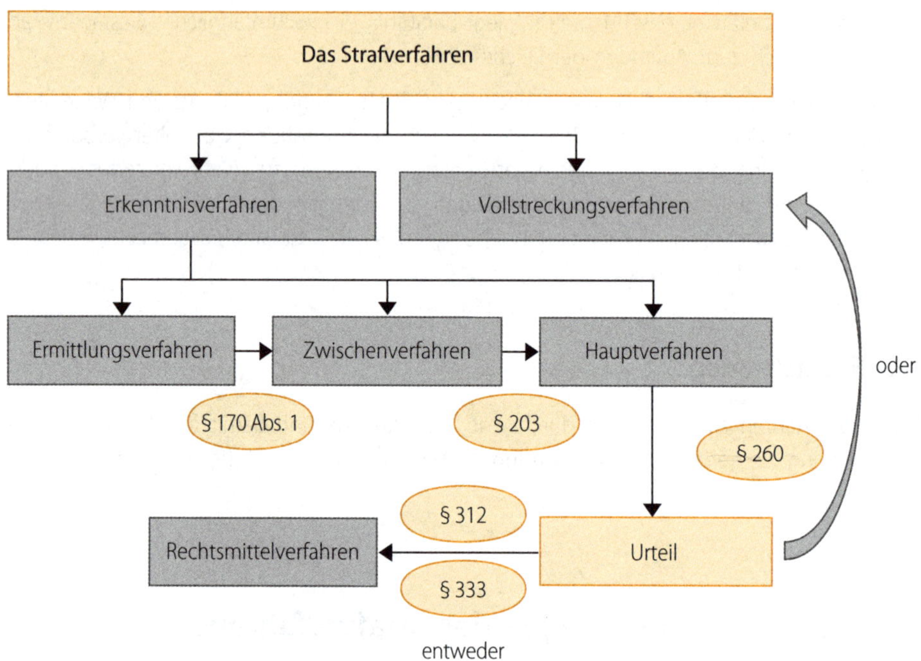


8 Im **Erkenntnisverfahren** wird geklärt, ob sich der mögliche Straftäter tatsächlich einer Straftat schuldig gemacht hat. Das Erkenntnisverfahren besteht seinerseits wiederum aus drei Teilen:

Es beginnt mit dem **Ermittlungsverfahren**, auch Vorverfahren genannt. In diesem Verfahrensabschnitt ermittelt die Staatsanwaltschaft unter Hinzuziehung der Polizei, ob **„genügender Anlass zur Erhebung der öffentliche Klage"** besteht, § 170 Abs. 1 StPO. Wird dies bejaht, glauben die Ermittlungsbehörden also, dass der Beschuldigte der Tat hinreichend verdächtig ist, so endet das Vorverfahren in der Regel mit der Anklageerhebung gem. § 170 Abs. 1 StPO. Sind die Ermittlungen hingegen zu einem negativen Ergebnis gelangt, so wird das Verfahren gem. § 170 Abs. 2 StPO eingestellt. Daneben gibt es andere Möglichkeiten, das Verfahren zu beenden, z.B. eine Einstellung gem. §§ 153 ff. StPO. Dazu später mehr unter Rn. 21.

Mit Einreichung der Anklageschrift beim zuständigen Gericht wird das **Zwischenverfahren** gem. §§ 199 ff. StPO eröffnet. Im Zwischenverfahren prüft das Gericht, ob die Voraussetzungen für die spätere Hauptverhandlung vorliegen. Dies ist vor allem dann der Fall, wenn der Beschuldigte nach Auffassung des prüfenden Richters hinreichend verdächtig ist, die ihm mit der Anklageschrift vorgeworfenen Taten begangen zu haben. Wird der hinreichende Tatverdacht bejaht, erlässt das Gericht einen **Eröffnungsbeschluss** gem. §§ 203, 207 StPO. Liegen die Voraussetzungen nicht vor, so wird der Erlass eines Eröffnungsbeschlusses gem. § 204 StPO abgelehnt.

Mit dem Erlass des Eröffnungsbeschlusses beginnt das **Hauptverfahren** gem. §§ 213 ff. StPO, dessen Kernstück die **Hauptverhandlung** gem. §§ 226 ff. StPO ist. Das Hauptverfahren endet i.d.R. mit einem **Urteil** gem. § 260 StPO.

9 Damit ist das erstinstanzliche Erkenntnisverfahren abgeschlossen. Sowohl die Staatsanwaltschaft als auch der Verurteilte bzw. sein Verteidiger haben jedoch die Möglichkeit, im

anschließenden **Rechtsmittelverfahren** das Urteil durch eine **Berufung** oder eine **Revision** überprüfen zu lassen. Wird von diesen Rechtsmitteln Gebrauch gemacht, so erlangt das erstinstanzliche Urteil noch keine Rechtskraft. Diese tritt erst mit Abschluss des Rechtsmittelverfahrens ein.

Nach Eintritt der Rechtskraft folgt das **Vollstreckungsverfahren** gem. §§ 449 ff. StPO, welches gem. § 451 Abs. 1 StPO von der Staatsanwaltschaft geleitet wird. Da das Vollstreckungsverfahren so gut wie nie Gegenstand von Examensklausuren ist, werden wir uns mit diesem Verfahrensabschnitt in diesem Skript nicht weiter beschäftigen.

# 2. Teil
# Das Erkenntnisverfahren erster Instanz

## A. Voraussetzungen des Strafverfahrens

10 Die Durchführung eines Strafverfahrens hängt von gewissen allgemeinen **Prozessvoraussetzungen** ab. Das Fehlen einer Prozessvoraussetzung stellt ein **Verfahrenshindernis** dar, welches grundsätzlich dazu führt, dass in der Sache keine Entscheidung ergeht. Je nach Stadium, in welchem sich das Strafverfahren befindet, hat das folgende Konsequenzen:

- Im **Ermittlungsverfahren**: Stellt die Staatsanwaltschaft fest, dass die Prozessvoraussetzungen nicht vorliegen, so stellt sie das Verfahren nach § 170 Abs. 2 StPO ein.
- Im **Zwischenverfahren**: Wird das Fehlen dieser Voraussetzungen erst im Zwischenverfahren festgestellt, dann beschließt das Gericht, die Hauptverhandlung nicht zu eröffnen gem. § 204 StPO.
- Im **Hauptverfahren**: Außerhalb der Hauptverhandlung stellt das Gericht bei Fehlen der Voraussetzungen das Verfahren gem. § 206a StPO ein. Wird ein Verfahrenshindernis erst während der Hauptverhandlung festgestellt oder tritt es erst während dieser Verhandlung ein, so endet die Hauptverhandlung mit einem Prozessurteil, in welchem die Einstellung ausgesprochen wird, § 260 Abs. 3 StPO. Steht allerdings zu diesem Zeitpunkt bereits fest, dass der Angeklagte bei Vorliegen der Voraussetzungen freizusprechen wäre, so muss ein freisprechendes Urteil ergehen (Vorrang des Freispruchs).[1]

### I. Die Prozessvoraussetzungen

11 Die Prozessvoraussetzungen sind in jedem der soeben dargestellten Verfahrensstadien **von Amts wegen** zu prüfen. Zu den **wichtigen Prozessvoraussetzungen** zählen:

**JURIQ-Klausurtipp**

Fragen nach den Verfahrenshindernissen sind **beliebte Zusatzfragen**, sowohl in der Klausur als auch in der mündlichen Prüfung. Außerdem sind sie wichtig für die Revision. Sie sollten sich also die nachfolgenden Ausführungen gut einprägen.

» Wie Sie sehen, ist die prozessuale Tat ein wichtiger Begriff, mit dem wir uns ausführlich unter Rn. 37 auseinandersetzen werden. «

- **Keine anderweitige Rechtshängigkeit**: Hat das Gericht bereits bezüglich **derselben prozessualen Tat** einen Eröffnungsbeschluss erlassen, so ist die Sache bei diesem Gericht rechtshängig. Dies führt dazu, dass diese Tat nicht mehr vor einem anderen Gericht angeklagt werden kann.[2]
- **Keine entgegenstehende Rechtskraft**: Ist bezüglich **derselben prozessualen Tat** bereits eine rechtskräftige Entscheidung ergangen, so darf ebenfalls keine erneute Anklage erhoben werden. Es ist ein sog. Strafklageverbrauch eingetreten (vgl. dazu Art. 103 Abs. 3 GG).

1 *Engländer* Examens-Repetitorium Strafprozessrecht Rn. 9.
2 BGHSt 29, 341.

- **Keine Verjährung**: Die Verfolgung einer verjährten Tat ist nicht möglich. Die Verjährung ist geregelt in den §§ 78 ff. StGB. Die abstrakte Verjährungsfrist bestimmt sich nach § 78 StGB, die konkrete Verjährungsfrist wird nach § 78a StGB berechnet. Sie beginnt in der Regel mit der Beendigung der Tat. Unter bestimmten Umständen kann die Frist ruhen (§ 78b StGB) oder aber unterbrochen werden (§ 78c StGB).
- **Wirksamer Strafantrag bei Antragsdelikten bzw. wirksame Ermächtigung (z.B. § 90 StGB)**: Sofern es sich um absolute Antragsdelikte handelt, ist der Strafantrag, der vom Verletzten gestellt werden muss, Verfolgungsvoraussetzung. Fehlt dieser, so kann bezüglich dieser Tat keine Anklage erhoben werden. Beachten Sie aber, dass es Delikte gibt, bei denen der fehlende Strafantrag durch das öffentliche Interesse ersetzt werden kann.

**Hinweis**

Bei der Beschäftigung mit dem materiellen Strafrecht werden Ihnen **absolute und relative Antragsdelikte** begegnet sein. Absolute Antragsdelikte sind solche, bei welchen die Verfolgung ausschließlich von dem Vorliegen eines Strafantrags abhängt, so z.B. der Hausfriedensbruch gem. § 123 StGB und die Beleidigung gem. § 185 StGB. Relative Antragsdelikte hingegen sind solche, die zwar grundsätzlich eines Strafantrags bedürfen, bei denen sich die Staatsanwaltschaft jedoch wegen des besonderen öffentlichen Interesses über das Fehlen eines Antrags hinwegsetzen darf. Zu den relativen Antragsdelikten gehört der Diebstahl einer geringwertigen Sache gem. §§ 242, 248a StGB sowie aufgrund der entsprechenden Verweise die Begünstigung gem. § 257 Abs. 4 S. 1 StGB, die Hehlerei gem. § 259 Abs. 2 StGB, der Betrug gem. § 263 Abs. 4 StGB, sowie die Untreue gem. § 266 Abs. 2 StGB.

- **Strafmündigkeit:** Wie sich aus § 19 StGB ergibt, sind Personen unter 14 Jahren nicht schuldfähig. Sie sind damit auch nicht strafmündig, so dass gegen sie kein Strafverfahren durchgeführt werden kann.
- **Verhandlungsunfähigkeit:** Der Beschuldigte muss in der Lage sein, aktiv an dem Strafverfahren mitzuwirken, insbesondere sich in adäquater Weise zu verteidigen. Ist die Verhandlungsfähigkeit nur vorübergehend eingeschränkt, so kann dies zu einer vorläufigen Einstellung gem. § 205 StPO (analog) führen. Die endgültige Verhandlungsunfähigkeit ist demgegenüber ein Verfahrenshindernis, welches zur Einstellung zwingt.[3]

**Beispiel** In dem Verfahren gegen den vom *LG München* wegen Beihilfe zum Mord an 29 000 Juden zu 5 Jahren Haft verurteilten John Demjanjuk war die Verhandlungsfähigkeit in Anbetracht des Alters (89 Jahre) des Angeklagten ein großes Problem. Nachdem medizinische Gutachter ihn für eingeschränkt verhandlungsfähig erklärt hatten, konnte Anklage erhoben und der Prozess durchgeführt werden.[4] ■

- **Keine Immunität:** Gem. Art. 46 Abs. 2 und 4 GG und § 152a StPO in Verbindung mit den entsprechenden Vorschriften der Landesverfassungen sind Mitglieder des Bundestages und der Länderparlamente für die Dauer ihres Mandats immun, d.h. es darf grundsätzlich keine Strafverfolgung durchgeführt werden. Beachten Sie jedoch, dass das Parlament die Strafverfolgung genehmigen kann gem. Art. 46 Abs. 2 GG.

3 *BVerfG* NJW 1995, 19, 51.

4 Informationen dazu finden Sie unter http://www.spiegel.de/panorama/justiz/mutmasslicher-ns-verbrecher-aerzte-erklaeren-demjanjuk-fuer-verhandlungsfaehig-a-634140.html.

- **Wirksamer Eröffnungsbeschluss und wirksame Anklage:** Prozessvoraussetzung des Hauptverfahrens sind ein wirksamer Eröffnungsbeschluss sowie eine wirksame Anklage (zum Inhalt der Anklageschrift siehe § 200 StPO). Beide können jedoch nach herrschender Meinung auch während der Hauptverhandlung noch nachgeholt werden, so dass die Fehler, auch wenn es schwerwiegende sind, geheilt werden können.[5]
- **Sachliche und örtliche Zuständigkeit des Gerichts:** Die sachliche und örtliche Zuständigkeit des Gerichts ist in der StPO und dem GVG geregelt. Wir werden uns ausführlich damit auseinandersetzen unter Rn. 44 ff.
- **Kein Tod des Beschuldigten:** Es ist allgemein anerkannt, dass nach dem Tod des Beschuldigten keine Sachentscheidung mehr ergehen darf. Nach neuerer Rechtsprechung endet das Verfahren nicht von selbst, sondern ausschließlich durch einen förmlichen Einstellungsbeschluss.[6]
  Umstritten ist, ob der Umstand, dass der Beschuldigte aller Wahrscheinlichkeit nach das Ende der Hauptverhandlung nicht mehr erleben wird, ein Verfahrenshindernis darstellt. Dies wurde im Fall Honecker vom **BerlVerfGH** bejaht.[7] Ein generelles Verfahrenshindernis wegen hohen Alters des Beschuldigten kann daraus allerdings nicht abgeleitet werden. Ist hingegen mit an Sicherheit grenzender Wahrscheinlichkeit damit zu rechnen, dass der Tod des Beschuldigten gerade durch das Strafverfahren zu erwarten ist, so kann aus Art. 2 Abs. 2 S. 1 GG ein Verfahrenshindernis abgeleitet werden.[8]
- Eine **überlange Verfahrensdauer** stellt nach herrschender Meinung grundsätzlich kein Verfahrenshindernis dar. Eine Lösung wird hier auf der **Rechtsfolgenseite** gesucht, indem im Urteil ausgesprochen wird, dass ein Teil der verhängten Strafe als vollstreckt gilt (sog. „Vollstreckungslösung“).[9] Lesen Sie zur Ausnahme aber das *Fallbeispiel* unter Rn. 105.
- Eine **rechtsstaatswidrige Tatprovokation** stellt nach mittlerweile gefestigter Rechtsprechung[10] ein Verfahrenshindernis dar, wobei im Einzelfall die Provokation von einer rechtmäßigen Infiltrierung durch Ermittlungspersonen abgegrenzt werden muss.

## B. Ablauf des Erkenntnisverfahrens

12 Das Erkenntnisverfahren besteht, wie Sie inzwischen wissen, aus drei Teilen, nämlich dem Ermittlungsverfahren, dem Zwischenverfahren und dem Hauptverfahren. Wir werden uns nachfolgend die einzelnen Teile etwas genauer ansehen.[11]

### I. Das Ermittlungsverfahren

13 Im Ermittlungsverfahren, auch Vorverfahren genannt, wird gem. § 170 Abs. 1 StPO ermittelt, ob „genügender Anlass zur Erhebung der öffentlichen Klage“ besteht. Dabei durchläuft es verschiedene Stadien:

5 BGHSt 29, 224; a.A. *Beulke/Swoboda* Strafprozessrecht Rn. 438 f.
6 BGHSt 45, 108.
7 *BerlVerfGH* NJW 1993, 515.
8 *BVerfG* NJW 2002, 51.
9 BGHSt 52, 124.
10 *BGH* NStZ 2023, 243; zur Entwicklung der Rechtsprechung *Joecks/Jäger* StPO Einl. Rn. 70.
11 Eine gute zusammenfassende Übersicht zum Erkenntnisverfahren finden Sie auch bei *Steffens* Vom Anfangsverdacht bis zur Hauptverhandlung AL (Ad Legendum) 2012, 140 und 218.

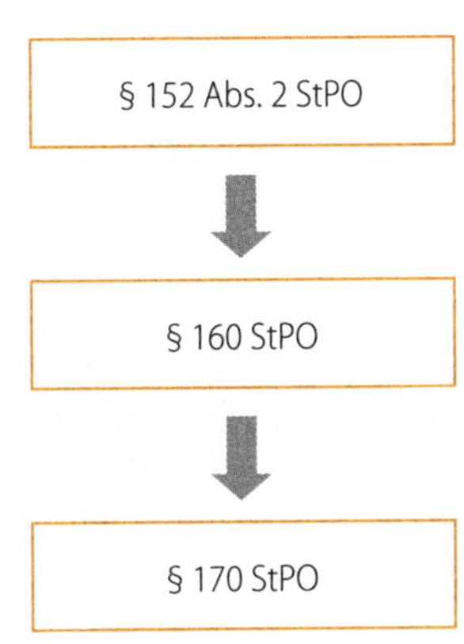


Feststellung, ob tatsächliche Anhaltspunkte für das Vorliegen einer verfolgbaren Straftat vorliegen

Sachverhaltserforschung und Beweiserhebung

Abschluss des Ermittlungsverfahrens durch Anklageerhebung gem. Abs. 1 oder Einstellung gem. Abs. 2 oder auf andere Art und Weise, z. B. durch Einstellung gem. §§ 153 ff. StPO.

## 1. Beginn des Ermittlungsverfahrens

Aus § 152 Abs. 2 StPO ist zu entnehmen, dass die Staatsanwaltschaft verpflichtet ist, bei allen **14**
verfolgbaren Straftaten einzuschreiten. Das bedeutet, dass sowohl sie (§160 Abs. 1 StPO) als auch die Beamten des Polizeidienstes als ihrem verlängerten Arm (§ 163 Abs. 1 StPO) den Sachverhalt zu erforschen und die be- und entlastenden Umstände zu ermitteln haben.

Dies setzt jedoch voraus, dass hinreichend konkrete Anhaltspunkte vorliegen, die das Entstehen eines **Anfangsverdachts** begründen. Vage Äußerungen oder bloße Vermutungen reichen nicht aus.[12]

**Hinweis**

Neben dem Anfangsverdacht gibt es noch **zwei weitere Verdachtsgrade in der StPO** und zwar den **hinreichenden Tatverdacht**, der gem. § 170 Abs. 1 StPO erforderlich ist für die Anklageerhebung und den **dringenden Tatverdacht**, der gem. §§ 112 ff. StPO wichtig ist für den Erlass eines Haftbefehls.

Der Anfangsverdacht kann resultieren aus:

- Einer **Strafanzeige**: Bei der Strafanzeige handelt es sich um die Mitteilung des Verdachts einer Straftat, die jedermann gegenüber den in § 158 Abs. 1 StPO genannten Stellen machen kann.
- Dem **Strafantrag**: Im Gegensatz zur Strafanzeige ist der Strafantrag das gezielte Verlangen, einen bestimmten, nicht notwendigerweise bekannten Täter wegen einer bestimmten Straftat zu verfolgen. Im Gegensatz zur Strafanzeige kann der Strafantrag nur innerhalb einer Frist von 3 Monaten (§ 77b StGB) von dem Antragsberechtigten gestellt werden. Wer dies ist, bestimmt sich nach § 77 StGB. Aus der Vorschrift entnehmen Sie, dass der **Antragsberechtigte der Verletzte** ist, im Falle seines Todes sein Ehepartner und Kinder, soweit das Gesetz dies bestimmt. Der Strafantrag kann wie die

12 Meyer-Goßner/Schmitt-*Schmitt* StPO § 152 Rn. 4.

Strafanzeige gegenüber den in § 158 Abs. 1 StPO aufgeführten Stellen gestellt werden. Sofern es sich aber um ein absolutes Antragsdelikt handelt, ist § 158 Abs. 2 StPO zu beachten.

- Der **dienstlichen Weisung**: Wie wir unter Rn. 58 ff. sehen werden, ist die Staatsanwaltschaft eine hierarchisch gegliederte Behörde. Dementsprechend ist es möglich, dass übergeordnete Stellen untergeordneten Stellen den Auftrag zur Durchführung eines Ermittlungsverfahrens erteilen.[13]

15 • Der **Kenntniserlangung von Amts wegen**: Denkbar ist auch, dass sich ein Anfangsverdacht durch eine unmittelbare amtliche Wahrnehmung durch die Strafverfolgungsorgane entwickelt, vgl. § 160 Abs. 1 StPO: „auf anderem Wege". Diese Kenntniserlangung kann durch eine eigene Beobachtung oder aber durch Berichte in Presse, Rundfunk, Fernsehen oder anderen Medien erfolgen. Eine beliebte Klausurfrage betrifft die **Problematik der privaten Kenntniserlangung** eines Staatsanwalts.

**Beispiel** Staatsanwalt S sitzt abends in seiner Stammkneipe zusammen mit seinem langjährigen Freund F, der ihm betrübt berichtet, dass sein Sohn erneut aus einem Sportgeschäft ein Paar Turnschuhe gestohlen habe. Obgleich S den Sachverhalt zutreffend unter § 242 StGB subsumiert, unterlässt er es, ein Strafverfahren gegen den Sohn des Freundes einzuleiten.

## Hinweis

In strafrechtlichen Klausuren werden Sie mit dieser Problematik häufig auch in Zusammenhang mit der materiell-rechtlichen Prüfung konfrontiert. Wie im obigen *Beispielsfall* stellt sich nämlich die Frage, ob ein Staatsanwalt, der das Einleiten eines Ermittlungsverfahrens unterlässt, sich gem. **§§ 258a, 13 StGB**, also der **Strafvereitelung im Amt durch Unterlassen** strafbar gemacht hat. Die Garantenstellung ergibt sich aus dem **Legalitätsprinzip**, welches wir unter Rn. 101 kennen lernen werden. Dieses Legalitätsprinzip verpflichtet den Staatsanwalt jedoch nicht uneingeschränkt zum Tätigwerden.

Da der Staatsanwalt zum einen aufgrund des **Legalitätsprinzips** bei Vorliegen zureichender Anhaltspunkte ein Ermittlungsverfahren einzuleiten und Klage zu erheben hat, § 152 StPO, auf der anderen Seite er aber ein sich aus Art. 1, 2 GG ergebendes **allgemeines Persönlichkeitsrecht** hat, aufgrund dessen ihm ein geschützter Kernbereich menschlicher Beziehungen zusteht, ist der Staatsanwalt nicht uneingeschränkt verpflichtet, bei privater Kenntniserlangung einzuschreiten. Nach überwiegender Ansicht müssen vielmehr folgende Voraussetzungen erfüllt sein: Der Staatsanwalt muss zunächst örtlich und sachlich zuständig sein. Darüber

13 *Haller/Conzen* Das Strafverfahren Rn. 112 ff.

hinaus müssen nach Art und Umfang die **Belange der Öffentlichkeit oder des Einzelnen** in einem solchen Maße berührt sein, dass bei der erforderlichen, vorzunehmenden Abwägung die privaten Interessen des Staatsanwaltes zurückzustehen haben. Als Orientierung dienen die **Kataloge der §§ 138 StGB sowie 100a StPO,**[14] wobei in **Einzelfällen** seitens der **Rechtsprechung** auch jenseits dieser Kataloge eine Ermittlungspflicht angenommen wird, so z.B. bei einem Betrug in einem besonders schweren Fall gem. § 263 Abs. 1, Abs. 3 StGB.[15]

## 2. Ablauf des Ermittlungsverfahrens

Haben Staatsanwaltschaft oder die Beamten der Polizei auf den oben beschriebenen Wegen Kenntnis von dem Vorliegen eines möglicherweise strafbaren Sachverhalts erlangt, so müssen sie zunächst klären, ob dieser Sachverhalt auch tatsächlich einen **Anfangsverdacht** rechtfertigt. 16

Ein **Anfangsverdacht** liegt vor, wenn konkrete tatsächliche Anhaltspunkte gegeben sind, die nach der kriminalistischen Erfahrung die Beteiligung des Betroffenen an einer verfolgbaren Straftat als möglich erscheinen lassen.[16]

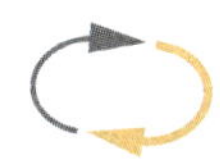

In diesem Zusammenhang müssen **folgende Punkte geklärt** werden:
- Zunächst ist zu überprüfen, ob der Sachverhalt überhaupt einen **Straftatbestand** erfüllt,
- danach ist zu klären ob nicht evtl. die oben unter Rn. 11 dargestellten **Verfolgungshindernisse** bestehen und
- schließlich muss überprüft werden, ob es hinreichende **tatsächliche Anhaltspunkte** für das Vorliegen der angezeigten Tat gibt. Dies kann zwar schon dann der Fall sein, wenn nach **kriminalistischer Erfahrung** eine Straftat möglich erscheint.[17] In Anbetracht der Eingriffsbefugnisse z.B. bei einer Durchsuchung gem. § 102 StPO müssen aber gleichwohl auch dann mehr als nur vage Vorstellungen bestehen.

**Beispiel** Aus einer Verdachtsmeldung einer Bank ergab sich, dass zwischen Januar 2010 und Anfang November 2012 insgesamt 58 090 Euro auf das Girokonto des Verdächtigen V eingezahlt worden waren. Die einzelnen Bareinzahlungen waren sowohl am Schalter als auch am Einzahlungsautomaten vorgenommen worden. Im gleichen Zeitraum waren von dem Konto durch vier Überweisungen insgesamt 16 710 Euro auf ein Auslandskonto nach Pakistan transferiert worden, dessen Inhaber offenbar im Geburtsort des V wohnte.

Die StA leitete daraufhin ein Ermittlungsverfahren wegen Geldwäsche gem. § 261 StGB ein und durchsuchte die Wohnung des V. Das *BVerfG*[18] stellte eine Verletzung des Art 13 Abs. 1 GG fest und führte aus, dass es keine hinreichenden Anhaltspunkte bezüglich der Vortat und der Geldwäschehandlung gegeben habe. In Anbetracht des hohen Schutzes des Art. 13 Abs. 1 GG reichten bloße kriminalistische Erfahrungssätze nicht aus. ■

14 *Haller/Conzen* Das Strafverfahren Rn. 110; *BGHSt* 5, 225; 12, 277; *BGH* NStZ 1993, 383.
15 *BVerfG* NJW 2003, 1030.
16 *Beulke/Swoboda* Strafprozessrecht Rn. 174.
17 *BVerfG* NJW 2002, 1411 f.; *Haller/Conzen* a.a.O. Rn. 120.
18 *BVerfG* NJW 2020, 1351.

Wird dieser Anfangsverdacht bejaht, so sind die Staatsanwaltschaft und die Polizei gem. **§§ 160, 163 StPO** gehalten, den **Sachverhalt** zu **erforschen**. Aus § 160 Abs. 2 StPO ergibt sich dabei, dass die Staatsanwaltschaft nicht nur die den Beschuldigten belastenden, sondern auch die entlastenden Umstände zu ermitteln hat. Man spricht insofern von der Staatsanwaltschaft als „objektivster Behörde der Welt". Gem. § 160 Abs. 3 StPO sollen sich die Ermittlungen darüber hinaus auch auf die Umstände erstrecken, die für die Rechtsfolgen der Tat von Bedeutung sind.

In welchem Umfang und auf welche Art und Weise die Beweise zu erheben und sicherzustellen sind, stellt das Gesetz dabei in das Ermessen der Staatsanwaltschaft. Als **Beweismittel** kommen vor allem in Betracht

- der Beschuldigte,
- Zeugen,
- Sachverständige,
- Augenscheinsobjekte sowie
- Urkunden.

Zur Erhebung dieser Beweismittel stellt das Gesetz den Ermittlungsbehörden zahlreiche **Zwangsmittel** zur Verfügung, so z.B. die Durchsuchung und Beschlagnahme oder aber das Überwachen der Telekommunikation, mit welchen wir uns ausführlich unter der Rn. 114 ff. auseinandersetzen werden.

Hat die Polizei in eigener Verantwortung das Ermittlungsverfahren durchgeführt, so übergibt sie die Angelegenheit, nachdem sie ausermittelt ist, an die Staatsanwaltschaft.[19] Die Staatsanwaltschaft hat nunmehr die Entscheidung zu treffen, wie das Ermittlungsverfahren seinen Abschluss finden soll.

### 3. Abschluss des Ermittlungsverfahrens

17 Abhängig vom Ergebnis der Ermittlungen gibt es verschiedene Möglichkeiten, das Ermittlungsverfahren zum Abschluss zu bringen, nämlich entweder durch Einstellung des Verfahrens oder aber durch Erhebung der öffentlichen Klage.

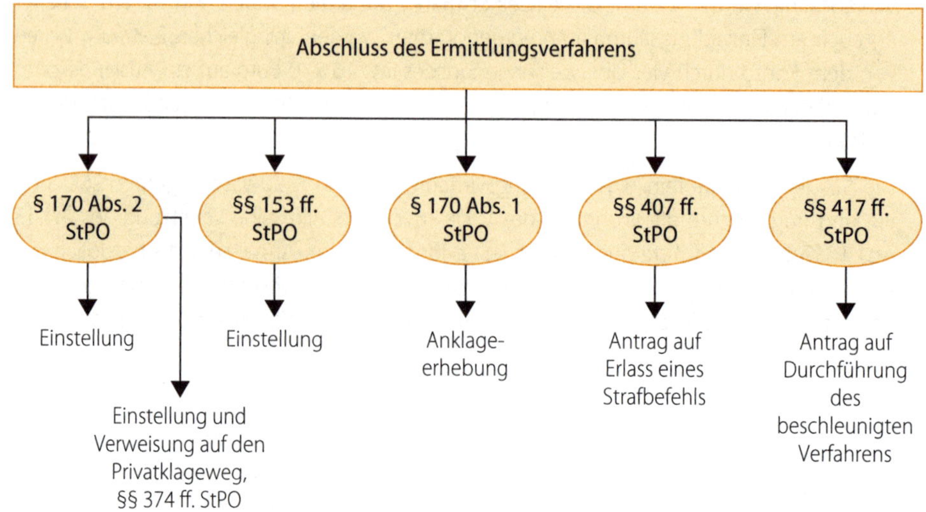


19 Einen Auszug aus einer Originalakte finden Sie bei *Haller/Conzen* a.a.O. Rn. 71 ff.

### a) Einstellung des Verfahrens gem. § 170 Abs. 2 StPO

Gem. § 170 Abs. 1 StPO hat die Staatsanwaltschaft Klage zu erheben, sofern die Ermittlungen genügenden Anlass bieten. Aus Abs. 2 ergibt sich, dass sie, wenn dies nicht der Fall ist, „andernfalls" das Verfahren einstellen soll. Eine **Verfahrenseinstellung nach § 170 Abs. 2 StPO** kommt mithin also in Betracht, wenn kein „hinreichender Tatverdacht" besteht. 18

Ein **hinreichender Tatverdacht** liegt vor, wenn die Anklagebehörde bei vorläufiger Bewertung der Aktenlage zu dem Schluss gelangt, dass wegen einer oder mehrerer Straftaten die vorliegenden Beweise wahrscheinlich für eine Verurteilung genügen und keine sonstigen Hinderungsgründe bestehen (sog. „Verurteilungswahrscheinlichkeit").[20]

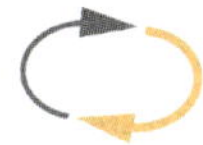

Der **hinreichende Tatverdacht** kann **zu verneinen** sein, wenn

- der ermittelte **Sachverhalt keinen Straftatbestand erfüllt**,
- sich die **Unschuld des Beschuldigten** herausgestellt hat oder aber die **Beweismittel unzureichend** oder aber **nicht verwertbar** sind oder
- **Verfahrensvoraussetzungen fehlen**.[21]

Eine Einstellung gem. § 170 Abs. 2 StPO **führt nicht zum Strafklageverbrauch**. Stößt die Staatsanwaltschaft z.B. später auf weitere Beweismittel, die eine Verurteilung des Beschuldigten in einer Hauptverhandlung wahrscheinlich werden lassen, so kann sie jederzeit, sofern Verjährung noch nicht eingetreten ist, die Ermittlungen wieder aufnehmen und Anklage erheben.

Die Einstellung des Verfahrens erfolgt durch einen **Bescheid**. Von der Einstellung ist der Beschuldigte gem. § 170 Abs. 2 S. 2 StPO in Kenntnis zu setzen, wenn er vernommen worden ist oder ein Haftbefehl gegen ihn erlassen war. Das gleiche gilt, wenn er um einen Bescheid gebeten hat oder ein besonderes Interesse an der Bekanntgabe ersichtlich ist.

Gem. § 171 S. 1 StPO muss der „Antragsteller", also derjenige, der aufgrund eines Strafantrags die Strafverfolgung wünschte, unter Angabe von Gründen über die Einstellung des Verfahrens unterrichtet werden. Sofern der Antragsteller zugleich der Verletzte der Straftat ist, hat er die Möglichkeit, gem. **§ 172 StPO** ein **Klageerzwingungsverfahren** durchzuführen. 19

**Hinweis**

Das Klageerzwingungsverfahren ist nur zulässig bei Einstellungen gem. § 170 Abs. 2, nicht aber bei Einstellungen aus Opportunitätsgründen gem. §§ 153 ff. und auch nicht bei Privatklagedelikten (§ 172 Abs. 2 S. 3). Bei Letzteren kann der Verletzte selber Klage erheben.

Im Rahmen dieses Klageerzwingungsverfahrens muss er zunächst eine förmliche Beschwerde (Vorschaltbeschwerde) beim vorgesetzten Beamten der Staatsanwaltschaft, i.d.R. beim Generalstaatsanwalt (§ 147 Nr. 3 GVG) einlegen. Hilft der vorgesetzte Beamte der Beschwerde nicht ab, dann kann der Verletzte gem. § 172 Abs. 2 S. 1 StPO innerhalb eines Monats den Antrag

20 *Haller/Conzen* Das Strafverfahren Rn. 364.

21 *Beulke/Swoboda* Strafprozessrecht Rn. 491.

auf gerichtliche Entscheidung stellen. Über diesen Antrag entscheidet gem. § 172 Abs. 4 StPO das *Oberlandesgericht*.[22]

### b) Einstellung gem. § 170 Abs. 2 StPO und Verweisung auf den Privatklageweg

» Lesen Sie sich die Vorschriften der §§ 374 ff. aufmerksam durch. Alles Wissenswerte werden Sie im Gesetzestext finden. «

20 § 170 Abs. 2 StPO kommt jedoch nicht nur bei fehlendem, hinreichendem Tatverdacht in Betracht. Eine Einstellung gem. § 170 Abs. 2 StPO ist auch dann möglich, wenn es sich bei den möglicherweise verwirklichten Straftatbeständen um solche handelt, die im Wege der **Privatklage** verfolgt werden können und die Staatsanwaltschaft ihrerseits das öffentliche Interesse an der Verfolgung verneint.

Bei der Privatklage handelt es sich um eine besondere Verfahrensart, die in den **§§ 374 ff. StPO** geregelt ist. Das Privatklageverfahren ist eine Ausnahme zu dem in § 152 Abs. 1 StPO geregelten Grundsatz, wonach zur Erhebung der öffentlichen Klage grundsätzlich nur die Staatsanwaltschaft berufen ist (sog. Offizialprinzip, Näheres dazu unter Rn. 100). Bei der Privatklage kann eine Straftat nämlich **von Privatpersonen verfolgt** werden, sofern die Staatsanwaltschaft das öffentliche Interesse verneint, vgl. § 376 StPO. Die Delikte, bei denen dies möglich ist, sind in § 374 Abs. 1 StPO aufgelistet. Sie werden feststellen, dass es sich im Wesentlichen um Delikte mit einer geringeren Straferwartung handelt und die überwiegend den persönlichen Lebensbereich betreffen.[23]

**Hinweis**

Von der Privatklage sollten Sie die **Nebenklage** unterscheiden. Diese ist in **§§ 395 bis 402 StPO** geregelt. Während der Privatkläger im Verfahren anstelle der Staatsanwaltschaft auftritt, ist die Nebenklage akzessorisch zur öffentlichen Klage. Sie gibt bei den in § 395 StPO genannten Straftaten dem Verletzten die Möglichkeit, sich **der von der Staatsanwaltschaft erhobenen öffentlichen Klage anzuschließen**. So schlossen sich z.B. im NSU-Verfahren 95 Nebenkläger der Anklage der Staatsanwaltschaft an. Durch den Anschluss erlangt der Nebenkläger ein umfassendes Teilnahmerecht am Verfahren und ist in der Ausübung seiner Rechte von der Staatsanwaltschaft unabhängig.[24]

Eine weitere besondere Verfahrensart ist das **Adhäsions- oder Anhangsverfahren,** welches in den **§§ 403 bis 406c StPO** geregelt ist. Mit diesem Verfahren hat der Verletzte die Möglichkeit, seine zivilrechtlichen Ansprüche, die ihm aus der Straftat erwachsen, im Strafverfahren durchzusetzen. Gemeint sind gem. § 403 StPO vor allem Schadensersatz- und Schmerzensgeldansprüche nach §§ 823 ff. BGB i.V.m. § 253 Abs. 2 BGB.[25]

### c) Einstellung gem. §§ 153 ff. StPO

21 Schließlich hat die Staatsanwaltschaft noch die Möglichkeit, das Ermittlungsverfahren aus **Opportunitätsgründen** gem. §§ 153 ff. StPO einzustellen. Diese Möglichkeit stellt eine Durchbrechung des bereits erwähnten Legalitätsprinzips (vgl. dazu Rn. 101) dar und dient in erster Linie der Entlastung der Justizbehörden, vornehmlich in Bagatellsachen.

---

22 Näheres zum Klageerzwingungsverfahren bei *Beulke/Swoboda* Strafprozessrecht Rn. 532.

23 Näheres dazu bei *Beulke/Swoboda* Strafprozessrecht Rn. 886 ff.

24 Nähere Ausführungen hierzu bei *Beulke/Swoboda* a.a.O. Rn. 886.

25 Vgl. auch hierzu *Beulke/Swoboda* a.a.O. Rn. 893.

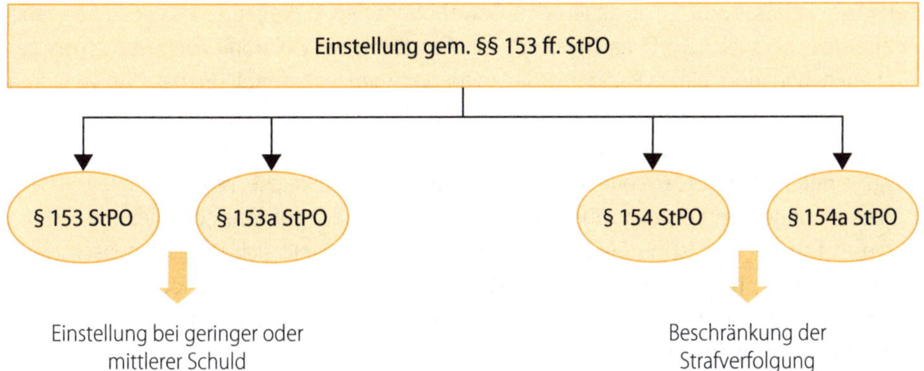


Eine **Einstellung gem. § 153 StPO** kommt **bei Vergehen** in Betracht, bei denen 22

- die **Schuld des Täters als gering anzusehen „wäre"**: Aus dieser Formulierung folgt, dass die Schuld nicht nachgewiesen sein muss, sondern dass lediglich eine gewisse Wahrscheinlichkeit bestehen muss,[26]
- und **kein öffentliches Interesse an der Strafverfolgung** vorliegt: Dieses öffentliche Interesse wird für gewöhnlich verneint, wenn der Rechtsfriede nicht über den Lebenskreis des Verletzten hinaus gestört ist und die Strafverfolgung kein gegenwärtiges Anliegen der Allgemeinheit ist.[27]

Die Einstellung gem. § 153 StPO kann sowohl gem. Abs. 1 vor Klageerhebung als auch gem. Abs. 2 nach Klageerhebung erfolgen. Erfolgt sie **vor Klageerhebung**, so tritt kein Strafklageverbrauch ein. Erfolgt sie hingegen **nach Klageerhebung**, so tritt nach Auffassung des *Bundesgerichtshofs* analog § 153a Abs. 1 S. 5 ein **beschränkter Strafklageverbrauch** ein, der dazu führt, dass die Tat nicht mehr als Vergehen verfolgt werden kann.[28]

Bei der insbesondere bei prominenten Wirtschaftsstrafsachen (z.B. das Verfahren gegen den Ex-Bundeskanzler Helmut Kohl in der Parteispendenaffäre sowie das Verfahren gegen den Vorstandsvorsitzenden Ackermann in der Mannesmann-Affäre) beliebten **Einstellung gemäß § 153a StPO** müssen die Ermittlungen zumindest zu einem **hinreichenden Tatverdacht** geführt haben. Voraussetzung ist darüber hinaus, dass 23

- die Straftat ein **Vergehen** darstellt und
- das **öffentliche Interesse** an der Strafverfolgung, welches im Gegensatz zu § 153 StPO grundsätzlich besteht, durch eine der in § 153a StPO aufgelisteten „Sanktionsmöglichkeiten" **kompensiert** wird und
- „die **Schwere der Schuld** nicht entgegensteht".

Nach § 153a StPO wird das Verfahren zunächst **vorläufig eingestellt**. Befolgt der Beschuldigte die Auflagen, so kommt es zu einer vollständigen Einstellung. In diesem Fall ist erneut ein **beschränkter Strafklageverbrauch** eingetreten. Dies ergibt sich aus § 153a Abs. 1 S. 5, welcher festlegt, dass die Tat dann nicht mehr als Vergehen verfolgt werden kann.

---

26 *Haller/Conzen* Das Strafverfahren Rn. 173.

27 *Haller/Conzen* Das Strafverfahren Rn. 174.

28 *BGH* NJW 2004, 375 ff. mit weiteren Hinweisen zum Meinungsstand.

**Beispiel** Staatsanwalt S hat gegen den Gewohnheitsdieb D wegen eines Ladendiebstahls ermittelt, bei welchem D nachts durch ein Fenster in ein Elektronik-Fachgeschäft eingestiegen und dort einen Radiorekorder mitgenommen haben soll. Er hat das Verfahren gem. § 153a StPO gegen Zahlung einer Geldbuße zugunsten einer gemeinnützigen Einrichtung eingestellt. Nachdem D den Betrag gezahlt hat, stellt sich heraus, dass D nicht nur einen Radiorekorder, sondern darüber hinaus auch zahlreiche, sehr wertvolle Fernsehgeräte mitgenommen hat. Eine erneute Ermittlung und ggf. Anklageerhebung wegen dieses Sachverhalts ist nun jedoch nicht mehr möglich. Stellt sich jedoch im Nachhinein heraus, dass D bei diesem Diebstahl Gewalt angewendet und das Wachpersonal gefesselt hat, dann ist eine Anklageerhebung wegen Raubes gem. § 249 Abs. 1 StGB denkbar, da der Raub ein Verbrechen darstellt. ■

Auch hier ist eine Einstellung sowohl im Ermittlungsverfahren als auch später in der Hauptverhandlung möglich und zwar unabhängig davon, ob die Verhandlung erst- oder zweitinstanzlich stattfindet.

**24** Bei den **Maßnahmen gemäß den §§ 154, 154a StPO** handelt es sich um eine Einstellung bzw. eine Beschränkung der Strafverfolgung. Den Vorschriften ist gemein, dass sie **strafbare Handlungen aus der Verfolgung ausklammern** im Hinblick auf eine bereits verhängte oder in demselben oder einem anderen Verfahren noch zu erwartende Strafe oder Maßregel. Der Unterschied besteht darin, dass **§ 154 StPO** (Teileinstellung) zumindest **zwei selbstständige Taten** im verfahrensrechtlichen Sinne voraussetzt, während **§ 154a StPO** (Beschränkung der Verfolgung) **abtrennbare Teile derselben Tat** betrifft.[29] Die Unterscheidung zwischen § 154 und § 154a StPO setzt Kenntnisse von der **prozessualen Tat** voraus. Wir werden uns mit diesem Begriff unter Rn. 37 ff. näher beschäftigen.[30]

### d) Erhebung der öffentlichen Klage gemäß § 170 Abs. 1 StPO

**25** Haben die Ermittlungen hingegen einen hinreichenden Tatverdacht ergeben, so ist die Staatsanwaltschaft gem. **§ 170 Abs. 1 StPO** verpflichtet, durch Einreichung einer **Anklageschrift**, Klage zu erheben. Der **Inhalt der Anklageschrift** richtet sich nach **§ 200 StPO**. Aus **§ 199 Abs. 2 StPO** ergibt sich darüber hinaus, dass die Anklageschrift den **Antrag** enthalten muss, **das Hauptverfahren zu eröffnen**.[31]

Das Kernstück einer Anklageschrift ist der sog. **„Anklagesatz"**. Dieser besteht gem. § 200 Abs. 1 S. 1 StPO in der Bezeichnung des Angeschuldigten, der Tat, die ihm zur Last gelegt wird, Zeit und Ort ihrer Begehung, der gesetzlichen Merkmale der Straftat und der anzuwendenden Strafvorschriften. Damit präzisiert der Anklagesatz die **prozessuale Tat** und damit den **Gegenstand der gerichtlichen Untersuchung**.

29 *Haller/Conzen* Das Strafverfahren Rn. 180 f.

30 Beispiele zu Einstellungen nach §§ 154, 154a StPO finden sie bei *Haller/Conzen* Das Strafverfahren Rn. 183 ff.

31 Das Muster einer Anklageschrift finden sie bei *Haller/Conzen* Das Strafverfahren Rn. 220.

**Beispiel** Ein Anklagesatz könnte wie folgt aussehen:

**Anklageschrift**

Die Jurastudentin Petra Lässig
geb. am 11.11.1997 in Köln
wohnhaft: Bachemer Str. 33, 50931 Köln
ledig, Deutsche

Verteidiger: Dr. Lessing, Köln

wird angeklagt

am 1.1.2022 gegen 20 Uhr an der Aral-Tankstelle, Dürener Str. 200

in der Absicht, sich selbst rechtswidrig zu bereichern, vorsätzlich durch Täuschung einen Irrtum über ihre Zahlungswilligkeit hervorgerufen zu haben, der zu einer Vermögensverfügung des Tankwarts Max Meier und einem Vermögensschaden bei der Aral AG geführt hat.

Die Angeschuldigte betankte auf dem Gelände der Aral-Tankstelle, Dürener Str. 200 am 1.1.2022 um 20 Uhr das in ihrem Eigentum stehende Fahrzeug der Marke Opel Corsa mit dem amtl. KZ K-XY-120 mit 50 l Normalbenzin, obwohl sie zu diesem Zeitpunkt bereits vorhatte, das zu entrichtende Entgelt nicht zu bezahlen. Der Vorgang wurde von dem Tankwart Max Meier beobachtet, der die Angeschuldigten als normale Kundin betrachtete. Unmittelbar nach dem Tankvorgang verließ die Angeschuldigte das Tankstellengelände ohne zu bezahlen. Es entstand ein Schaden in Höhe von 75 €.

Vergehen strafbar gem. § 263 Abs. 1 StGB. ■

Daneben muss in der Anklageschrift enthalten sein:

- Das Gericht, vor dem die Hauptverhandlung durchzuführen ist,
- die persönlichen Daten des Angeschuldigten,
- der Verteidiger, soweit vorhanden,
- sofern erforderlich der Hinweis auf einen gestellten Strafantrag,
- soweit ebenfalls erforderlich Hinweise auf Verfolgungsbeschränkungen nach § 154a StPO,
- die Beweismittel sowie
- das „wesentliche Ergebnis der Ermittlungen".

#### e) Einleiten besonderer Verfahrensarten

##### aa) Antrag auf Erlass eines Strafbefehls

Neben der Möglichkeit, eine Anklageschrift bei dem zuständigen Gericht einzureichen hat die Staatsanwaltschaft die Möglichkeit, bei Gericht einen **Antrag auf Erlass eines Strafbefehls** zu stellen. Die Voraussetzungen sind in den **§§ 407 ff. StPO** geregelt. Der Strafbefehl eignet sich, Fälle minder schwerer Kriminalität schnell und unkompliziert abzuhandeln.[32] Er ist nur möglich, wenn es sich um ein **Vergehen i.S.d. § 12 Abs. 2 StGB** handelt, das vor dem **Strafrichter oder dem Schöffengericht am Amtsgericht, §§ 24 ff. GVG** abzuurteilen wäre und kommt vor allem dann in Betracht, wenn der Beschuldigte geständig ist und wenn die vollständige Aufklärung aller für die Rechtsfolgenbestimmung wesentlichen Umstände nicht erforderlich ist und Gründe der Spezial- 26

32 *Beulke/Swoboda* Strafprozessrecht Rn. 800 ff.

oder Generalprävention die Durchführung einer Hauptverhandlung nicht geboten erscheinen lassen (Abschnitt 175 RiStBV).

Mit dem Antrag auf Erlass eines Strafbefehls wird gem. § 407 Abs. 1 S. 4 StPO die öffentliche Klage i.S.d. § 170 Abs. 1 StPO erhoben. Er setzt mithin ebenso wie die Einreichung einer Klageschrift einen **hinreichenden Tatverdacht** voraus.

Liegt dieser hinreichende Tatverdacht nach Auffassung des Gerichts nicht vor, so lehnt das Gericht den Erlass des Strafbefehls gem. § 408 Abs. 2 StPO ab. Andernfalls erlässt der Richter den Strafbefehl gem. § 408 Abs. 3 S. 1 StPO.

Der Angeklagte kann gegen diesen Strafbefehl Einspruch einlegen. Aus **§ 410 Abs. 1 StPO** ergibt sich, dass der Angeklagte innerhalb von zwei Wochen nach Zustellung den **Einspruch** schriftlich oder zu Protokoll der Geschäftsstelle einlegen kann. Dieser Einspruch kann verworfen werden, wenn er verspätet oder unzulässig ist, § 411 Abs. 1 S. 1 StPO. Trifft dies nicht zu, dann wird gem. § 411 Abs. 1 S. 2 StPO ein **Termin zur Hauptverhandlung** anberaumt. Diese Hauptverhandlung endet sodann ganz normal mit einem Urteil, es sei denn, der Angeklagte nimmt den Einspruch zurück. Eine solche Rücknahme ist bis zur Verkündung des Urteils im ersten Rechtszug noch möglich, § 411 Abs. 3 StPO.[33]

#### bb) Antrag auf Durchführung des beschleunigten Verfahrens

27 Schließlich gibt es noch die Möglichkeit, dass die Staatsanwaltschaft gem. **§§ 417 ff. StPO** einen Antrag auf Durchführung des beschleunigten Verfahrens stellt. Ein solcher Antrag wird immer dann gestellt, wenn **„die Sache aufgrund des einfachen Sachverhalts oder der klaren Beweislage zur sofortigen Verhandlung geeignet ist"**, § 417 StPO.

Die **Besonderheiten** des beschleunigten Verfahrens liegen, wie sich aus § 418 StPO ergibt,
- in dem Wegfall des Zwischenverfahrens,
- in der Entbehrlichkeit einer schriftlichen Anklage,
- in der Entbehrlichkeit einer Ladung des Beschuldigten bzw. einer Verkürzung der Ladungsfrist,
- in der notwendigen Verteidigung,

sowie gemäß § 420 Abs. 1, Abs. 2 StPO in der Einschränkung des Unmittelbarkeitsgrundsatzes, welche dazu führt, dass in weit größerem Umfang Aussagen verlesen werden dürfen und Beweisanträge abgelehnt werden können.

Aus § 419 Abs. 1 S. 2 StPO ergibt sich, dass im beschleunigten Verfahren nur eine **Geldstrafe** oder eine **Freiheitsstrafe bis zu einem Jahr** verhängt werden darf.[34]

## II. Das Zwischenverfahren

28 Mit der Erhebung der Anklageschrift legt die Staatsanwaltschaft dem zuständigen Gericht die Akten mit dem Antrag vor, das Hauptverfahren zu eröffnen. Damit endet das Ermittlungsverfahren und es beginnt das **Zwischenverfahren**, welches in den **§§ 199 bis 211 StPO** geregelt ist.

---

33 Weitere Ausführungen hierzu bei *Beulke/Swoboda* Strafprozessrecht Rn. 800 ff.

34 Nähere Ausführungen dazu bei *Beulke/Swoboda* Strafprozessrecht Rn. 804 ff.

Im Zwischenverfahren prüft das Gericht, ob gegen den Angeschuldigten das Hauptverfahren zu eröffnen ist und mit welchem Inhalt die Anklage zugelassen werden kann.

**Hinweis**

Aus **§ 157 StPO** ergibt sich, dass der Beschuldigte nunmehr **„Angeschuldigter"** heißt. Sobald die Eröffnung des Hauptverfahrens gegen ihn beschlossen ist, wird er **„Angeklagter"** genannt.

Dabei kann das Gericht gem. § 202 StPO zur Aufklärung der Sache einzelne Beweiserhebungen anordnen, was in der Praxis jedoch so gut wie nie vorkommt. Auch kann der Angeschuldigte im Zwischenverfahren, dem gem. § 201 Abs. 1 StPO die Anklageschrift zuzustellen ist, Beweiserhebungen beantragen oder Einwendungen gegen die Eröffnung des Hauptverfahrens vorbringen. Auch dies kommt in der Praxis allerdings selten vor.

Aus dem soeben skizzierten Ablauf und den Möglichkeiten des Zwischenverfahrens erkennen Sie, dass dem Zwischenverfahren eine **Kontrollfunktion** zukommt, die darin besteht, dass das für die Hauptverhandlung zuständige Gericht als unabhängige Instanz über den hinreichenden Tatverdacht zu entscheiden hat und zum anderen, dass dem Angeklagten rechtliches Gehör zu gewähren ist.

Das Zwischenverfahren endet durch **gerichtlichen Beschluss**. 29

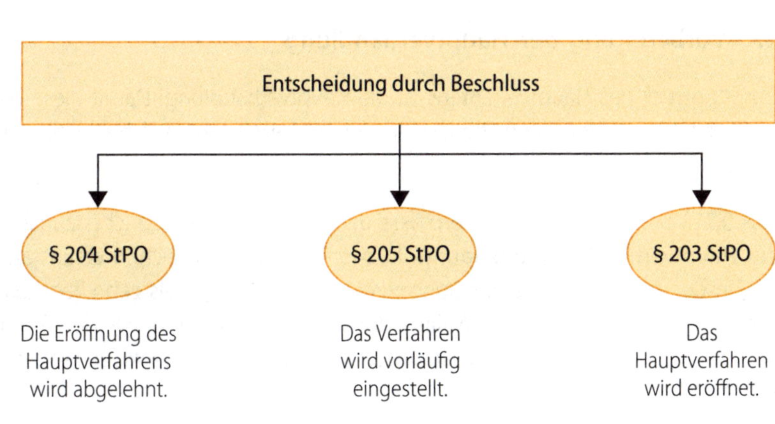


Eine **vorläufige Einstellung** kommt in Betracht, wenn gem. § 205 StPO der Hauptverhandlung die Abwesenheit des Angeschuldigten oder ein anderes in seiner Person liegendes Hindernis entgegensteht. Stellt das Gericht ein nicht behebbares Verfahrenshindernis fest, so lehnt es die Eröffnung der Hauptverhandlung gem. § 204 StPO ab.

**Hinweis**

**§ 206a StPO** ist insoweit nicht anwendbar, da dieser nur einschlägig ist, sofern das Hauptverfahren bereits eröffnet wurde.

Den Regelfall stellt der **Eröffnungsbeschluss gem. § 203, 207 StPO** dar. Stellt sich im Rahmen der Überprüfung der **Zuständigkeit** heraus, dass ein Gericht niederer Ordnung zuständig ist, dann eröffnet das Gericht, dem die Akten vorgelegt wurden, das Hauptverfahren unmittelbar vor dem niederen Gericht, **§ 209 Abs. 1 StPO**. Im umgekehrten Fall legt es die Akten dem Gericht höherer Ordnung durch Vermittlung der Staatsanwaltschaft vor. Das höhere Gericht entscheidet sodann durch Beschluss gem. § 225a Abs. 1 StPO.[35]

Sofern das Gericht die Eröffnung der Hauptverhandlung ablehnt, kann die **Staatsanwaltschaft** gem. **§ 210 Abs. 2** eine **sofortige Beschwerde** einlegen. Sofern das Beschwerdegericht der Beschwerde stattgibt, eröffnet es die Hauptverhandlung, § 210 Abs. 3.

**Beispiel** Die Staatsanwaltschaft Hamburg legte dem Angeklagten Dr. A einen Totschlag in mittelbarer Täterschaft zur Last, weil er zwei sterbewilligen alten Damen tödliche Medikamente besorgt und diese dann während des Sterbeprozesses begleitet hatte. Nachdem das *LG Hamburg* die Eröffnung des Verfahrens aus rechtlichen Gründen abgelehnt hatte, legte die StA gem. § 201 Abs. 2, 304 ff. Beschwerde ein, die insoweit erfolgreich war, als das *OLG Hamburg* das Verfahren wegen versuchter Tötung auf Verlangen durch Unterlassen eröffnete.[36] ■

## III. Das Hauptverfahren

30 Mit dem Erlass des Eröffnungsbeschlusses endet das Zwischenverfahren und das Hauptverfahren beginnt.

### 1. Vorbereitung der Hauptverhandlung

31 Das Kernstück des Hauptverfahrens ist die Hauptverhandlung. Damit diese ordnungsgemäß durchgeführt werden kann, bedarf sie der **Vorbereitung**, welche in den **§§ 213 ff. StPO** geregelt ist.

Aus § 213 StPO ist zu entnehmen, dass der Vorsitzende des Gerichts zunächst den **Termin zur Hauptverhandlung anberaumt**. In besonders umfangreichen erstinstanzlichen Verfahren, in denen die Hauptverhandlung voraussichtlich länger als zehn Tage dauern wird, soll der Vorsitzende den äußeren **Ablauf der Hauptverhandlung** vor der Terminbestimmung mit dem Verteidiger, der Staatsanwaltschaft und dem Nebenklägervertreter **abstimmen, § 213 Abs. 2.**

Des Weiteren hat er dafür zu sorgen, dass die sachlichen und persönlichen **Beweismittel** in der Hauptverhandlung zur Verfügung stehen. Soweit es sich um Asservate, z.B. das Tatwerkzeug handelt, sind diese gem. § 214 Abs. 4 StPO von der Staatsanwaltschaft herbeizuschaffen. Der Angeklagte sowie die Zeugen und Sachverständigen sind hingegen vom Gericht zum Termin zu laden. Daneben sind selbstverständlich auch die Staatsanwaltschaft, der Verteidiger sowie das Tatopfer zu laden bzw. über den Termin zur Hauptverhandlung zu informieren.[37]

---

35 Das Muster eines Eröffnungsbeschlusses finden Sie bei *Haller/Conzen* Das Strafverfahren Rn. 369.

36 *OLG Hamburg* NStZ 2016, 530.

37 Das Muster einer entsprechenden Verfügung des Gerichts finden sie bei *Haller/Conzen* Das Strafverfahren Rn. 386.

## 2. Die Hauptverhandlung

Der **Gang der Hauptverhandlung** ist in **§ 243 StPO** und den nachfolgenden Vorschriften (insbesondere §§ 244, 258, 260) ausführlich beschrieben. 32

» **Lesen Sie § 243 StPO zunächst aufmerksam durch, bevor Sie sich mit den nachfolgenden Ausführungen beschäftigen.** «

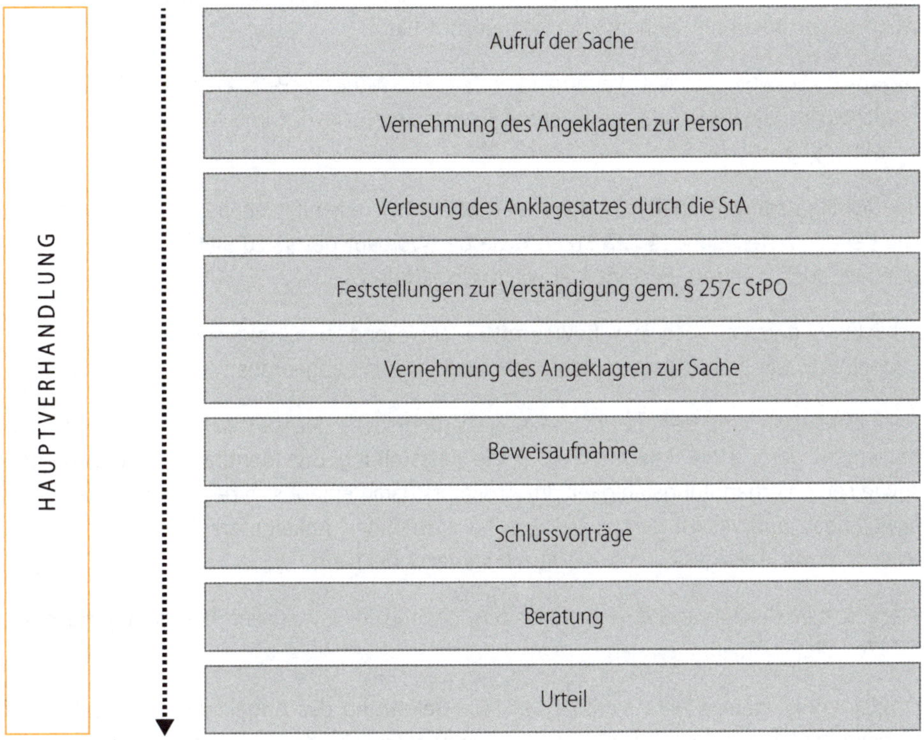

HAUPTVERHANDLUNG

- Aufruf der Sache
- Vernehmung des Angeklagten zur Person
- Verlesung des Anklagesatzes durch die StA
- Feststellungen zur Verständigung gem. § 257c StPO
- Vernehmung des Angeklagten zur Sache
- Beweisaufnahme
- Schlussvorträge
- Beratung
- Urteil

Die Hauptverhandlung **beginnt** gem. § 243 Abs. 1 S. 1 StPO zunächst mit dem **Aufruf der Sache**. Mit dem Aufruf der Sache betreten die Verfahrensbeteiligten den Verhandlungssaal. Gem. § 243 Abs. 1 S. 2 StPO **stellt der Vorsitzende nunmehr fest, „ob der Angeklagte und der Verteidiger anwesend und die Beweismittel herbeigeschafft, insbesondere die geladenen Zeugen und Sachverständigen erschienen sind.“**

Schauen wir einmal kurz an, welche **Verfahrensbeteiligten in der Hauptverhandlung** eigentlich anwesend sein müssen.

Aus **§ 230 StPO** ergibt sich, **dass gegen einen ausgebliebenen Angeklagten eine Hauptverhandlung grundsätzlich nicht stattfindet**. Ist der Angeklagte unentschuldigt nicht erschienen, so kann gem. § 230 Abs. 2 StPO die Vorführung angeordnet oder ein Haftbefehl erlassen werden. Ausnahmsweise kann unter den in den §§ 231 Abs. 2, 231a ff. StPO genannten Voraussetzungen eine Hauptverhandlung ohne den Angeklagten durchgeführt oder fortgesetzt werden. Der Angeklagte hat in diesen Fällen das Recht, sich gem. § 234 StPO vertreten zu lassen.

Die Anwesenheitspflicht eines **Verteidigers** ist nicht explizit geregelt. Sie ergibt sich aber aus § 145 StPO, besteht allerdings nur in den Fällen der **notwendigen Verteidigung**.

Anwesenheitspflichtig sind ferner gem. **§ 226 StPO „die zur Urteilsfindung berufenen Personen“** sowie die **Staatsanwaltschaft**. Da gem. **§ 261 StPO** das **Gericht** „nach seiner freien, aus dem Inbegriff der Verhandlung geschöpften Überzeugung" heraus zu entscheiden hat, ist es zwingend, dass **nur die Richter und Schöffen** entscheiden, **die der gesamten Verhandlung beigewohnt haben**. Ein Wechsel während des Verfahrens ist damit nicht möglich. Möglich ist aber gem. **§ 192 GVG** im Falle des Ausfalls eines Richters oder Schöffen einen **Ergänzungsrichter bzw. einen Ergänzungsschöffen** hinzuzuziehen. Allerdings nur dann, wenn er der gesamten Verhandlung beigewohnt hat.[38]

**Beispiel** So wurde im NSU-Verfahren vor dem *OLG München* Peter Prechsl als Ergänzungsrichter für Renate Fischer, die während des Verfahrens im Sommer 2014 zum *BGH* wechselte, tätig. ■

Bei der **Staatsanwaltschaft** hingegen ist eine Personenidentität ebenso wenig erforderlich wie bei der Verteidigung. **§ 227 StPO** sowie der Wortlaut des § 226 StPO machen klar, dass sich hier **auch mehrere Personen abwechseln können**.

Schließlich müssen noch die **Beweismittel** anwesend sein, insbesondere die Zeugen. Erscheint z.B. ein Zeuge nicht, so kann ggfs. Ordnungshaft angeordnet werden, § 51 StPO.

Nach der Feststellung der Präsenz des Angeklagten sowie der sonstigen Verfahrensbeteiligten erfolgt gem. § 243 Abs. 2 S. 2 StPO **die Feststellung der Identität des Angeklagten sowie seine Verhandlungsfähigkeit**. Im Anschluss daran erhebt sich der Vertreter der Staatsanwaltschaft und verliest gem. § 243 Abs. 3 S. 1 StPO den **Anklagesatz**. Wie Sie inzwischen wissen, ist der Anklagesatz in § 200 Abs. 1 S. 1 legal definiert.

Alsdann trifft der Vorsitzende Feststellungen, ob und inwieweit eine **Verständigung gem. § 257c StPO** stattgefunden hat.

Danach erfolgt gem. § 243 Abs. 5 S. 1 StPO die **Belehrung des Angeklagten**. Er wird darauf hingewiesen, dass es ihm freistehe, in der Hauptverhandlung Äußerungen zum Tatvorwurf zu machen. Im Anschluss erfolgt die **Vernehmung des Angeklagten zur Sache** gem. § 243 Abs. 4 S. 2 StPO, wobei zunächst das Vorleben und der persönliche Werdegang des Angeklagten erörtert werden und Angaben zum eigentlichen Tatgeschehen gemacht werden können. Bei besonders umfangreichen Verfahren, bei denen die Hauptverhandlung länger als 10 Tage dauern wird, hat gem. § 243 Abs. 5 S. 3 der Verteidiger die Möglichkeit, für den Angeklagten eine Erklärung abzugeben (sog. **„Opening-Statement"**).

An diese Vernehmung des Angeklagten schließt sich das **Kernstück der Hauptverhandlung** an, nämlich die **Beweisaufnahme gem. §§ 244 ff. StPO** (dazu mehr unter Rn. 34).

An die Beweisaufnahme schließen sich **gem. § 258 StPO** die **Schlussvorträge** an. Sie finden in folgender Reihenfolge statt:

- Zunächst hält der **Vertreter der Staatsanwaltschaft** sein Plädoyer, welches einen konkreten Strafantrag enthalten muss;[39]
- sofern vorhanden, schließt sich daran das **Plädoyer des Nebenklägers** an;
- schließlich hält der **Angeklagte bzw. im Regelfall sein Verteidiger das Abschlussplädoyer**, wobei § 258 Abs. 2. Hs. 1 StPO der Staatsanwaltschaft und dem Nebenkläger die Möglichkeit der anschließenden Erwiderung einräumt.

---

38 *BGH* NJW 2001, 3062.

39 *BGH* NStZ 1984, 468.

Zum Schluss erhält **gem. § 258 Abs. 3** der **Angeklagte** das **„letzte Wort"**. Sinn des „letzten Wortes" ist, dass das Gericht sich unter dem Eindruck der Einlassung des Angeklagten in die Beratung und Urteilsfindung zurückziehen soll.

Das Gericht zieht sich nunmehr zur **Beratung** zurück. Die genauen Einzelheiten dazu regeln die **§§ 192 bis 197 GVG**.

» Lesen Sie die nebenstehenden Vorschriften aus dem GVG. «

In unmittelbaren Anschluss an die Beratung wird sodann **gem. § 268 Abs. 3** das **Urteil verkündet**. Aus § 268 Abs. 2 StPO ergibt sich, dass die Urteilsverkündung mit der **Verlesung der Urteilsformel**, also des Entscheidungstenors beginnt. Danach folgt die mündliche Begründung des Urteilspruchs. Die Urteilsformel ist in **§ 260 Abs. 4** näher umschrieben.

**Gem. § 260 Abs. 1 StPO schließt die Hauptverhandlung mit der Verkündung des Urteils.**[40]

Schließlich ergibt sich aus **§ 35a StPO** noch, dass der Angeklagte über die ihm zustehenden **Rechtsmittel** zu belehren ist.

Die gesamte **Hauptverhandlung** ist **gem. § 271 StPO** zu **protokollieren**. Dieses Protokoll ist von großer Bedeutung, wenn das Urteil mit Rechtsmitteln angefochten werden soll, da die Beachtung der vorgeschriebenen Förmlichkeiten nach § 274 StPO nur durch das Protokoll bewiesen werden kann. Die **Beweiskraft des Protokolls** erstreckt sich dabei auf zwei Wirkungen: 33

- **Die positive Wirkung**: Beurkundete Förmlichkeiten gelten auch dann als geschehen, wenn sie tatsächlich nicht stattgefunden haben,
- **die negative Wirkung**: Umstände, die nicht beurkundet wurden, gelten auch nicht als geschehen.[41]

### 3. Die Beweisaufnahme

Die Beweisaufnahme ist der wichtigste Teil der Hauptverhandlung. Sie ist geregelt in den **§§ 244 ff. StPO**. Wie sich aus § 244 Abs. 2 StPO entnehmen lässt, hat zunächst einmal das Gericht sämtliche Tatsachen und Erfahrungssätze ermitteln, die zur Erforschung der Wahrheit erforderlich sind und für die Entscheidung von Bedeutung sind (sog. Amtsermittlungsgrundsatz, vgl. dazu Rn. 106 ff.). 34

#### a) Streng- und Freibeweis

Sämtliche Beweiserhebungen, die für die **Schuld des Täters** und die **Rechtsfolgen** relevant sind, müssen im Wege des **Strengbeweisverfahrens** erfolgen. Das bedeutet, dass der Beweis nur in dem gem. den §§ 239 ff. geregelten Verfahren und auch nur mit den gesetzlich bestimmten Beweismitteln geführt werden darf. Als **Beweismittel** kommen dementsprechend in Betracht: 35

- Das **(Teil-) Geständnis des Angeklagten** als Beweismittel im weiteren Sinne,
- der **Zeugenbeweis** als wichtigstes, aber zugleich auch unzuverlässigstes Beweismittel, §§ 48 ff.,
- der **Sachverständigenbeweis**, §§ 72 ff.,
- der **Augenscheinsbeweis**, §§ 86 ff.,
- der **Urkundenbeweis**, §§ 249 ff.

40 Das Muster eines Urteils finden Sie bei *Haller/Conzen* Das Strafverfahren Rn. 812.

41 Vgl. dazu im Einzelnen *Haller/Conzen* Das Strafverfahren Rn. 414 ff.; hier finden sie auch das Muster eines gerichtlichen Protokolls unter Rn. 23 ff.

Andere **prozessuale Fragen**, wie z.B. das Vorliegen von Verfahrenshindernissen, die Feststellung von Zeugnisverweigerungsrechten (Verlöbnis?) oder die Eidesmündigkeit, können im Wege des Freibeweises geklärt werden, z.B. durch einen Anruf des Vorsitzenden Richters beim Einwohnermeldeamt.

Tatsachen, die keines Beweises bedürfen, werden **„offenkundige" Tatsachen** genannt, wie z.B. der Umstand, dass es in der Winterzeit in Deutschland morgens um 06.00 Uhr dunkel ist.

### b) Das Beweisantragsrecht

36 Gleich bedeutsam mit der Ermittlung des Sachverhaltes von Amts wegen durch das Gericht ist die durch die Staatsanwaltschaft oder die Verteidigung veranlasste Beweiserhebung. Diese Beweiserhebung geschieht durch das Stellen von Beweisanträgen. Die **Beweisanträge** sind dabei von den **Beweisermittlungsanträgen** zu unterscheiden. Der Beweisantrag ist in § 243 Abs. 3 S. 1 StPO legal definiert:

*„Ein **Beweisantrag** liegt vor, wenn der Antragsteller ernsthaft verlangt, Beweis über eine bestimmt behauptete konkrete Tatsache, die die Schuld- oder Rechtsfolgenfrage betrifft, durch ein bestimmt bezeichnetes Beweismittel zu erheben und dem Antrag zu entnehmen ist, weshalb das bezeichnete Beweismittel die behauptete Tatsache belegen können soll."*

**Beispiel** Zum Beweis der Tatsache, dass der Angeklagte zur Tatzeit am … zu Hause war, benennen wir seine Mutter, die Zeugin Annemarie H., wohnhaft … ■

Ein **Beweisermittlungsantrag** ist ebenfalls ein auf Beweiserhebung gerichtetes Begehren eines Prozessbeteiligten. Im Gegensatz zum Beweisantrag fehlt hier aber eine der beiden Voraussetzungen (Tatsache/Beweismittel).[42]

**Beispiel** Zum Beweis der Tatsache, dass der Angeklagte zur Tatzeit in der Kneipe „Zum grünen Ochsen" war, benennen wir den rothaarigen Kellner, der an diesem Abend dort als Aushilfe gearbeitet hat (Name und Adresse unbekannt). ■

Die Unterscheidung ist wichtig für die Ablehnung eines solchen Antrags.

Den **Beweisermittlungsanträgen** hat das Gericht zwar im Rahmen seiner **Aufklärungspflicht**, § 244 Abs. 2 StPO, nachzukommen. Ihre **Ablehnung** ist aber nicht an die strengen Voraussetzungen der §§ 244 Abs. 3 bis 5, 245 Abs. 2 S. 2 und 3 StPO gebunden. Beweisermittlungsanträge können ohne Beschluss **durch den Vorsitzenden** abgelehnt werden. Gegen dessen Entscheidung kann alsdann gem. **§ 238 Abs. 2 StPO** der ganze Spruchkörper angerufen werden.[43] Wird die Entscheidung alsdann durch Beschluss bestätigt, kommt eine **Beschwerde** gegen diesen Beschluss **grundsätzlich nicht** in Betracht, **§ 305 StPO**, es sei denn, die Entscheidung steht in keinem inneren Zusammenhang mit dem Urteil. Besteht dieser Zusammenhang, dann bleibt die Möglichkeit, später **nach Erlass des Urteils** die **Revision** auf den ggf. zu Unrecht abgewiesenen Beweisermittlungsantrag und die darin liegende **Verletzung des Amtsermittlungsgrundsatzes** zu stützen.

» Bitte lesen Sie sich die Vorschriften aufmerksam durch. Vertiefte Kenntnisse werden im ersten Staatsexamen hier nicht verlangt. «

Im Gegensatz dazu dürfen **Beweisanträge** grundsätzlich nur unter den **strengen Voraussetzungen** der **§§ 244 Abs. 3 bis 5, 245 Abs. 2 S. 2 und 3 StPO** abgelehnt werden.[44]

42 *Haller/Conzen* Das Strafverfahren Rn. 676.
43 *Haller/Conzen* Das Strafverfahren Rn. 676.
44 Ausführungen zu den Einzelheiten finden sie bei *Haller/Conzen* Das Strafverfahren Rn. 477 ff.

Dabei ist zu unterscheiden zwischen **präsenten und nicht präsenten Beweismitteln**. § 245 StPO befasst sich mit der Ablehnung präsenter Beweismittel, § 244 Abs. 3 bis 5 StPO betrifft hingegen nur die nicht präsenten Beweismittel.

**Präsente Beweismittel** sind Zeugen und Sachverständige, die vom Gericht geladen worden und auch erschienen sind, sowie dem Gericht vorliegende Urkunden und Augenscheinsobjekte.

Zeugen und Sachverständige, die ohne Ladung erschienen sind, gelten als **nicht präsente Beweismittel**.

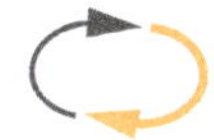

Die **Ablehnung eines Beweisantrages** bedarf gem. §§ 244 Abs. 6, 245 Abs. 2 StPO eines **Gerichtsbeschlusses,** der spätestens bis zum Schluss der Beweisaufnahme bekannt gegeben werden muss. Fehlt dieser Beschluss dann liegt ein absoluter Revisionsgrund gem. § 338 Nr. 8 vor.

Wie bei den Beweisermittlungsanträgen bereits ausgeführt, kann auch hier in der Regel dann **keine Beschwerde** erhoben werden, § 305 StPO. Ein **Verstoß** muss im Wege der **Revision** gerügt werden.

Gem. § 257 Abs. 1 und 2 StPO ist im Rahmen der Beweisaufnahme nach jedem Schritt den Verfahrensbeteiligten **Gelegenheit zur Stellungnahme** zu geben. Dies ermöglicht den Verfahrensbeteiligten schon während der Beweisaufnahme die jeweiligen Beweismittel zu würdigen.

Die **wesentlichen Ablehnungsgründe**, die gem. **§ 244 Abs. 3** alle Beweismittel (die Abs. 4 und 5 beschäftigen sich mit dem Sachverständigenbeweis und dem Augenscheinsbeweis) betreffen, sind:

- **Unzulässigkeit** der Beweiserhebung,
- **Offenkundigkeit** der Tatsache,
- **Bedeutungslosigkeit** der Tatsache,
- die Tatsache ist **bereits erwiesen,**
- das Beweismittel ist **völlig ungeeignet**, den Beweis zu erbringen,
- das Beweismittel ist – jedenfalls in absehbarer Zeit – **unerreichbar,**
- die Tatsache kann zugunsten des Angeklagten **als wahr unterstellt** werden.
- Einer Ablehnung bedarf es gem. **§ 244 Abs. 6 S. 2 StPO** erst gar nicht, wenn der Beweisantrag mit **Verschleppungsabsicht** gestellt wird, was dann der Fall ist, wenn das Beweismittel aller Wahrscheinlichkeit nach nichts Sachdienliches zur Aufklärung beitragen kann und der Antragsteller dies weiß.

## 4. Die prozessuale Tat

**JURIQ-Klausurtipp** 37

Der Begriff der prozessualen Tat, insbesondere seine Abgrenzung zum materiell-rechtlichen Tatbegriff ist ein **beliebtes Klausurthema**, so dass Sie den nachfolgenden Ausführungen Ihre ganze Aufmerksamkeit schenken sollten.

Aus **§ 264 StPO** ergibt sich, dass Gegenstand der Urteilsfindung **die in der Anklage bezeichnete Tat** ist, wie sie sich nach dem Ergebnis der Verhandlung darstellt.

Wie wir bereits gesehen haben, umreißt die Anklageschrift in ihrem Anklagesatz eben diese prozessuale Tat, die später Gegenstand des Urteils ist. Die prozessuale Tat prägt mithin die Hauptverhandlung. Ergibt sich während der Hauptverhandlung eine weitere prozessuale Tat, so hat die Staatsanwaltschaft gem. **§ 266 StPO** eine sog. **„Nachtragsanklage"** zu erheben. Durch diese Nachtragsanklage wird die neue prozessuale Tat mit in die Verhandlung einbezogen, so dass auch sie nunmehr Gegenstand des Urteils sein kann.

Von der Nachtragsanklage gem. § 266 StPO ist der **rechtliche Hinweis gem. § 265 StPO** zu unterscheiden. Im Falle des rechtlichen Hinweises ändert sich nicht die prozessuale Tat, es ändern sich jedoch die in Betracht kommenden Strafvorschriften. Sie werden sich erinnern, dass im Anklagesatz die in Frage kommenden Strafvorschriften zu nennen sind. Nun ist denkbar, dass sich während der Hauptverhandlung herausstellt, dass die Tat kein Diebstahl gem. § 242 StGB, sondern ein Raub gem. § 249 StGB sein könnte. In diesem Fall ist ein rechtlicher Hinweis nach § 265 StPO erforderlich.

Wie wir bereits gesehen haben, ist der **prozessuale Tatbegriff** jedoch auch wichtig für eine **Einstellung gem. §§ 154 bzw. Beschränkung der Verfolgung gem. § 154a StPO**.

Darüber hinaus hat der Begriff eine große Bedeutung für den **Strafklageverbrauch. Art. 103 Abs. 3 GG** verbietet die Mehrfachverfolgung, was bedeutet, dass niemand wegen **„derselben Tat"** mehrmals zur Verantwortung gezogen werden darf. Der Strafklageverbrauch ist ein Verfahrenshindernis. Ist ein Angeklagter also wegen einer Sache rechtskräftig freigesprochen oder verurteilt worden und ergeben sich sodann neue Aspekte, so stellt sich die Frage, ob eine weitere Anklageerhebung erfolgen darf.

Wie Sie also sehen, ist die Bestimmung der prozessualen Tat von enormer Bedeutung und kann dementsprechend in der Klausur zum Problem werden:

**Beispiel** Der Verkehrsrowdy A ist zu nächtlicher Stunde von der Polizei angehalten worden. Dabei wurde festgestellt, dass er derzeit keine Fahrerlaubnis besitzt. In einer daraufhin folgenden Hauptverhandlung wird er wegen Fahrens ohne Fahrerlaubnis gem. § 21 StVG verurteilt. Die Entscheidung wird rechtskräftig. Kurze Zeit später stellt sich heraus, dass er zum Zeitpunkt der Fahrt auch erheblich alkoholisiert war. Fraglich ist nunmehr, ob A erneut angeklagt werden darf wegen Trunkenheit im Verkehr gem. § 316 StGB.

Zunächst einmal müssen Sie den prozessualen Tatbegriff **vom materiell-rechtlichen Tatbegriff unterscheiden**. 38

> » Sollten Ihnen diese Begriffe noch nichts oder nichts mehr sagen, so nutzen Sie an dieser Stelle die Gelegenheit und wiederholen Sie das Kapitel „Konkurrenzen", dargestellt im Skript „Strafrecht AT I". «

Der materiell-rechtliche Tat- bzw. Handlungsbegriff ist wesentlich für die Beurteilung der **Konkurrenzen**. Hat der Täter **aufgrund einer Handlung** dasselbe Strafgesetz mehrmals oder aber verschiedene Strafgesetze verletzt, so liegt Tateinheit bzw. Idealkonkurrenz gem. **§ 52 StGB** vor. Hat er dasselbe **durch mehrere Handlungen** getan, dann wird Tatmehrheit bzw. Realkonkurrenz gem. **§ 53 StGB** angenommen. Beachten Sie, dass als eine Handlung nicht nur eine Handlung im natürlichen Sinne, sondern auch Handlungseinheiten angesehen werden.

Der prozessuale Tatbegriff ist weiter als der materiell-rechtliche Tatbegriff. 39

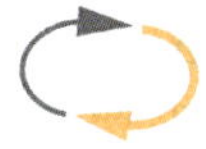

> Danach ist die **prozessuale Tat** ein nach der Lebensauffassung zu bestimmender, einheitlicher, geschichtlicher Vorgang. Sie erstreckt sich auf das gesamte Verhalten des Täters, das nach natürlicher Auffassung ein einheitliches Geschehen darstellt.[45]

Zu berücksichtigen sind dabei **enge sachliche, räumliche und zeitliche Zusammenhänge**, die bei getrennter Würdigung als **„unnatürliche Aufspaltung eines einheitlichen Lebensvorgangs empfunden würden"**.[46]

**Orientieren können Sie sich** jedoch am **materiell-rechtlichen Tatbegriff**: Liegt zwischen den jeweiligen Delikten Tateinheit gem. § 52 StGB vor, so ist i.d.R. auch eine prozessuale Tat gegeben. Haben Sie im umgekehrten Fall Tatmehrheit gem. § 53 StGB angenommen, so können für gewöhnlich auch mehrere prozessuale Taten bejaht werden. Dies gilt jedoch nicht uneingeschränkt.

**Beispiel** Im obigen *Beispiel* (Rn. 37) stehen das Fahren ohne Fahrerlaubnis und das Fahren im alkoholisierten Zustand in Tateinheit zueinander und stellen darüber hinaus auch einen einheitlichen Lebenssachverhalt dar. Aufgrund der rechtskräftig ergangenen Entscheidung steht einer erneuten Anklageerhebung mithin der Strafklageverbrauch entgegen. ■

**Beispiel** A möchte seine finanzielle Situation verbessern und sich aus diesem Grund „warm sanieren". Zu diesem Zweck zündet er ein in seinem Eigentum stehendes Gebäude an, um mit der Versicherungssumme seine Schulden zu begleichen. Obgleich er einen Antrag auf Auszahlung der Versicherungssumme gestellt hat, mithin also einen versuchten Betrug begangen hat, hat die Staatsanwaltschaft im Anklagesatz vergessen, den versuchten Betrug mit aufzunehmen. Gleichwohl hat das Gericht nach Erteilung eines rechtlichen Hinweises gem. § 265 StPO den versuchten Versicherungsbetrug mit abgeurteilt. Rechtsanwalt R, der sich Gedanken über die Erfolgsaussichten einer Revision macht, fragt nunmehr Sie, ob das Vorgehen des Gerichts zulässig war.

Das hängt davon ab, ob der Versicherungsbetrug zu der angeklagten, prozessualen Tat gehörte. In diesem Fall wäre die Nachtragsanklage gem. § 266 StPO überflüssig gewesen und der rechtliche Hinweis gem. § 265 StPO ausreichend. Der *BGH* hat dies bejaht. Zwar stehen die Brandstiftung und der versuchte Versicherungsbetrug zueinander in Tatmehr-

45 *BVerfG* NStZ 2004, 687 f.; *BGH* NStZ 2023, 252.
46 *BGH* NStZ 2006, 350; *Haller/Conzen* Das Strafverfahren Rn. 61 ff. mit einer Vielzahl weiterer Beispiele.

heit gem. § 53 StGB. Gleichwohl stellen beide Vorgänge einen einheitlichen Lebenssachverhalt dar, dessen getrennte Würdigung als unnatürliche Aufspaltung empfunden würde. Dies ergibt sich nicht zuletzt auch daraus, dass das Gericht, wollte es über den Versicherungsbetrug befinden, gem. § 263 Abs. 3 Nr. 5 StGB die Brandstiftung mit berücksichtigen müsste und umgekehrt, wollte es über die schwere Brandstiftung gem. § 306b Abs. 2 Nr. 2 StGB befinden, die Absicht, einen Versicherungsbetrug zu begehen, feststellen müsste.[47] ■

## 5. Die Urteilsabsprache

» Bitte lesen Sie die zitierten Normen. Alles was nebenstehend ausgeführt wird, findet sich wie immer im Gesetz. «

40 Schon immer hat es im Interesse einer **zügigen Beendigung des Strafverfahrens** Verständigungen zwischen den am Strafverfahren Beteiligten gegeben. Diese Verständigungen können zu einer Einstellung des Verfahrens gem. den §§ 153 ff. StPO oder aber zu einer Urteilsabsprache führen. **Zentrale Vorschrift ist § 257c StPO**, weitere Regelungen finden Sie in den §§ 35a S. 3, 160b, 202a, 212, 243 Abs. 4, 257b, 267 Abs. 3 S. 5, 273 Abs. 1a, 302 Abs. 1 S. 2 StPO.

Das wesentliche Element einer solchen Absprache ist **„Geständnis gegen geringere Strafe"**.

**Beispiel** Gegen Z ist Anklage wegen Steuerhinterziehung in Höhe von 1 Mio. € vor dem *Landgericht Bochum* erhoben worden. Nach vorheriger Absprache legt Z in der Hauptverhandlung ein umfassendes Geständnis ab und erklärt, dass die Tat „der größte Fehler seines Lebens" gewesen sei. Das Gericht hatte zuvor für den Fall eines Geständnisses eine Strafe zwischen 1 und 2 Jahren zur Bewährung in Aussicht gestellt. Die Staatsanwaltschaft beantragt daraufhin 2 Jahre auf Bewährung. Diesem Antrag folgt das Gericht in seinem Urteil. ■

**Gegenstand der Absprache** darf also nur die **Rechtsfolge** sein, nicht der Schuldspruch. Eine Vereinbarung, die zum Gegenstand hat, dass der Angeklagte nur aus einfacher, nicht aber aus gefährlicher Körperverletzung verurteilt wird, ist damit unzulässig. Zulässig soll hingegen nach Auffassung des *BGH* das Festlegen auf einen minder schweren Fall z.B. gem. § 249 Abs. 2 StGB sein.[48] Unzulässig ist auch das Vereinbaren einer „Punktstrafe". Es dürfen nur im Gegenzug zum Geständnis des Angeklagten **Ober- und Untergrenzen der zu erwartenden Strafe** festgelegt werden. Auch eine Einstellung gem. §§ 153, 153a, 154 StPO kann Gegenstand einer Absprache sein, sofern sich diese verfahrensbezogenen Maßnahmen auf das gegenständliche Ermittlungsverfahren beziehen. Sog. „Gesamtlösungen", bei denen auch die Einstellung anderer Ermittlungsverfahren zugesagt wird, sind unzulässig.[49]

47 *BGH* NStZ 2006, 350; *BGH* NStZ 2023, 252 zur Bejahung einer einheitlichen prozessualen Tat bei einem vorangegangenen körperlichen Angriff, der später in einer Vergewaltigung mündet.

48 *BGH* NStZ 2017, 363.

49 BVerfGE 133, 168.

Da der Amtsermittlungsgrundsatz grundsätzlich auch bei Urteilsabsprachen gilt, darf das **Geständnis des Angeklagten** kein inhaltsleeres Formalgeständnis sein, sondern muss dem Gericht die Aufklärung des Sachverhalts ermöglichen. Das **Geständnis muss ohne Druck zustande kommen**, was immer dann nicht der Fall ist, wenn dem Angeklagten eine verhältnismäßig hohe Strafe in Aussicht gestellt wird, sollte er das Angebot der Absprache ablehnen (sog. „Sanktionsschere“[50]).

Die Absprache kann zwar außerhalb der Hauptverhandlung vorbereitet werden, muss aber **in der Hauptverhandlung erfolgen** und entsprechend **protokolliert** werden. Auch wenn keine Verständigung stattgefunden hat, ist das im Protokoll zu vermerken, § 273 Abs. 1a S. 3 StPO (sog. „**Negativtest**“).

Ein anschließender **Rechtsmittelverzicht ist ausgeschlossen**. Etwaige Verzichtserklärungen sind damit unwirksam.

**Beispiel** A wurde vom dem *AG Pirna* zu einer Freiheitsstrafe von 2 Jahren und 10 Monaten verurteilt. Nach Urteilsverkündung und Aufhebung des Haftbefehls verzichtete A auf Rechtsmittel. Dem Protokoll zufolge wurde die Hauptverhandlung für ein „Rechtsgespräch“ unterbrochen. Nach Fortsetzung der Verhandlung verlas die Verteidigerin ein Geständnis, auf die Einvernahme der geladenen Zeugen wurde nachfolgend verzichtet. Das Protokoll enthielt weder einen Hinweis auf das Zustandekommen einer Absprache, § 273 Abs. 1a S. 1 StPO, noch darauf, dass eine Verständigung nicht erfolgt sei, § 273 Abs. 1a S. 3 StPO. Die später eingelegte Berufung des A, mit der dieser auf die Unwirksamkeit des Rechtsmittelverzichts gem. § 302 Abs. 1 S. 2 StPO hinwies, wurde vom *LG Dresden* als unzulässig verworfen. Auf die sofort eingelegte Beschwerde hin führte das *OLG Dresden* aus, dass nunmehr im Freibeweisverfahren geklärt werden müsse, ob eine Absprache erfolgt sei, die einen Rechtsmittelverzicht unzulässig mache. Neben der bereits vorliegenden Erklärung der Verteidigung holte das Gericht hierzu noch die (widersprüchliche) Erklärung der Sitzungsvertreterin der StA und die (lückenhafte) Erklärung des Vorsitzenden des *Schöffengerichts* ein. Von weiteren Beweisen wurde abgesehen, die Beschwerde des A wurde verworfen.[51]

Welche Rechtsmittel stehen A jetzt noch zur Verfügung und haben diese Aussicht auf Erfolg?

A kann noch eine **Verfassungsbeschwerde** einlegen. Diese könnte begründet sein, wenn er in seinem Recht auf ein **faires Verfahren gem. Art. 2 Abs. 2 S. 2 i.V.m. Art. 20 Abs. 3 GG** verletzt ist. Aus diesem Recht ergeben sich auch Mindestanforderungen für eine zuverlässige Sachverhaltsaufklärung. Diesen Anforderungen wurde das *OLG* nicht gerecht, da es zusätzlich zu der Erklärung der StA und des vorsitzenden Richters noch Stellungnahmen der Schöffen und der Urkundsbeamtin hätte einholen müssen. Etwaig verbleibende Zweifel dürfen dann nicht zu Lasten des A gehen, da diese ihre Ursache letztlich in einem Verstoß gegen die gesetzlich angeordnete Dokumentationspflicht haben. ■

50 *Engländer* Examens-Repetitorium Strafprozessrecht Rn. 279.

51 *BVerfG* Beschluss vom 5.3.2012, AZ 2 BvR 1464/11 – abrufbar unter www.bundesverfassungsgericht.de; *ders.* auch in NJW 2012, 1136.

Ist eine Absprache getroffen worden, ist das **Gericht grundsätzlich** daran **gebunden**, es sei denn,

- es wurden rechtlich und tatsächlich bedeutsame Umstände übersehen, so dass der in Aussicht gestellte Strafrahmen nicht mehr schuld- und tatangemessen ist, oder
- das Prozessverhalten des Angeklagten entspricht nicht der Prognose des Gerichts, z.B. weil weitere Beweisanträge gestellt werden.

Sofern die Bindung entfällt, darf auch das Geständnis nicht mehr verwertet werden (**Beweisverwertungsverbot** § 257c Abs. 4 S. 3 StPO).

**Online-Wissens-Check**

**Welchen Tatverdacht benötigt die StA für die Anklageerhebung und wie wird dieser definiert?**

Überprüfen Sie jetzt online Ihr Wissen zu den in diesem Abschnitt erarbeiteten Themen. Unter **www.juracademy.de/skripte/login** steht Ihnen ein Online-Wissens-Check speziell zu diesem Skript zur Verfügung, den Sie kostenlos nutzen können. Den Zugangscode hierzu finden Sie auf der Codeseite.

## C. Verfahrensbeteiligte

41 In ein Strafverfahren sind unterschiedliche Beteiligte involviert, die wir uns nachfolgend genauer ansehen werden.[52] Wir werden uns in diesem Zusammenhang auch mit dem Gerichtsaufbau und der Zuständigkeit der Gerichte in den jeweiligen Instanzen befassen.

### I. Der Berufsrichter

#### 1. Stellung und Funktion

42 Dem Berufsrichter kommt jedenfalls ab dem Zeitpunkt der Erhebung der Anklage eine herausragende Rolle im Strafverfahren zu. Wie wir gesehen haben, gelangt das Erkenntnisverfahren mit der Erhebung der Anklage in das sog. Zwischenverfahren. Dort entscheidet der Richter über die Eröffnung des Hauptverfahrens. Das Hauptverfahren selbst wird anschließend ausschließlich durch den Richter geleitet. Ihm obliegt in der Hauptverhandlung die Sachaufklärung und die Durchführung eines fairen und unvoreingenommenen Verfahrens. Um diese Aufgabe erfüllen zu können, muss der Richter **persönlich und sachlich unabhängig** sein. Aus diesem Grund ist der Richter bei seiner Entscheidungsfindung nur dem Gesetz unterworfen. Dies ergibt sich aus **Art. 97 Abs. 1 GG, § 1 GVG und § 25 DRiG**. Zur Sicherung der persönlichen Unabhängigkeit ist die Dienstaufsicht über den Richter gem. § 26 DRiG eingeschränkt.

» Lesen Sie die nebenstehend zitierten Normen und verschaffen sich einen Überblick. «

Da die Unabhängigkeit des Richters eine wichtige Voraussetzung für ein faires Verfahren ist, muss gewährleistet sein, dass parteiische Richter vom Strafverfahren ausgeschlossen werden. Dies regeln die §§ 22 ff. StPO.

52 Ausführlich zu den Verfahrensbeteiligten *Haller/Conzen* Das Strafverfahren Rn. 227 ff.

Sofern Sie die Normen gelesen haben, werden Sie feststellen, dass das Gesetz zwischen der Ausschließung von Richtern und der Ablehnung von Richtern unterscheidet. Die **Ausschließung von Richtern** ist in **§§ 22 und 23 StPO** geregelt und greift unmittelbar kraft Gesetzes ein. Die **Ablehnung von Richtern** ist in **§ 24 StPO** geregelt und setzt einen entsprechenden Ablehnungsantrag voraus. Als Richter i.S.d. §§ 22 ff. StPO werden dabei sowohl die Berufsrichter als auch die nachfolgend unter Rn. 57 dargestellten Schöffen verstanden, vgl. § 31 Abs. 1 StPO.[53]

Der Richter kann auch schon im Ermittlungsverfahren relevant werden. Als sog. **Ermittlungsrichter** entscheidet er gem. **§ 162 StPO** über die Vornahme einer „richterlichen Untersuchungshandlung", die von der Staatsanwaltschaft beantragt wurde. Sofern es sich um die Anordnung oder die Außervollzugsetzung der Untersuchungshaft handelt, ist **§ 126 StPO** zu berücksichtigen. **43**

Grundsätzlich sind zwei Arten von Untersuchungshandlungen zu unterscheiden, nämlich

- die **Vornahme einer Ermittlungshandlung**: Da gem. § 254 StPO nur richterliche Geständnisse in der Hauptverhandlung verlesen werden dürfen, kann es sinnvoll sein, im Ermittlungsverfahren den Richter hinzuzuziehen, insbesondere wenn zu befürchten steht, dass der Beschuldigte in der Hauptverhandlung sein Geständnis widerrufen wird. Gleiches gilt im Hinblick auf die Erlangung einer nach § 251 Abs. 1 StPO verlesbaren Urkunde,
- die **Anordnung einer Zwangsmaßnahme**: Wie wir unter Rn. 114 ff. sehen werden, ist die Mitwirkung des Richters bei Zwangsmaßnahmen erforderlich. So hat der Richter gemäß § 114 Abs. 1 StPO den Haftbefehl zu erlassen. Er ist des Weiteren hinzuzuziehen bei der Beschlagnahme (§ 98 Abs. 1 S. 1 StPO), Durchsuchung (§ 105 Abs. 1 S. 1 StPO) sowie bei weiteren Zwangsmaßnahmen.

## 2. Zuständigkeit und Besetzung der deutschen Gerichte

In **Art. 101 Abs. 1 S. 2 GG** ist festgelegt, dass niemand seinem **gesetzlichen Richter** entzogen werden darf. Daraus folgt, dass im Vorhinein und für jeden denkbaren Rechtsfall abstrakt geregelt werden muss, welches Gericht über die Sache zu befinden hat. Dementsprechend hat der Gesetzgeber in der StPO und dem GVG Vorschriften erlassen, die sich mit der Zuständigkeit des Richters befassen. **44**

Unterscheiden sollten Sie die sachliche Zuständigkeit von der örtlichen Zuständigkeit. Die **sachliche Zuständigkeit** betrifft die Frage, welches Gericht in erster Instanz für die Strafsache zuständig ist. Sofern es bei einem Gericht mehrere Spruchkörper gibt, betrifft die sachliche Zuständigkeit auch die Frage, welcher Spruchkörper zuständig ist. Die Normen, die sich mit der sachlichen Zuständigkeit befassen, finden Sie im **GVG**.

Die **örtliche Zuständigkeit** des Gerichts ist hingegen in der **StPO** geregelt, dort in **§§ 7 ff.** **45**

**»** **Lesen Sie die soeben zitierten Vorschriften und verschaffen Sie sich einen Eindruck von den verschiedenen örtlichen Zuständigkeiten.** **«**

**Hauptgerichtsstände** begründen gem. §§ 7 Abs. 1, 10 StPO der **Tatort**, der **Wohnsitz** gem. §§ 8 Abs. 1, 11 StPO sowie der **Ergreifungsort** gem. § 9 StPO. Sind mehrere Gerichte örtlich zuständig, so kommt der Staatsanwaltschaft ein **Wahlrecht** zu, bei welchem der Gerichte sie Anklage erheben will. Gem. § 12 StPO gebührt dann dem Gericht der Vorzug, welches die Untersuchung zuerst eröffnet hat. Sofern die örtliche Zuständigkeit nicht zweifelsfrei bestimmt werden kann (z.B. bei Auslandstaten, bei denen gem. § 7 StGB deutsches Strafrecht

53 Weiterführende Ausführungen zu diesem Thema finden Sie bei *Beulke/Swoboda* Strafprozessrecht Rn. 104 ff. m. ausf. Rechtsprechungsnachweisen.

Anwendung findet), wird ein **Antrag gem. § 13a StPO beim BGH** gestellt, der dann über die Zuständigkeit verbindlich entscheidet.

Schließlich gibt es sozusagen als Auffangbegriff noch die **funktionelle Zuständigkeit**. Unter dieser Bezeichnung werden alle Zuständigkeitsprobleme zusammengefasst, die nicht über die örtliche oder sachliche Zuständigkeit gelöst werden können, also z.B. die Zuständigkeit des Rechtsmittelgerichts oder die Aufgabenverteilung innerhalb der Spruchkörper.[54]

Wir werden uns nachfolgend ausführlich mit der sachlichen Zuständigkeit der Gerichte in der ersten Instanz und mit der funktionalen Zuständigkeit in Rechtsmittelsachen, befassen. Aus dieser Zuständigkeit ergibt sich ein **Instanzenzug**, welcher unter Rn. 55 dargestellt wird.

**JURIQ-Klausurtipp**

Fragen nach der Zuständigkeit sowie der Besetzung der Gerichte sind **beliebte Zusatzfragen**, sowohl in der Klausur als auch in der mündlichen Prüfung. Sie sollten sich also die nachfolgenden Ausführungen, insbesondere den Instanzenzug, gut einprägen.

#### a) Die sachliche Zuständigkeit des Amtsgerichts

46 Im Gegensatz zum *Landgericht* und zum *Oberlandesgericht* kann der Richter am *Amtsgericht* **nur erstinstanzlich** tätig werden. Bei der Frage der sachlichen Zuständigkeit müssen Sie zwei Fragen auseinander halten: Zunächst einmal ist zu klären, ob das *AG* überhaupt zuständig ist und sodann, vor welchem Spruchkörper das Verfahren stattzufinden hat. In Betracht kommen der Strafrichter und das (erweiterte) *Schöffengericht*.

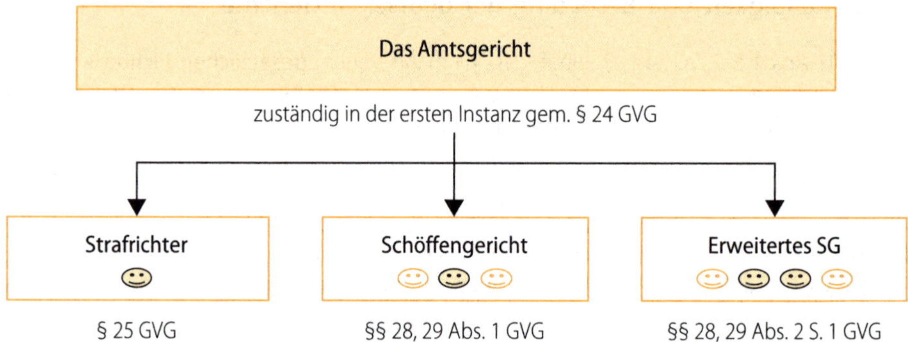


47 Die **Zuständigkeit** des *Amtsgerichts* bestimmt sich nach **§ 24 GVG**. Hiernach sind die *Amtsgerichte* in Strafsachen zuständig, wenn nicht

- die Zuständigkeit des *Landgerichts* nach § 74 Abs. 2 oder 74a GVG oder des *Oberlandesgerichts* nach § 120 GVG begründet ist (§ 24 Abs. 1 Nr. 1 GVG),
- im Einzelfall eine höhere Strafe als vier Jahre Freiheitsstrafe oder die Unterbringung des Beschuldigten in einem psychiatrischen Krankenhaus, allein oder neben einer Strafe, oder in der Sicherungsverwahrung zu erwarten ist (§ 24 Abs. 1 Nr. 2 GVG) oder
- die Staatsanwaltschaft wegen des besonderen Umfangs, der besonderen Bedeutung des Falles oder wegen der besonderen Schutzbedürftigkeit des Verletzten, der als Zeuge in Betracht kommt, Anklage beim *Landgericht* erhebt (§ 24 Abs. 1 Nr. 3 GVG).

54 *Beulke/Swoboda* Strafprozessrecht Rn. 73.

Für die Klausur empfiehlt sich folgenden Vorgehensweise: Zunächst einmal ist danach zu fragen, ob eine **Freiheitsstrafe von mehr als vier Jahren** zu erwarten ist. Bei der zugrunde zu legenden Einschätzung der StA sind neben dem gesetzlichen Strafrahmen des jeweiligen Delikts u.a. Vorstrafen des Beschuldigten, die Schwere der Tat sowie die Höhe bzw. das Ausmaß des Schadens zu berücksichtigen. Kommen danach mehr als 4 Jahre in Betracht, scheidet eine Zuständigkeit des *Amtsgerichts* aus. Ist aber eine Freiheitsstrafe von mehr als vier Jahren nicht zu erwarten, so ist zu überprüfen, ob ein **Verbrechen entsprechend des Katalogs des § 74 Abs. 2 GVG**, ein **Staatsschutzdelikt gemäß § 74a GVG** oder eine **Straftat nach § 120 GVG** vorliegt. In diesen Fällen ist die Zuständigkeit des *Amtsgerichts* auch bei einer geringeren Straferwartung als vier Jahren ausgeschlossen.

Zu beachten ist weiterhin die Möglichkeit der **„beweglichen" Zuständigkeit des Landgerichts** gem. **§§ 24 Abs. 1 Nr. 3, 74 Abs. 1 S. 2 GVG**. Hiernach kann die Staatsanwaltschaft Fälle, die grundsätzlich in die Zuständigkeit des *Amtsgerichts* fallen, vor dem *Landgericht* anklagen, soweit sie ihnen besondere Bedeutung beimisst. Trotz der vor allem in der Literatur erhobenen Bedenken, wonach diese Regel aufgrund ihrer Unbestimmtheit gegen den „gesetzlichen Richter" verstoße, hat das *BVerfG* die Normen für verfassungskonform erklärt.[55] Als Begründungskriterien für die abweichende Zuständigkeit können u.a. herangezogen werden: die Auswirkungen der Tat, das mediale Interesse sowie die Klärung einer Grundsatzfrage durch den *BGH*.[56]

Ist grundsätzlich die Zuständigkeit des *Amtsgerichts* eröffnet, so muss weiterhin festgestellt **48**
werden, ob das Verfahren vor dem Strafrichter oder vor dem Schöffengericht durchgeführt werden muss.

Gemäß **§ 25 GVG** ist der **Strafrichter beim Amtsgericht** zuständig für Vergehen, die im Wege der Privatklage verfolgt werden oder eine höhere Strafe als eine Freiheitsstrafe von zwei Jahren nicht erwarten lassen. Hier wird der **Strafrichter als Einzelrichter** tätig, ihm kommt aber die volle Rechtsfolgenkompetenz des *Amtsgerichts* zu. Er kann also gemäß § 24 Abs. 2 GVG eine Freiheitsstrafe bis zu vier Jahren verhängen.[57]

Im Übrigen findet das Verfahren vor dem **Schöffengericht** statt. Das *Schöffengericht* ist mit einem Berufsrichter und zwei Schöffen besetzt. **Schöffen** sind **juristische Laien**, die lediglich als ehrenamtliche Richter tätig werden, während der Hauptverhandlung aber das Richteramt in vollem Umfang und mit gleichem Stimmrecht wie die Richter ausüben. Ihre Befugnisse sowie ihre Eignung zum Ausüben des Schöffenamtes werden nach den **§§ 30ff GVG** bestimmt.

Die Zusammensetzung des *Schöffengerichts* ist in **§ 29 GVG** geregelt. Gemäß **§ 29 Abs. 2 GVG** kann bei Eröffnung des Hauptverfahrens auf Antrag der Staatsanwaltschaft die Zuziehung eines zweiten Richters vom *AG* beschlossen werden, „wenn dessen Mitwirkung nach dem Umfang der Sache notwendig erscheint", **erweitertes Schöffengericht**. In besonderen Fällen kann das Gericht auch von sich aus die Zuziehung eines zweiten Richters beschließen, vgl. § 29 Abs. 2 Satz 2 GVG.

55 BVerfGE 22, 254, 260.

56 Lesen Sie dazu auch die nachfolgenden Ausführungen unter Rn. 103; außerdem *Engländer* Examens-Repetitorium Strafprozessrecht Rn. 33.

57 Vgl. *BGH* NStZ 1985, 470.

### b) Die sachliche Zuständigkeit des Landgerichts in erster Instanz

49 Auch beim *Landgericht* muss zunächst die allgemeine Zuständigkeit des *Landgerichts* als Eingangsinstanz geprüft werden. Danach muss festgestellt werden, welche Kammer des *Landgerichts* für den jeweiligen Fall zuständig ist.

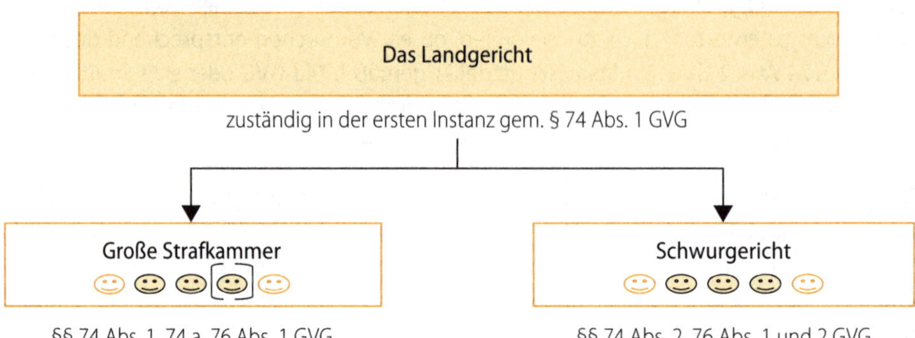


Das *Landgericht* ist gem. **§ 74 Abs. 1 GVG** zuständig für alle Vergehen und Verbrechen, die nicht in den Zuständigkeitsbereich des *Amtsgerichts* oder des *Oberlandesgerichts* fallen. Die Staatsanwaltschaft erhebt mithin Anklage vor dem *Landgericht*, wenn

- die in § 74 Abs. 2 GVG genannten Verbrechen verhandelt werden oder
- bei Vergehen und Verbrechen eine höhere Strafe als vier Jahre Freiheitsstrafe oder die Unterbringung des Beschuldigten in einem psychiatrischen Krankenhaus, allein oder neben einer Strafe, oder in der Sicherungsverwahrung zu erwarten ist oder
- sie wegen des besonderen Umfangs, der besonderen Bedeutung des Falles oder wegen der besonderen Schutzbedürftigkeit des Verletzten, der als Zeuge in Betracht kommt, Anklage beim *Landgericht* erhebt.

50 In erster Instanz sind grundsätzlich die **großen Strafkammern** innerhalb des *Landgerichts* zuständig.

**Hinweis**

Achten Sie auf die **korrekte Terminologie**: beim *Landgericht* heißt der Spruchkörper „Kammer", beim *Oberlandesgericht* und beim *BGH* spricht man von „Senaten".

Sie sind mit drei Berufsrichtern und zwei Schöffen besetzt, **§ 76 Abs. 1 Satz 1 GVG**. Gemäß **§ 76 Abs. 2 GVG** kann bei Eröffnung des Hauptverfahrens eine **Verkleinerung der Kammer** beschlossen werden, so dass nur mit zwei Berufsrichtern und zwei Schöffen verhandelt wird. Dies ist möglich, soweit nicht die Strafkammer als Schwurgericht zuständig ist, oder nach dem Umfang oder der Schwierigkeit der Sache die Mitwirkung eines dritten Richters notwendig erscheint.

In §§ 74 Abs. 2, 74a ff. GVG ordnet das Gesetz neben den allgemeinen großen Strafkammern die Bildung besonderer Strafkammern an.

So ist in den Fällen des **§ 74 Abs. 2 GVG** das *Landgericht* als **Schwurgericht** zuständig. Die Bezeichnung hat lediglich historische Bedeutung und geht auf eine Zeit vor 1924 zurück, in der es auch in Deutschland noch ein *Geschworenengericht* gab. Das *Schwurgericht* ist eine

„normale" große Strafkammer, welche vor allem bei den Straftaten zuständig ist, bei denen gewollt oder aber als Erfolgsqualifikation der Tod des Opfers eingetreten ist. Beachten Sie jedoch, dass – wie soeben gesehen – eine Verkleinerung dieser Kammer gem. § 76 Abs. 2 GVG nicht möglich ist, d.h. das *Schwurgericht* entscheidet immer in der Besetzung von 3 Richtern und 2 Schöffen.

Daneben gibt es noch die **Staatsschutzkammer (§ 74a GVG)**, die **Jugendschutzkammer (§ 74b GVG)** und die **Wirtschaftskammer (§ 74c GVG)**. Auch diese besonderen Strafkammern sind mit drei Berufsrichtern und zwei Schöffen besetzt.

### c) Die Zuständigkeit des Landgerichts in Rechtsmittelsachen

51

Neben der Zuständigkeit in erster Instanz wird das *LG* auch als Rechtsmittelgericht tätig. Es entscheidet über **Berufungen (§ 312 ff. StPO)** gegen Urteile des Strafrichters bzw. des *Schöffengerichts* beim *Amtsgericht*, **§ 74 Abs. 3 GVG**. Zuständig für die Berufungsverhandlung ist die **kleine Strafkammer**, die mit einem Berufsrichter und zwei Schöffen besetzt ist, **§ 76 Abs. 1 GVG**. Hat erstinstanzlich das erweiterte *Schöffengericht* entschieden, so ist auch in der Berufungsverhandlung **gem. § 76 Abs. 3 GVG ein weiterer Richter** hinzu zu ziehen.

Bei **Beschwerden** gegen Verfügungen des Richters am *Amtsgericht* und gegen Beschlüsse des *Amtsgerichts* (vgl. §§ 304 ff. StPO) entscheidet eine große Strafkammer ohne Mitwirkung der Schöffen, vgl. § 309 Abs. 1 StPO, §§ 73, 76 Abs. 1 GVG.

### d) Die sachliche Zuständigkeit des Oberlandesgerichts in erster Instanz

52

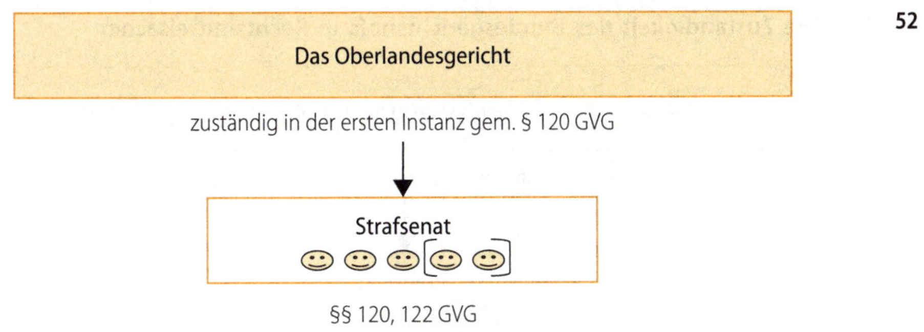


Das *Oberlandesgericht* wird nur selten in erster Instanz tätig.

Das Gericht ist zuständig bei den sog. **Staatsschutzdelikten des § 120 Abs. 1 GVG** und bei bestimmten **Tötungsdelikten gem. § 120 Abs. 2 GVG**, wenn die Straftat z.B. in Zusammenhang mit der Tätigkeit einer nicht nur im Inland bestehenden, kriminellen Vereinigung steht,

§ 120 Abs. 2 Nr. 2, oder aber den Bestand oder die äußere oder innere Sicherheit der Bundesrepublik Deutschland beeinträchtigt, § 120 Abs. 2 Nr. 3 GVG. In diesen Fällen muss zusätzlich der Generalbundesanwalt wegen der besonderen Bedeutung des Falles die Verfolgung übernommen haben.

Am *OLG* entscheiden **Senate**, die gemäß **§ 122 GVG** in der Regel mit drei, bei besonderem Umfang oder Schwierigkeit der Sache mit fünf Berufsrichtern besetzt sind.

### e) Die Zuständigkeit des Oberlandesgerichts in Rechtsmittelsachen

53

Das Oberlandesgericht

zuständig in der zweiten Instanz gem. § 121 GVG

Strafsenat

§§ 121, 122 GVG

Wesentlich bedeutender ist das Tätigwerden des *Oberlandesgerichts* als Rechtsmittelinstanz.

Das *OLG* entscheidet gem. **§ 121 Abs. 1 Nr. 1 GVG** über die **Sprungrevision** gem. **§ 335 StPO** gegen Urteile des *Amtsgerichts*, die **Revision** gem. **§ 333 StPO** gegen Berufungsurteile des *Landgerichts* und die Revision gegen erstinstanzliche Urteile der Strafkammern des *Landgerichts*, wenn es ausschließlich um die Verletzung von Landesrecht geht.

Weiterhin entscheidet das *OLG* über **Beschwerden** gegen Beschlüsse des *Landgerichts*, § 121 Abs. 1 Nr. 2, 3 GVG.

Auch in der Rechtsmittelinstanz entscheiden beim *OLG* **Senate**, die mit drei Berufsrichtern besetzt sind, **§ 122 GVG**.

### f) Die Zuständigkeit des Bundesgerichtshofs in Rechtsmittelsachen

54

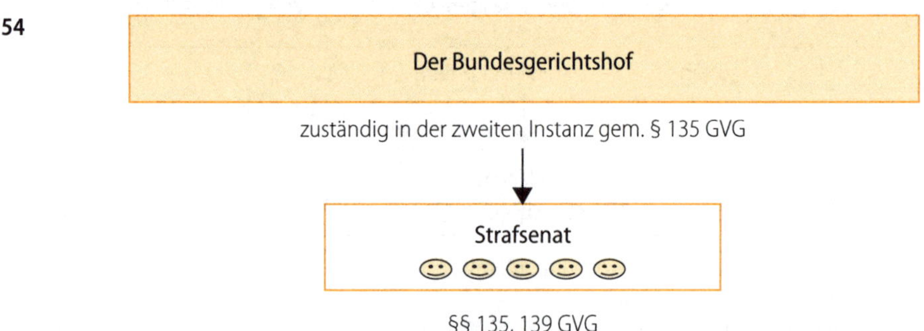


Der *BGH* ist eine Revisionsinstanz. Er ist zuständig für **Revisionen** gegen erstinstanzliche Urteile des *Oberlandesgerichts* und der großen Strafkammern des *Landgerichts*, §§ 130, 135 Abs. 1 GVG und für **Beschwerden** nach § 135 Abs. 2 GVG.

**Hinweis**

Es ist allerdings auch denkbar, dass der *BGH* sich mit einer Rechtsfrage befassen muss, über die schon erstinstanzlich das *Amtsgericht* nachdenken musste. Diese Überprüfung durch den *BGH* ist nicht im Wege der Einlegung eines Rechtsmittels zu erlangen. Die Voraussetzung dafür ist vielmehr gem. **§ 121 Abs. 2 GVG**, dass ein **Oberlandesgericht**, welches aufgrund der Einlegung der Revision gegen eine Entscheidung des *Amtsgerichts* über eine Sache zu befinden hat, von der Entscheidung eines anderen *Oberlandesgerichts* oder der Rechtsprechung des *BGH* **abweichen möchte**. In diesem Fall hat es dem *BGH* die Sache zur Entscheidung vorzulegen.[58]

Auch beim *BGH* entscheiden **Strafsenate**. Die fünf Strafsenate des *BGH* sind bei Revisionen gegen Urteile mit fünf Richtern, bei Beschwerden mit drei Richtern besetzt, **§ 135 Abs. 1, Abs. 2 GVG**.

Darüber hinaus existiert noch der **große Senat für Strafsachen**, der zuständig ist, wenn ein Strafsenat von einer Entscheidung eines anderen Strafsenats abweichen will oder wenn es um eine Rechtsfrage von grundsätzlicher Bedeutung geht. Der große Senat besteht aus dem Präsidenten des *BGH* und je zwei Mitgliedern der Strafsenate, vgl. § 132 Abs. 2, 4, 5 GVG.

### g) Der Instanzenzug

Aus den soeben gelernten Zuständigkeiten ergibt sich folgender Instanzenzug, den Sie sich gut einprägen sollten: 55

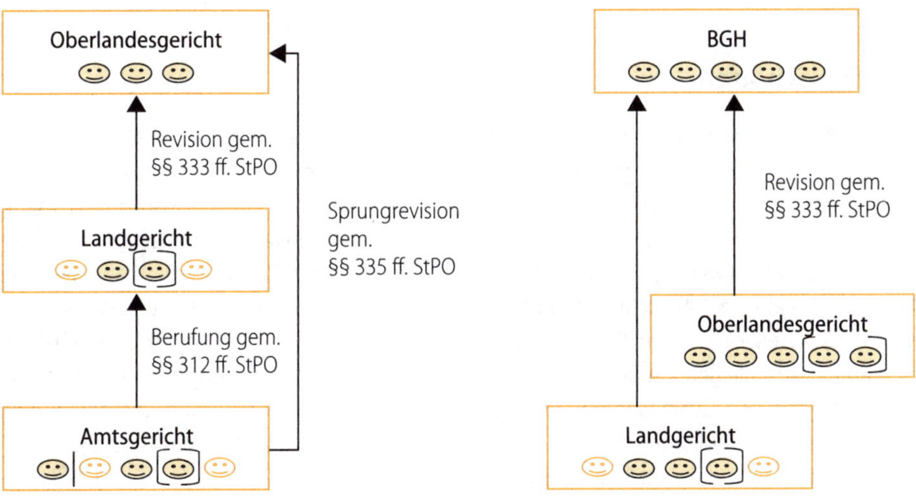


58 So geschehen in den Fällen der „reflektierenden Anti-Blitz-Folie“, die Straftäter in NRW und Bayern über ihre Nummernschilder geklebt hatten. Nach Auffassung des *OLG Düsseldorf* hatten die Täter § 267 StGB verwirklicht. Das *BayOLG* wollte eine Strafbarkeit nach dieser Norm verneinen und legte die Sache dem *BGH* zur Entscheidung vor. Dieser schloss sich den Bayern an (*BGHSt* 45, 197), so dass das Überkleben nur nach § 22 Abs. 1 Nr. 3 StVG strafbar ist.

**Hinweis**

Weil es immer wieder falsch gemacht wird, sollten Sie sich schon an dieser Stelle merken, dass es **gegen Urteile des Landgerichts und des Oberlandesgerichts** nur das Rechtsmittel der **Revision** gibt, nicht aber das der Berufung!

### 3. Zuständigkeit des EGMR

56 Nach Erschöpfung des innerstaatlichen Rechtswegs im jeweiligen Mitgliedsland kann innerhalb von 6 Monaten nach der endgültigen Entscheidung gem. **Art. 34, 35 EMRK** jedermann eine Verletzung seiner sich aus der EMRK ergebenden Grundrechte vor dem *Europäischen Gerichtshof für Menschenrechte* geltend machen.

Dabei kann der *EGMR* die Entscheidung der nationalen Gerichte zwar nicht aufheben (keine kassatorische Wirkung[59]), es kann der verletzten Partei aber eine **„gerechte Entschädigung" gem. Art. 41 EMRK** zusprechen. Allerdings sind die Mitgliedstaaten gem. Art. 46 Abs. 1 EMRK verpflichtet, einen konventionsgemäßen Zustand herzustellen. Dementsprechend findet sich **in § 359 Nr. 6 StPO ein Wiederaufnahmegrund** zugunsten des verurteilten.[60]

Ferner sind die nationalen Gerichte gehalten, im Rahmen einer konventionsgemäßen Auslegung die Entscheidungen des *EGMR* zu beachten. Dies hat der *BGH* z.B. bei der Änderung seiner Rechtsprechung zur rechtsstaatswidrigen Tatprovokation nach einer Entscheidung der *EGMR*[61] getan, indem er in diesem Fällen nunmehr ein Verfahrenshindernis annimmt, wohingegen er zuvor eine Vollstreckungslösung bevorzugt hat.[62]

## II. Die Schöffen

57 Die Schöffen[63] sind **Laienrichter** (§ 45a DRiG) und nehmen als Beisitzer an der Hauptverhandlung teil, wobei ihnen gem. § 30 Abs. 1 GVG dieselben Stimmrechte zukommen wie dem Berufsrichter. Die Schöffen werden anhand einer Vorschlagsliste, die von den Gemeinden gem. § 36 GVG alle 5 Jahre zu erstellen ist, vom **Schöffenwahlausschuss** für die Dauer von fünf Jahren gewählt (§ 42 GVG). Dabei kann Schöffe grundsätzlich jedermann werden. Beachten Sie aber die **Ausschlussgründe**, die in § 31 ff. GVG genannt sind. Die Schöffen sind, sobald sie vereidigt wurden (§ 45 DRiG), verpflichtet, zu den Verhandlungen zu erscheinen und an der abschließenden Beratung mitzuwirken, § 195 GVG. Die wichtigste Befugnis ist die Mitwirkung an den Gerichtsentscheidungen, nämlich den Beschlüssen und abschließenden Urteilen. An Entscheidungen, die außerhalb der Hauptverhandlung ergehen, sind die Schöffen hingegen nicht beteiligt (vgl. §§ 30 Abs. 2, 76 Abs. 1 S. 2 GVG).[64]

---

59 *Engländer* Examens-Repetitorium Strafprozessrecht Rn. 48.

60 Interessant dazu *BVerfG* NJW 2019, 1590.

61 *EGMR* „Furcht gegen Deutschland", Individualbeschwerde Nr. 54648/09.

62 *BGH* NStZ 2015, 541.

63 Einen lesenswerten Aufsatz zur Geschichte, Stellung und Bedeutung der Schöffen finden Sie bei *Hettinger* JoJZG 3/2011, S. 116 ff.

64 Ausf. Darstellung dazu bei *Haller/Conzen* Das Strafverfahren Rn. 348 ff.

## III. Die Staatsanwaltschaft

### 1. Aufgaben der Staatsanwaltschaft

Die Staatsanwaltschaft ist gem. § 150 GVG ein **von den Gerichten unabhängiges Organ der Rechtspflege**. Aus Nr. 123 ff. RiStBV ergibt sich, dass die Staatsanwaltschaft als staatliche Institution den gesetzmäßigen Ablauf eines gerichtlichen Verfahrens in besonderer Weise zu fördern hat. Im Strafverfahren kommen der Staatsanwaltschaft drei Hauptaufgaben zu: 58

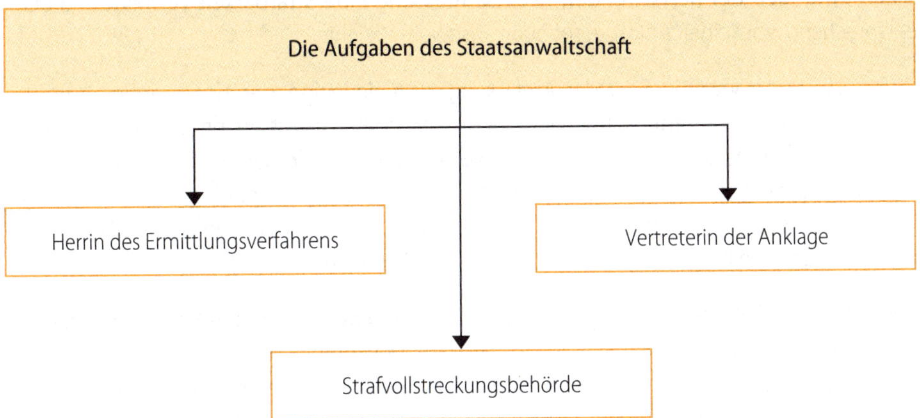


#### a) „Herrin des Ermittlungsverfahrens"

Gem. **§ 152 Abs. 1 StPO** steht der Staatsanwaltschaft die **alleinige Anklagebefugnis** zu. Sie ist, sofern tatsächliche Anhaltspunkte vorliegen, verpflichtet, wegen aller verfolgbaren Straftaten einzuschreiten. Im Ermittlungsverfahren obliegt es ihr, den Sachverhalt entweder selbst oder durch die hinzugezogenen Polizeibeamten zu erforschen **(§§ 160 Abs. 1, 163 StPO)**. Dabei ist sie jedoch zur Objektivität verpflichtet, d.h. sie hat auch die den Beschuldigten entlastenden Umstände zu ermitteln. Gemäß der in **§ 161 Abs. 1 S. 1 StPO** enthaltenen sog. **„Ermittlungsgeneralklausel"** kann sie Ermittlungen jeder Art entweder selbst vornehmen oder durch die Behörden und Beamten des Polizeidienstes vornehmen lassen. Sie ist damit **„Herrin des Ermittlungsverfahrens"**. Bieten die im Vorverfahren durchgeführten Ermittlungen genügend Anlass zur Erhebung der öffentlichen Klage, so ist die Staatsanwaltschaft verpflichtet, durch Einreichung einer Anklageschrift bei dem zuständigen Gericht Anklage zu erheben **(§ 170 Abs. 1 StPO)**. 59

**Umstritten** ist, inwieweit die Staatsanwaltschaft beim Einleiten der Ermittlungen bzw. bei deren Abschluss durch Erhebung einer Anklage gem. § 170 Abs. 1 StPO oder einer Einstellung gem. § 170 Abs. 2 StPO **an die höchstrichterliche Rechtsprechung gebunden** ist. 60

**Beispiel** Staatsanwältin S hat gegen A wegen versuchten Mordes gem. §§ 211, 212, 22, 23 StGB ermittelt. Aufgrund ihrer Ermittlungen steht fest, dass A den O mit einem Messer attackiert hat, um ihm einen „Denkzettel" zu verpassen und ihm deutlich zu machen, dass er die Finger von seiner Freundin lassen soll. Dabei hat er den Tod des O billigend in Kauf genommen. Nachdem die erste Handlung aber ihr Ziel verfehlt hat, sieht A von weiteren Handlungen ab, da O wimmernd und um Gnade bettelnd zu Boden geht und schwört, dass er F nie wieder auch nur ansehen wird. Hier ist A nach Auffassung des *BGH* strafbefreiend gem. § 24 Abs. 1 StGB zurückgetreten. Nach einer in der Lit. vertretenen Gegenauffassung hingegen scheidet ein Rücktritt bei „außertatbestandlicher Zielerreichung" aus. S findet die Auffassung der *BGH* wenig überzeugend und erhebt Anklage vor dem zuständigen Landgericht. ■

Soweit die Staatsanwaltschaft eine **Tat** anklagen möchte, **hinsichtlich derer nach Auffassung der Gerichte** nur ein **Freispruch in Betracht kommt**, ist es ihr nach allgemeiner Auffassung nicht verwehrt, durch entsprechende Anklageerhebung eine Rechtsauffassung zur Überprüfung zu stellen. Im obigen *Beispiel* ist mithin die Anklage wegen versuchten Mordes unproblematisch. **Anders** wird jedoch die Situation beurteilt, in welcher die **Staatsanwaltschaft entgegen der herrschenden Rechtsauffassung eine Strafbarkeit verneint** und dementsprechend von einer Anklageerhebung insoweit absieht.

**Beispiel** Staatsanwältin S ist der Auffassung, dass derjenige, der einem anderen ein frei verkäufliches Rauschmittel überlässt, nicht einschreiten muss, wenn der andere infolge einer Überdosierung das Bewusstsein verliert und später daran stirbt. Entgegen der Rechtsauffassung des *BGH*[65] meint sie, dass sich nur das mit der Selbstgefährdung eingegangene Risiko realisiert habe und ein Tatherrschaftswechseln nicht stattfinde. Aus diesem Grund stellt sie das Verfahren gem. § 170 Abs. 2 StPO ein. ■

61 Der **BGH** sowie **Teile der Literatur** bejahen eine **Bindungswirkung der Staatsanwaltschaft**, da die rechtsprechende Gewalt nach Art. 92 GG den Gerichten übertragen worden sei. Diese Gewalt könne jedoch nicht ausgeübt werden, wenn den Gerichten wegen des Anklagemonopols der Staatsanwaltschaft die Möglichkeit genommen würde, über ein Rechtsverhältnis abschließend zu entscheiden.[66] Demnach wäre im voranstehenden *Beispiel* die StA verpflichtet, Anklage zu erheben. Tut sie dies nicht, kann sie sich gem. §§ 258a, 13 StGB strafbar machen. Nach einer anderen, in der **Literatur** vertretenen Auffassung, besteht eine Bindung der Staatsanwaltschaft an die höchstrichterliche Rechtsprechung nicht. Argumentiert wird mit § 150 GVG, wonach die Staatsanwaltschaft ein von den Gerichten unabhängiges Organ ist und im Rahmen ihres Beurteilungsspielraumes als Herrin des Ermittlungsverfahrens frei entscheiden kann.[67]

### b) Anklagevertreterin

62 Die Staatsanwaltschaft ist ferner die **Anklagevertreterin im Zwischen- und Hauptverfahren**. Gem. § 226 Abs. 1 StPO muss ein Beamter der Staatsanwaltschaft während der Hauptverhandlung ununterbrochen anwesend sein. Zu Beginn der Hauptverhandlung muss die Staatsanwaltschaft gem. § 243 Abs. 3 StPO zunächst die Anklageschrift verlesen. Am Ende der Hauptverhandlung hält die Staatsanwaltschaft gem. § 258 Abs. 1 StPO das Schlussplädoyer. Während der Hauptverhandlung steht ihr das Fragerecht gem. § 240 Abs. 2 S. 1 StPO und das Beweisantragsrecht gem. §§ 244 ff. StPO zu.

### c) Strafvollstreckungsbehörde

63 Die Strafvollstreckung ist in den §§ 449 ff. StPO geregelt. Aus **§ 451 StPO** ergibt sich, dass die **Strafvollstreckung durch die Staatsanwaltschaft** erfolgt. Nachdem ein rechtskräftiges Urteil ergangen ist, obliegt es also der Staatsanwaltschaft, dieses durchzusetzen, indem sie die Geldstrafe beitreibt oder im Falle einer Freiheitsstrafe den Verurteilten zum Strafantritt lädt und die zuständige Strafanstalt um Aufnahme ersucht. Erscheint der Geladene nicht zum Strafantritt,

65 *BGH* Urteil vom 5.8.2015 – 1 StR 328/15 – abrufbar unter www.bundesgerichtshof.de.

66 BGHSt 15, 155 ff.; *Beulke/Swoboda* Strafprozessrecht Rn. 147.

67 *Roxin/Schünemann* Strafverfahrensrecht 29. Aufl. 2017 § 9 Rn. 14.

dann kann die Staatsanwaltschaft gem. §§457 i.V.m. 131 ff. StPO einen Vorführungs- oder Haftbefehl erlassen und – sofern erforderlich – ihn zur Fahndung ausschreiben.

## 2. Organisation der Staatsanwaltschaft

Die Staatsanwaltschaft ist parallel zu den Gerichten organisiert. Ihr Aufbau sowie ihre sachliche und örtliche Zuständigkeit ergeben sich aus **§§ 141 ff. GVG**. Beachten Sie den **monokratischen und hierarchischen Aufbau** der Staatsanwaltschaft: An der Spitze der Staatsanwaltschaft steht ein Behördenleiter, für den der einzelne Staatsanwalt immer nur als Vertreter handelt. Dies ergibt sich aus § 144 GVG. Anders als bei Gericht können innerhalb der Staatsanwaltschaft beliebige Veränderungen der Zuständigkeit vorgenommen werden. 64

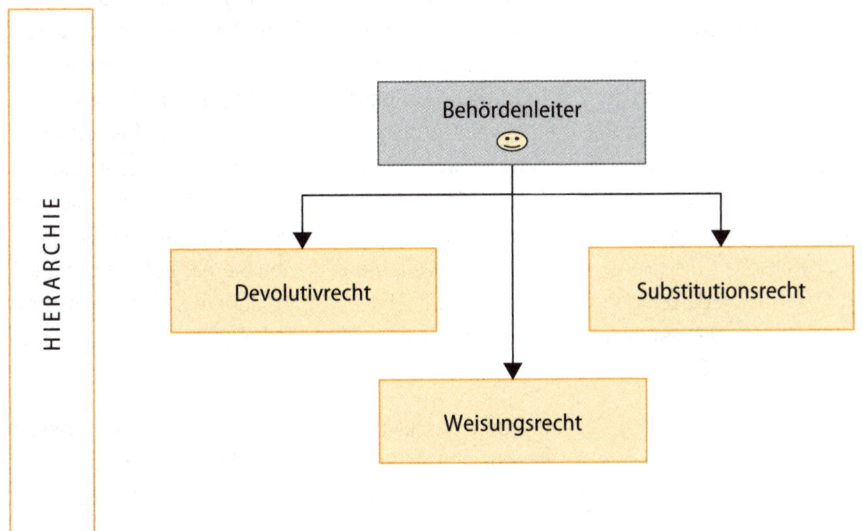


**Gem. § 145 Abs. 1 Alt. 1 GVG** steht dem Behördenleiter ein **Devolutivrecht** zu, welches dazu führt, dass er jederzeit berechtigt ist, einzelne Amtsverrichtungen oder auch den gesamten Fall selbst zu übernehmen. Daneben hat der Behördenleiter **gem. § 145 Abs. 1 Alt. 2 GVG** ein **Substitutionsrecht**, d.h. er ist befugt, jederzeit einen anderen als den zunächst zuständigen Staatsanwalt mit der Betreuung eines Falls zu beauftragen. Aus **§§ 146 und 147 GVG** ergibt sich schließlich ein **Weisungsrecht**, welches dazu führt, dass dienstliche Anweisungen des Behördenleiters von den Staatsanwälten zu befolgen sind.

Als Behörde unterstehen die Staatsanwaltschaften den jeweiligen Landesjustizministerien mit Ausnahme der Bundesanwaltschaft, die dem Bundesjustizminister untersteht.

Folgende Staatsanwaltschaften nebst ihren Behördenleitern sollten Ihnen bekannt sein:

- Die **Bundesanwaltschaft** mit dem **Generalbundesanwalt** an der Spitze (**§ 142 Abs. 1 Nr. 1 GVG**), die auf Bundesebene parallel zum *BGH* tätig wird. Sie vertritt die Anklage bei allen Verfahren, die vor den *BGH* gelangen. Zudem hat sie gem. **§ 142a GVG** eine erstinstanzliche **Sonderzuständigkeit vor dem OLG**.
- Die **Staatsanwaltschaft beim Oberlandesgericht** mit dem **Generalstaatsanwalt** als Behördenleiter. Sie ist zuständig in 1. Instanz für Staatsschutzdelikte vor dem *OLG*, soweit sie gem. § 142a Abs. 2 GVG an sie abgegeben wurden. Darüber hinaus ist sie zuständig für die Revisionsverfahren vor dem *OLG*.

- Die **Staatsanwaltschaft beim Landgericht**, deren Behördenleiter der **leitende Oberstaatsanwalt** (LOSTA) ist. Sie vertritt die Anklage erstinstanzlich beim *AG* und *LG* und wird zweitinstanzlich tätig bei Berufungsverfahren vor dem *LG*.
- Die **Amtsanwaltschaft beim Amtsgericht**, die die Staatsanwaltschaft beim *Landgericht* unterstützt (§ 142 Abs. 1 Nr. 3, Abs. 2 GVG).

## IV. Die Polizei

65 Wie Sie bereits gesehen haben, leitet die Staatsanwaltschaft das Vorverfahren. Gem. § 160 StPO kann sie dabei alle erforderlichen Ermittlungshandlungen selbst vornehmen. Dazu ist sie jedoch aus Kapazitätsgründen in der Praxis nicht in der Lage. Aus diesem Grund gestattet ihr **§ 161 Abs. 1 S. 1 StPO**, auf **Behörden und Beamten des allgemeinen Polizeidienstes** zurückzugreifen. Die Polizei wird somit als **verlängerter Arm der Staatsanwaltschaft** im Ermittlungsverfahren tätig. Sie kann jedoch nicht nur auf Ersuchen der Staatsanwaltschaft tätig werden, sie hat auch gem. **§ 163 StPO** das **Recht des ersten Zugriffs**. Dieses Recht des ersten Zugriffs findet in der Praxis eine weite Auslegung. Die Fälle **kleinerer bis mittlerer Kriminalität** werden von den Polizeibehörden in eigener Zuständigkeit ausermittelt und sodann der Staatsanwaltschaft zur Entscheidung über den Abschluss des Verfahrens, die nur die Staatsanwaltschaft treffen darf, übermittelt. Beachten Sie jedoch, dass in beiden Fällen die Staatsanwaltschaft die „Herrin des Ermittlungsverfahrens" bleibt. Sie hat aufgrund dessen die Möglichkeit des jederzeitigen Eingriffs (vgl. Nr. 3 Abs. 2 RiStBV). Zudem sind die Polizeibeamten verpflichtet, den **Anordnungen der Staatsanwaltschaft Folge zu leisten**. Dies ergibt sich aus **§ 152 GVG**.

Neben den Polizeibeamten, die aufgrund des Landesrechts zu sog. „Ermittlungspersonen" der Staatsanwaltschaft gemacht werden, gibt es auch solche Polizeibeamten, die aufgrund eines Ersuchens durch die Staatsanwaltschaft von dem Leiter der Polizeibehörde unterstützend tätig werden.[68]

66 Sofern die **Polizei als Ermittlungsperson** oder auf Ersuchen der Staatsanwaltschaft handelt, wird sie **repressiv zur Aufklärung begangener Straftaten** tätig. In diesem Fall bestimmen sich ihre Rechte und Pflichten nach dem Strafprozessrecht.

Darüber hinaus kann die Polizei jedoch, wie Ihnen aus dem Öffentlichen Recht bekannt sein wird, **präventiv zur Abwehr von Gefahren für die öffentliche Sicherheit und Ordnung** tätig werden. Die entsprechenden Zuständigkeiten und Befugnisse sind in den Polizei- und Ordnungsgesetzen der Bundesländer geregelt. Treffen präventive und repressive Aspekte aufeinander, so ist für die Einordnung der polizeilichen Tätigkeit der **Schwerpunkt der Maßnahme** entscheidend. Die Entscheidung kann **Auswirkungen auf die Verwertbarkeit** evtl. sichergestellter Beweismittel haben, was nachfolgender Fall verdeutlicht:

**Beispiel** A steht im Verdacht, der Drogenlieferant von B zu sein, weswegen ein Treffen der beiden polizeilich observiert wird. Als B einen Gegenstand von A übergeben bekommt, den er sogleich in seinem Auto verstaut, nimmt die observierende Polizistin P an, B habe Drogen bekommen. Sie beschließt wegen Gefahr im Verzug das Fahrzeug unter dem Vorwand einer Routineüberprüfung zu durchsuchen, um so zu verhindern, dass die Drogen in Umlauf gelangen können. Tatsächlich wird Kokain in größeren Mengen im Auto gefunden.

68 Vgl. dazu die Darstellung bei *Beulke/Swoboda* Strafprozessrecht Rn. 159 ff.

Hier stellte sich für den *BGH*[69] die Frage nach der Verwertbarkeit der aufgefundenen Drogen. Wäre P repressiv tätig geworden, hätte sie zunächst versuchen müssen, gem. §§ 102ff StPO eine richterliche Entscheidung einzuholen. Bei einer präventiven Tätigkeit hingegen richten sich die Voraussetzungen des Tätigwerdens nach den jeweiligen Polizeigesetzen. Eine Verwertbarkeit der Beweismittel ist dann nach § 161 Abs. 2 S. 1 StPO zulässig. Der *BGH* hat den präventiven Charakter der Maßnahme und die Verwertbarkeit der aufgefundenen Drogen als Beweismittel bejaht und grundsätzlich zum Verhältnis zwischen präventiver und repressiver Kompetenz folgendes ausgeführt:

*„Wenn eine Maßnahme – wie hier – sowohl der Gewinnung von Beweismitteln als auch der Gefahrenabwehr dient, besteht* ***grundsätzlich kein Vorrang strafprozessualer Eingriffsbefugnisse.*** *Polizeibehörden dürfen daher auch während eines bereits laufenden Ermittlungsverfahrens auf Grund präventiver Ermächtigungsgrundlagen zum Zwecke der Gefahrenabwehr tätig werden. Die Rechtmäßigkeit der Maßnahme ist dann ausschließlich nach den gefahrenabwehrrechtlichen Voraussetzungen zu beurteilen."*

## V. Der Beschuldigte

### 1. Beginn der Beschuldigtenstellung

**Beschuldigter** wird die Person genannt, gegen die sich das Ermittlungsverfahren richtet. 67

Eine Person wird zum Beschuldigten, wenn folgende **Voraussetzungen** vorliegen:

- Es muss zunächst ein **Anfangsverdacht** gegen die Person bestehen. Was hierunter zu verstehen ist, haben wir bereits unter Rn. 16 ausführlich erörtert.
- Zu diesem Anfangsverdacht muss ferner ein **Willensakt der Strafverfolgungsbehörde** hinzutreten, welcher deutlich macht, dass sie gegen den Beschuldigten ermitteln möchte.[70]

Die Begründung der Beschuldigteneigenschaft kann auch konkludent zum Ausdruck kommen, z.B. durch Anordnung oder Durchführung einer Maßnahme, die nur gegen den Beschuldigten zulässig ist, wie z.B. einer körperlichen Untersuchung gem. § 81a StPO.[71]

### 2. Rechte und Pflichten des Beschuldigten

Die **Einordnung einer Person als Beschuldigter** hat wesentliche **Konsequenzen für die Rechte und Pflichten** dieser Person. 68

Im Gegensatz zu einem Zeugen hat ein Beschuldigter z.B. das Recht, die Unwahrheit zu sagen. Macht er im Strafverfahren falsche Angaben, die dazu führen, dass eine Verurteilung nicht erfolgt, so macht er sich weder nach § 153 StGB noch nach § 258 StGB strafbar. Die Falschaussage findet jedoch ihre Grenze in §§ 164 und 145d StGB. Ein Zeuge hingegen kann sich gem. § 153 StGB strafbar machen, wenn er eine falsche Aussage macht. Beachten Sie jedoch, dass eine Strafbarkeit ausgeschlossen ist, wenn der Zeuge lediglich vor der Polizei oder der Staatsanwaltschaft falsch aussagt.

**» Nutzen Sie die Gelegenheit, sich mit den Straftaten gegen die Rechtspflege zu befassen, dargestellt im Skript „Strafrecht BT III". «**

69 *BGH* NStZ-RR 2018, 146.
70 BGHSt 10, 8; 37, 48.
71 *Beulke/Swoboda* Strafprozessrecht Rn. 173.

### a) Rechte

69 Der **Beschuldigte als Verfahrenssubjekt** hat zahlreiche **Rechte im Strafverfahren**. Zu nennen sind dabei insbesondere die nachfolgend dargestellten, die Sie sich einprägen sollten:

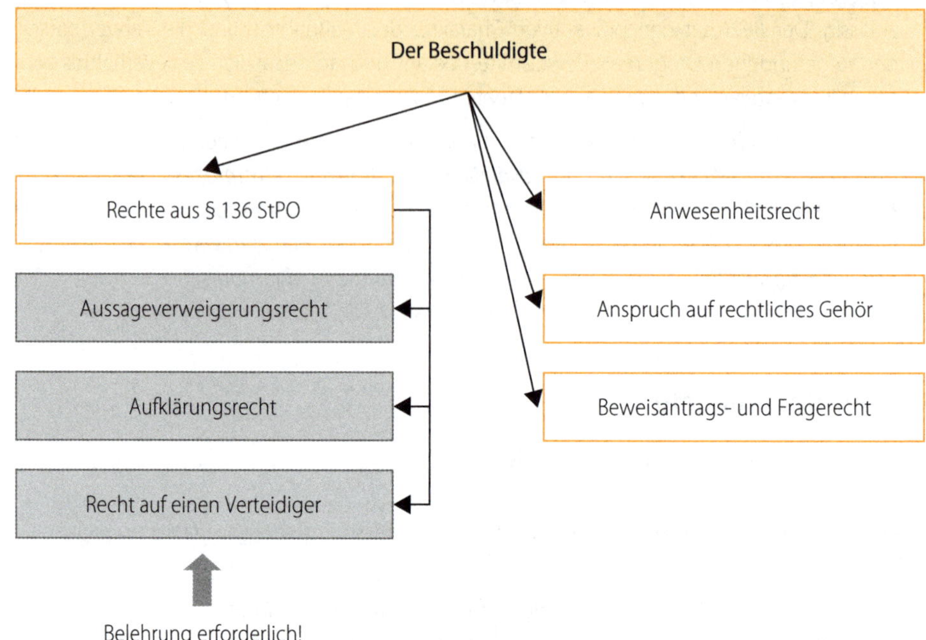


#### aa) Das Aussageverweigerungsrecht

70 Aus **§ 136 Abs. 1 S. 2 StPO** ist zu entnehmen, dass es dem Beschuldigten freisteht, sich nicht zur Sache zu äußern. Auf dieses Recht ist er bei seiner ersten Vernehmung hinzuweisen. Dieses Recht gilt auch in der Hauptverhandlung, **§ 243 Abs. 5 S. 1 StPO**.

#### bb) Das Aufklärungsrecht

71 Bei der ersten Vernehmung ist dem Beschuldigten ferner mitzuteilen, welche Tat ihm zur Last gelegt wird und welche Strafvorschriften in Betracht kommen. Dies ergibt sich ebenfalls aus **§§ 136 Abs. 1 S. 1 sowie 163a Abs. 4 S. 1 StPO**.

#### cc) Das Recht auf einen Verteidiger

72 Der Beschuldigte hat des Weiteren das Recht, gem. **§ 137 StPO in jeder Lage des Verfahrens** einen **Verteidiger** zu wählen. Auch hierauf muss er bei seiner ersten Vernehmung hingewiesen werden, **§ 136 Abs. 1 S. 2 StPO**. Sofern er keinen Verteidiger kennt, sind ihm entsprechende Informationen zur Verfügung zu stellen, die es ihm ermöglichen, einen Verteidiger zu finden, **§ 136 Abs. 1 S. 3 und 4 StPO**.

Handelt es sich um einen Fall der sog. **notwendigen Verteidigung gem. § 140 StPO**, so hat er sogar einen Anspruch gegen den Staat auf Beiordnung eines Pflichtverteidigers gem. §§ 141 und 142 StPO. Auch darauf ist er bei seiner ersten Vernehmung hinzuweisen, **§ 136 Abs. 1 S. 5 StPO**.

Wird der Beschuldigte auf die soeben genannten drei Rechte bei der ersten Vernehmung nicht hingewiesen, so ist seine Aussage, wie wir unter Rn. 171 sehen werden, im Strafverfahren grundsätzlich nicht verwertbar, es sei denn, der Beschuldigte kannte seine Rechte.

**Hinweis**

Die **Vernehmung** des Beschuldigten kann unter den Voraussetzungen des **§ 136 Abs. 4 StPO audiovisuell aufgezeichnet** werden. Parallel dazu wurde **§ 254 StPO** dahin gehend geändert, dass *„Erklärungen des Angeklagten, die in einem richterlichen Protokoll oder in einer Bild-Ton-Aufzeichnung einer Vernehmung enthalten sind, zum Zweck der Beweisaufnahme über ein Geständnis verlesen beziehungsweise vorgeführt werden"* können.

Problematisch in Zusammenhang mit der ersten Befragung des Beschuldigten ist, inwieweit die vernehmenden Ermittlungsbeamten bei **„informatorischen Befragungen"** und sog. **„Spontanäußerungen"** Belehrungspflichten haben. 

Führen die Strafverfolgungsorgane sog. **informatorische Befragungen** durch, dann verdächtigen sie noch keine konkrete Person. Informatorische Befragungen dienen vielmehr der Orientierung über das Geschehen und werden zumeist unmittelbar nach dem Tatgeschehen am Tatort durchgeführt.[72] Die Zulässigkeit dieser Befragungen ergibt sich aus kriminalpolitischen Aspekten. Die vernehmenden Ermittlungspersonen können häufig erst nach entsprechender Klärung des Sachverhalts feststellen, in welcher prozessualen Rolle sich der Befragte befindet. Wird der spätere Beschuldigte in diesem Zusammenhang befragt, so ist eine **Belehrung gem. § 136 StPO** nicht erforderlich. Gleiches gilt für **Spontanäußerungen**, bei welchen es sich um eigenständige Äußerungen ohne entsprechende Befragung handelt.[73]

**Beispiel** Nach einem Fußballspiel ist es in einer Kneipe zu einer Rauferei zwischen mehreren Personen gekommen. Die herbeigerufenen Polizeibeamten X und Y vernehmen vor Ort sämtliche Personen, die sich in der Gaststätte aufhalten. Darunter befindet sich auch A, der noch wenige Minuten zuvor tatkräftig mitgeprügelt hat. Nachdem er seine erste Aussage getätigt hat, drängt sich aufgrund der in dem Gespräch festgestellten, starken Alkoholisierung sowie der erheblichen Blessuren an den Händen bei dem Polizeibeamten X der Verdacht auf, dass A einer der Täter sein könnte. Aus diesem Grund befragt er ihn erneut zum Tathergang, ohne ihn entsprechend zu belehren. Darf er das?

Bei der ersten Befragung handelte es sich um eine sog. informatorische Befragung, bei welcher eine Belehrung nicht erforderlich war. Die Befragung diente den Polizeibeamten dazu, sich einen Überblick über die Situation zu verschaffen. Nachdem der Polizeibeamte X jedoch die Verletzungen und die Alkoholisierung des A wahrgenommen hat, kann von einem Anfangsverdacht ausgegangen werden. Dieser Anfangsverdacht hat sich auch in der weiteren Befragung manifestiert, so dass zu diesem Zeitpunkt A Beschuldigter war. Nunmehr hätte X ihn gem. § 136 StPO über seine Rechte belehren müssen. Da dies unterblieben ist, kann eine eventuelle Aussage des A in einem weiteren Strafverfahren nicht verwertet werden. ■

72 *BGH* NStZ 1983, 86.
73 *Beulke/Swoboda* Strafprozessrecht Rn. 174.

#### dd) Das Anwesenheitsrecht

73 Der Beschuldigte hat im **Ermittlungsverfahren** das Recht, bei richterlichen Vernehmungen von Zeugen oder Sachverständigen anwesend zu sein, § 168c Abs. 2 S. 1 StPO.

Der Beschuldigte hat ferner während der **Hauptverhandlung** ein **Recht auf Anwesenheit**. Ausnahmen ergeben sich insoweit aus §§ 231 Abs. 2, 231a–233, 247 StPO.

#### ee) Der Anspruch auf rechtliches Gehör

74 Aus **Art. 103 Abs. 1 GG** ergibt sich, dass der Beschuldigte einen Anspruch auf rechtliches Gehör hat. Dieser Anspruch wird z.B. **konkretisiert im letzten Wort**, welches dem dann „Angeklagten" vor der Urteilsverkündung gem. **§ 258 Abs. 1 und 2** zusteht.

#### ff) Das Beweisantrags- und Fragerecht

75 Der Beschuldigte hat das Recht, während des Strafverfahrens Beweisanträge zu stellen und Zeugen und Sachverständige einzuvernehmen. Dies ergibt sich aus **§§ 219, 244 ff. StPO**.[74]

#### gg) Akteneinsichtsrecht

76 Hat der Beschuldigte keinen Verteidiger, so hat er gleichwohl unter den Voraussetzungen der **§ 147 Abs. 4 StPO** ein unmittelbares **Akteneinsichtsrecht in elektronisch geführte Akten** und bei nicht elektronisch geführten Akten ein **Recht auf Bereitstellung von Kopien**.

### b) Pflichten

77 Der Beschuldigte hat aber nicht nur Rechte, sondern auch **Pflichten im Strafverfahren**. Zu seinen Pflichten gehören:

#### aa) Die Erscheinungspflicht im Ermittlungsverfahren

78 Der Beschuldigte muss zwar nicht vor der Polizei, aber **gem. §§ 133, 163a Abs. 3 S. 1 StPO vor der Staatsanwaltschaft und dem Ermittlungsrichter** zu seiner Vernehmung erscheinen. Bleibt er unentschuldigt aus, kann er zwangsweise vorgeführt werden (§§ 133 Abs. 2, 163a Abs. 3 S. 2 StPO).

#### bb) Die Anwesenheitspflicht in der Hauptverhandlung

79 **Ohne den Angeklagten findet eine Hauptverhandlung nicht statt.** Dies ergibt sich aus **§§ 230 und 231 StPO.** Beachten Sie jedoch die Ausnahmeregelungen des § 233 StPO.

#### cc) Die Duldung von Zwangsmaßnahmen

80 Wie wir noch unter Rn. 114 ff. sehen werden, stehen der Staatsanwaltschaft und den Ermittlungsbeamten verschiedene Zwangsmittel zur Verfügung, um den Sachverhalt zu erforschen. Sofern die jeweiligen Voraussetzungen gegeben sind, muss der Beschuldigte diese Eingriffsmaßnahmen dulden. Beachten Sie jedoch, dass es sich insoweit nur um eine **passive Duldungspflicht** handelt. Aus dem **nemo-tenetur-Grundsatz** ergibt sich, dass der Beschuldigte

74 Vgl. zu den Rechten und Pflichten auch *Engländer* Examens-Repetitorium Strafprozessrecht Rn. 60 ff.

darüber hinaus **nicht verpflichtet** ist, **aktiv an den Ermittlungen mitzuwirken**. Er darf mithin gegen seinen Willen nicht z.B. zur Abgabe von Schrift- oder Sprechproben oder ähnlichen Maßnahmen herangezogen werden.[75] Die entsprechende Verweigerung darf demnach auch nicht zu seinen Lasten als Beweis gewürdigt werden.

## VI. Der Verteidiger

### 1. Arten der Verteidigung

Aus **§ 137 StPO** ergibt sich, dass der Beschuldigte sich **in jeder Lage des Verfahrens** des Beistands eines Verteidigers bedienen kann. Wie wir soeben auch gesehen haben, ist der Beschuldigte bei seiner ersten Vernehmung gem. § 136 StPO darauf hinzuweisen. Grundsätzlich darf der Beschuldigte auch mehrere Verteidiger bestellen, wobei gem. § 137 Abs. 1 S. 2 StPO die Anzahl auf **drei Wahlverteidiger** begrenzt ist. Bestellt er sich eigenständig einen Verteidiger, so spricht man von einer **„Wahlverteidigung"**. 81

Gem. **§ 140 StPO** gibt es Fälle, in denen die Mitwirkung eines Verteidigers notwendig ist. In diesen Fällen liegt eine **„notwendige Verteidigung"** vor. In allen dort nicht aufgelisteten Fällen, so z.B. v.a. einfachen Verfahren vor den *Amtsgerichten*, kann der Beschuldigte sich grundsätzlich selbst verteidigen. Ist der Beschuldigte in den Fällen der notwendigen Verteidigung nicht in der Lage, einen Verteidiger zu bezahlen, wird ihm von Amts wegen **gem. § 141 StPO** der sog. **Pflichtverteidiger** beigeordnet. Die Bestellung erfolgt durch den Vorsitzenden des Gerichts, bei dem die Sache entweder anhängig ist oder aber bei dem sie anhängig zu machen ist, vgl. § 141 Abs. 4 StPO. Die Bestellung erfolgt spätestens im Zwischenverfahren (*„sobald er gemäß § 201 zur Erklärung über die Anklageschrift aufgefordert worden ist"*, § 141 Abs. 1 StPO).

Die **Anzahl der Pflichtverteidiger** ist von Gesetzes wegen nicht auf 3 beschränkt, da § 137 Abs. 1 S. 2 StPO nur für den Wahlverteidiger gilt. In dem **NSU-Verfahren** gegen Beate Zschäpe wurde der Angeklagten nach geraumer Zeit ein vierter Pflichtverteidiger zur Seite gestellt, nachdem die Angeklagte zuvor einen Antrag auf Entbindung der bisherigen Verteidiger gestellt hatte, der aber abschlägig beschieden wurde. Durch das Bestellen eines weiteren Verteidigers sollte die effektive Verteidigung der Angeklagten sichergestellt werden.

### 2. Stellung des Verteidigers

Der Verteidiger soll die **Waffengleichheit** zwischen den staatlichen Strafverfolgungsorganen und dem Beschuldigten, der für gewöhnlich die strafprozessualen Möglichkeiten nicht kennt, herstellen. 82

Nach **h.M.** ist der Verteidiger jedoch nicht – wie z.B. im Zivilrecht – der Vertreter, sondern der **Beistand des Beschuldigten**. Dies ergibt sich daraus, dass der Verteidiger **gem. § 1 BRAO** auch **Organ der Rechtspflege** ist und als solches auch dem öffentlichen Interesse an der Gewährleistung einer rechtsstaatlichen Strafverfolgung dient.[76]

75 *BGH* NJW 2000, 1962 f.; *Haller/Conzen* Das Strafverfahren Rn. 127.

76 *Beulke/Swoboda* Strafprozessrecht Rn. 224; *BVerfG* NJW 1998, 296.

Der Wahlverteidiger ist aufgrund eines privatrechtlichen Vertrags (Geschäftsbesorgungsvertrag § 675 BGB) mit dem Beschuldigten verbunden. Er ist gleichwohl aufgrund seiner o.g. Stellung **von dem Beschuldigten unabhängig**. Das bedeutet, dass er auch gegen den Willen des Beschuldigten Beweisanträge stellen kann bzw. auf Freispruch plädieren darf. Lediglich Rechtsmittel darf er nicht unabhängig vom Willen des Beschuldigten einlegen.[77] Übt der Verteidiger bei der **Wahlverteidigung** gegen den Willen des Beschuldigten seine Rechte aus, so besteht die Möglichkeit, das Vertragsverhältnis zu kündigen. Da es sich um einen Vertrag mit besonderer Vertrauensstellung gem. § 627 BGB handelt, ist eine Kündigung jederzeit und ohne Grund möglich.

Eine **Entbindung eines Pflichtverteidigers** ist im Gesetz nicht ausdrücklich geregelt. **§ 143 StPO** regelt lediglich die Rücknahme der Bestellung eines Pflichtverteidigers für den Fall, dass ein Wahlverteidiger übernehmen soll. Gleichwohl ist anerkannt, dass eine Rücknahme **analog § 143 StPO** zulässig ist, wenn Umstände vorliegen, „... *die den Zweck der Verteidigerbestellung, dem Beschuldigten einen geeigneten Beistand zu sichern sowie den geordneten Ablauf des Verfahrens zu gewährleisten, ernsthaft* (gefährden). *Dies* (ist) *insbes. der Fall, wenn das* ***Vertrauensverhältnis zwischen dem Angekl. und dem bestellten Verteidiger endgültig und nachhaltig erschüttert*** *und daher zu besorgen* (ist), *dass die Verteidigung objektiv nicht mehr sachgerecht geführt werden* (kann). *Das* (ist) *vom Standpunkt eines vernünftigen und verständigen Angekl. aus zu beurteilen.*“ [78]

**83** Als Organ der Rechtspflege ist der Verteidiger **grundsätzlich zur Wahrheit verpflichtet**. Auf der anderen Seite ergibt sich aus **§ 203 StGB** eine **Verschwiegenheitspflicht**, die dazu führt, dass der Verteidiger belastende Umstände nicht ohne Zustimmung seines Mandanten offenbaren darf. Die Beachtung dieser beiden Pflichten und das sich daraus ergebende Spannungsverhältnis ist wichtig für die Beurteilung der Frage, ab wann sich der Strafverteidiger gem. **§ 258 StGB strafbar** macht.

**» Da diese Frage ein beliebtes Klausurthema ist, sollten Sie das Thema Rechtspflegedelikte, insbesondere das Kapitel Strafvereitelung gem. § 258 StGB an dieser Stelle wiederholen (Skript „Strafrecht BT III“, Rn. 277 ff.). «**

Grundsätzlich gilt, dass **die Ausnutzung sämtlicher strafprozessualer Möglichkeiten straflos** sein muss. Wirkt der Verteidiger jedoch aktiv seiner Wahrheitspflicht entgegen, dann macht er sich nach § 258 StGB strafbar.

**Beispiel** Der gerade zugelassene Strafverteidiger S möchte seine Karriere mit einem Freispruch seines wegen Körperverletzung angeklagten Mandanten M beginnen, um sich im Milieu einen guten Ruf zu erwerben. Da das Beweismaterial erdrückend ist, erklärt er M zunächst, dass er in der Hauptverhandlung ordentlich angezogen sein und auf gar keinen Fall den Mund aufmachen soll. Darüber hinaus überlegt er zusammen mit M, ob sich nicht ein „Zeuge“ auftreiben lassen könne, der ihm ein handfestes Alibi verschafft. Beide kommen zu der Auffassung, dass sich die Mutter am besten dafür eigne. S sucht daraufhin M auf und erklärt ihr, dass sie das ihrem Sohn schuldig sei. M tätigt daraufhin in der Hauptverhandlung eine überzeugende Falschaussage, weswegen das Gericht M freispricht. Hat S sich gem. § 258 StGB strafbar gemacht?

Der Hinweis auf das Aussageverweigerungsrecht in der Hauptverhandlung stellt eine zulässige Verteidigungshandlung und damit keine Strafvereitelung gem. § 258 StGB dar. Anders hingegen die Anstiftung der Mutter zur Falschaussage: hier hat S aktiv in die Wahrheitsfindung eingegriffen und sich deswegen sowohl gem. § 258 StGB als auch gem. §§ 153, 26 StGB strafbar gemacht. ■

77 *Beulke/Swoboda* Strafprozessrecht Rn. 231.

78 *OLG München* 7 St 7/14, FD-StrafR 2015, 371363 oder BeckRS 2015, 03800; BVerfGE 39, 238.

### 3. Rechte des Verteidigers

Der Verteidiger hat im Strafverfahren verschiedene, wichtige Rechte. Dazu zählen u.a.: 84

#### a) Das Anwesenheitsrecht

Der Strafverteidiger hat gem. **§ 163a Abs. 3 S. 2 i.V.m. 168c Abs. 1 und 2 StPO** das Recht, auch im Ermittlungsverfahren **bei richterlichen Vernehmungen** des Beschuldigten und von Zeugen sowie bei **Vernehmungen durch die Staatsanwaltschaft** und auch bei **Vernehmungen durch die Polizei, § 163a Abs. 4 S. 3 StPO**, anwesend zu sein. 85

#### b) Kontaktrecht

Aus **§ 148 StPO** ist zu entnehmen, dass dem Beschuldigten, auch wenn er sich nicht auf freiem Fuß befindet, **schriftlicher und mündlicher Verkehr** mit dem Verteidiger gestattet ist. Aus dem fair-trial-Prinzip (Art. 6 EMRK) ergibt sich, dass dieser Verkehr **frei von staatlicher Aufsicht** zu erfolgen hat. Man spricht insoweit von einer Vertraulichkeitsgarantie.[79] Eine Einschränkung des Kontaktrechtes ist nach § 148 Abs. 2 StPO nur möglich, wenn der Beschuldigte einer terroristischen Straftat gem. § 129a StGB verdächtig ist. 86

#### c) Akteneinsichtsrecht

Aus **§ 147 StPO** ergibt sich, dass neben dem nicht verteidigten Beschuldigten auch der Verteidiger ein Recht auf Akteneinsicht hat. Aus §§ 147 Abs. 2, 169a StPO folgt jedoch, dass im Ermittlungsverfahren dieses Recht verweigert werden kann, sofern die Ermittlungen noch nicht abgeschlossen sind und die Gewährung von Akteneinsicht den Untersuchungserfolg gefährden würde. 87

#### d) Beweisantrags-, Frage- und Äußerungsrecht

Ebenso wie der Beschuldigte hat der Verteidiger das Recht, Beweisanträge sowie Fragen zu stellen, **§§ 219, 244 ff., 240 Abs. 2 StPO**. 88

Aus **§ 137 StPO** ergibt sich, dass der Verteidiger sich in jeder Lage für den Beschuldigten äußern kann.

## VII. Der Verletzte

Der Verletzte ist ebenso wie der Beschuldigte ein **Verfahrenssubjekt mit eigenen Rechten**. Wer Verletzter ist, ergibt sich aus **§ 373b StPO**: 89

> **Verletzte** sind diejenigen, „*die durch die Tat, ihre Begehung unterstellt oder rechtskräftig festgestellt, in ihren Rechtsgütern unmittelbar beeinträchtigt worden sind oder unmittelbar einen Schaden erlitten haben*".

79 *EGMR* NJW 2007, 3409.

Zu den **Rechten des Verletzten** gehören

- die Erhebung der **Privatklage** gem. §§ 374 ff. StPO,
- die **Nebenklage** gem. §§ 395 ff. StPO,
- sowie die Geltendmachung von vermögensrechtlichen Ansprüchen im **Adhäsionsverfahren** gem. §§ 403 ff. StPO,
- das **Klageerzwingungsverfahren** gem. §§ 172 StPO,
- sowie die sonstigen in den **§§ 406d ff. StPO geregelten Rechte**, wie z.B. das Recht, über die Einstellung eines Verfahrens bzw. den Ausgang des gerichtlichen Verfahrens informiert zu werden gem. § 406d StPO, das Akteneinsichtsrecht gem. § 406e StPO sowie das Recht, sich des Beistands eines Rechtsanwalts zu bedienen gem. § 406f StPO.

## VIII. Der Zeuge

90 Der Zeuge ist **eines von vier Beweismitteln**, auf die im Strafverfahren zurückgegriffen wird. Neben dem Zeugenbeweis kommen der Sachverständigenbeweis, der Urkundenbeweis sowie der Augenscheinsbeweis in Betracht, wobei der Zeugenbeweis das wichtigste und aufgrund der Fehleranfälligkeit von subjektiven Wahrnehmungen und Erinnerungen zugleich auch das unzuverlässigste Beweismittel ist.

**Zeuge** i.S.d. §§ 48 ff. StPO ist eine Beweisperson, die in einer nicht gegen sie selbst gerichteten Strafsache ihre Wahrnehmung über Tatsachen durch Aussage kundgeben soll.[80]

**Zeugnisfähig** ist dabei grundsätzlich jeder lebende Mensch, unabhängig vom Alter und Geisteszustand. Zu beachten ist jedoch, dass **Richter, Beamte sowie sonstige Personen des öffentlichen Rechts** eine **Aussagegenehmigung** benötigen, wenn sie als Zeugen gehört werden sollen, sofern sich diese Aussage auf Umstände bezieht, auf die sich ihre Amtsverschwiegenheitspflicht bezieht, vgl. § 54 Abs. 1 StPO.

### 1. Pflichten des Zeugen

91 Der Zeuge hat, ebenso wie die anderen Verfahrensbeteiligten im Strafverfahren Rechte und Pflichten. Zu den **Pflichten** gehören:

#### a) Die Erscheinungspflicht

92 Der Zeuge muss gem. **§ 163 Abs. 3 StPO** bereits vor der **Polizei** sowie gem. **§§ 48, 161a Abs. 1 S. 1 StPO** darüber hinaus **vor der Staatsanwaltschaft und dem Richter** erscheinen. Erscheint er nicht, kann gem. **§ 51 StPO** ein Zwangsmittel verhängt werden.

#### b) Die Aussage- und Wahrheitspflicht

93 Aus den **§§ 153 ff. StGB** ergibt sich, dass der Zeuge bei seiner Aussage grundsätzlich **zur Wahrheit verpflichtet** ist. Verstößt er gegen diese Pflicht, so kann er sich strafbar machen. Allerdings trifft ihn die Pflicht aus den §§ 153 ff. nur, sofern er eine Aussage vor dem Gericht oder anderen zur Abnahme von Eiden zuständigen Stellen macht. Zu Letzteren gehören **nicht** die **Polizei** und **Staatsanwaltschaft**. Eine Strafbarkeit des Zeugen gem. den §§ 258, 164, 145d bleibt aber durch eine falsche Aussage des Zeugen vor der Polizei möglich.

80 Meyer-Goßner/Schmitt-*Schmitt* StPO Vor § 48 Rn. 1.

### c) Die Eidespflicht

Sofern das Gericht gem. **§ 59 Abs. 1 S. 1 StPO** die Vereidigung eines Zeugen für notwendig erachtet, ist der Zeuge verpflichtet, diesen Eid zu leisten. 94

## 2. Rechte des Zeugen

Den eben genannten Pflichten stehen **Rechte** gegenüber, die eine mögliche Interessenkollision bzw. Zwangslage des Zeugen berücksichtigen, welche sich aus der Aussage- und Wahrheitspflicht ergeben. Zu nennen sind dabei: 95

### a) Die Zeugnisverweigerungsrechte

Bei den Zeugnisverweigerungsrechten ist zu unterscheiden zwischen denen, die sich aus § 52 StPO ergeben und denen, die dem Zeugen aus § 53 StPO zustehen. Bei den Rechten aus **§ 52 StPO** handelt es sich um Zeugnisverweigerungsrechte, die dem Zeugen aufgrund einer **persönlichen Verbundenheit** mit dem Beschuldigten gewährt werden. 96

**§ 53** und **§ 53a StPO** hingegen gewährt dem Zeugen **aus beruflichen Gründen** ein Zeugnisverweigerungsrecht.

Der Zeuge ist jedenfalls bei § 52 StPO auf dieses Recht vor seiner Vernehmung hinzuweisen. Unterbleibt eine derartige **Belehrung**, dann ist die Aussage grundsätzlich nicht verwertbar. Das Zeugnisverweigerungsrecht führt dazu, dass der Zeuge gar **keine Aussage** zu machen braucht, die nach § 52 Abs. 1 StPO zeugnisverweigerungsberechtigten Personen sind darüber hinaus nach § 61 StPO berechtigt, die Beeidigung zu verweigern. Dieses Recht wird nur dann relevant, wenn der Zeuge sich zur Aussage entschlossen hat.

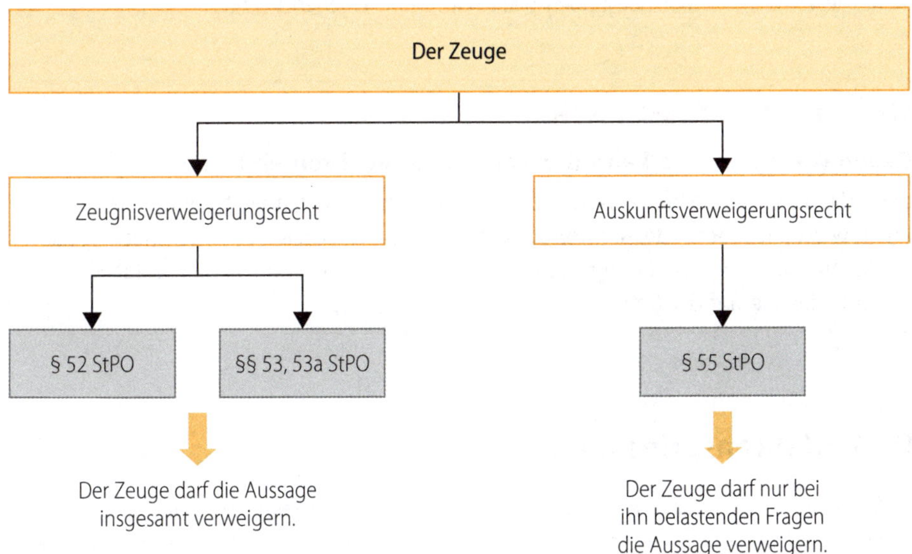


### b) Das Auskunftsverweigerungsrecht

Gem. § 55 StPO kann ein Zeuge die Auskunft auf solche Fragen verweigern, mit denen er sich selbst oder einen Angehörigen der **Gefahr der Strafverfolgung** aussetzen würde. Im Gegensatz zum Zeugnisverweigerungsrecht gewährt dieses Recht dem Zeugen jedoch nur 97 die Möglichkeit **auf einzelne Fragen die Auskunft zu verweigern**. Ggf. muss der Zeuge nach jeder einzelnen Frage von diesem Recht erneut Gebrauch machen. In Einzelfällen kann dies jedoch zu einer vollständigen Aussageverweigerung führen.

**Beispiel** Im Verfahren gegen den Vater des Amokläufers von Winnenden hatte die ehrenamtliche Betreuerin der Familie am ersten Vernehmungstag vor dem *LG Stuttgart* ausgesagt, dass der Vater von den behandelnden Ärzten seines Sohnes vor der Tat über dessen Tötungsphantasien aufgeklärt worden sei. Für das *LG* war dieser Aspekt im Rahmen des § 222 StGB von großer Bedeutung, hatte doch der Vater sowohl die Waffe als auch die Munition, mit der der Sohn später die Mitschüler getötet hatte, unabgeschlossen herumliegen lassen. Am 2. Verhandlungstag widerrief sie diese Aussage und behauptete das Gegenteil. De StA leitete daraufhin ein Verfahren wegen § 153 StGB ein. Das *LG Stuttgart* klärte die Zeugin alsdann über ihr Recht nach § 55 StPO auf. Dies führte dazu, dass die Zeugin nachfolgend die Aussage auf alle Fragen zu diesem Themenkomplex verweigerte und die Verteidigung keine Möglichkeit mehr hatte, die Zeugin zu befragen.

Der *BGH*[81] hat deutlich gemacht, dass ein Auskunftsverweigerungsrecht nicht für solche Straftaten bestehe, die der Zeuge erst durch die Vernehmung begeht. In diesem Fall hat der Zeuge seine Konfliktsituation, auf die das Gesetz Rücksicht nehmen möchte, „ohne Not" erst durch seine Aussage herbeigeführt. Die Zeugin war also verpflichtet, sich den Fragen der Verteidigung zu stellen. Der Angeklagte war durch das unrechtmäßig gewährte Auskunftsverweigerungsrecht damit in seinem Recht auf ein faires Verfahren tangiert, so dass der *BGH* das Urteil zur erneuten Verhandlung an das *LG Stuttgart* zurückverwiesen hat. ■

#### c) Recht auf Rechtsbeistand

98 Schließlich hat der Zeuge das Recht, zu seiner Vernehmung einen Rechtsanwalt mitzunehmen. Dieser Rechtsanwalt hat jedoch nach **h.M.** keine eigenen Rechte.[82]

**Online-Wissens-Check**

**Gegen welche Urteile kann der Verteidiger Revision einlegen?**

Überprüfen Sie jetzt online Ihr Wissen zu den in diesem Abschnitt erarbeiteten Themen. Unter **www.juracademy.de/skripte/login** steht Ihnen ein Online-Wissens-Check speziell zu diesem Skript zur Verfügung, den Sie kostenlos nutzen können. Den Zugangscode hierzu finden Sie auf der Codeseite.

## D. Verfahrensprinzipien

99 Im Strafverfahren sind zahlreiche Verfahrensprinzipien, auch Prozessrechtsgrundsätze genannt, zu beachten, die wir teilweise schon kennen gelernt haben. Diese Verfahrensprinzipien sollen die Durchführung eines rechtsstaatlichen Verfahrens gewährleisten. Ihre Verletzung stellt regelmäßig einen im 2. Staatsexamen ausführlich darzustellenden Revisionsgrund dar.[83]

81 *BGH* Beschluss vom 22.3.2012, AZ 1 StR 359/11 – abrufbar unter www.bundesgerichtshof.de.

82 BVerfGE 38, 105.

83 Eine Übersicht zu den Verfahrensprinzipien finden Sie auch bei *Joecks/Jäger* StPO Einl. Rn. 52 ff.

**JURIQ-Klausurtipp**

Die Verfahrensprinzipien sind jedoch auch in der Ersten Juristischen Prüfung ein **beliebtes Prüfungsthema**, weswegen Sie sich diese gut einprägen sollten.

Folgende Verfahrensprinzipien sollten Sie kennen:

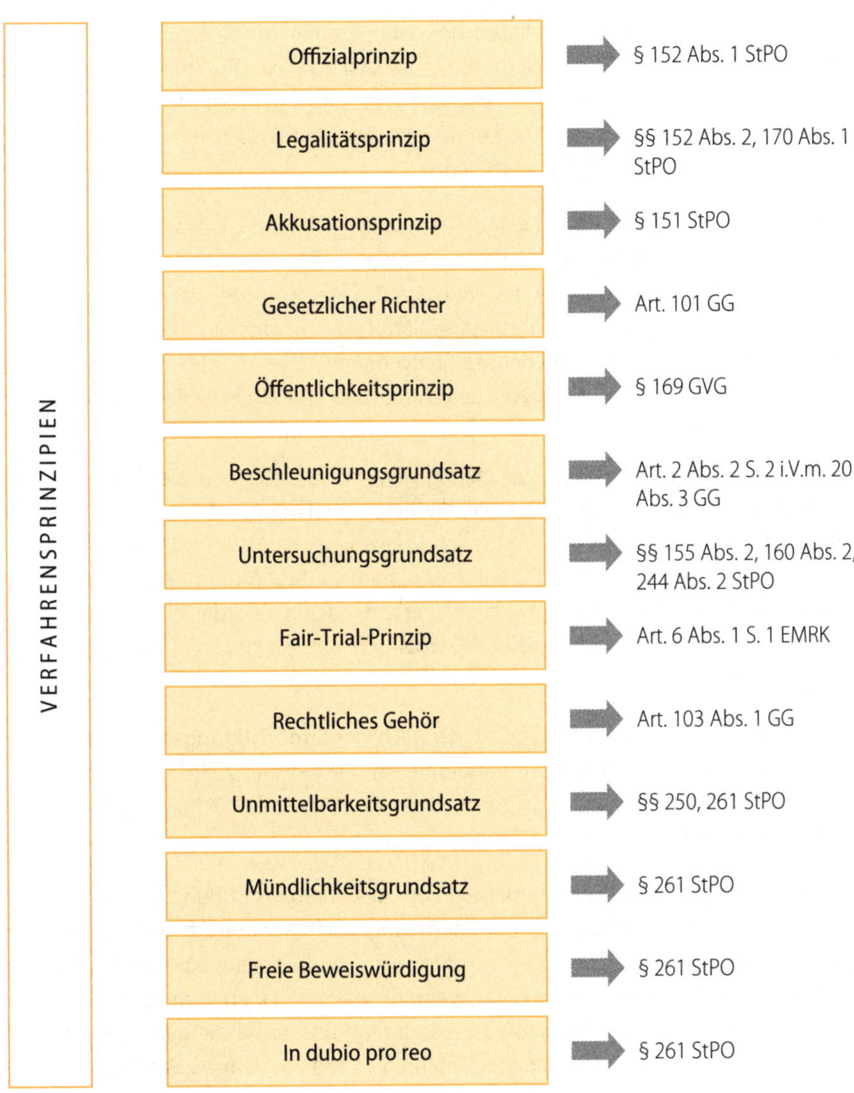


## I. Das Offizialprinzip

In dem Ihnen inzwischen schon bekannten **§ 152 Abs. 1 StPO** ist geregelt, dass die Staatsanwaltschaft zur Erhebung der öffentlichen Klage berufen ist. Daraus folgt, dass die **Strafverfolgung grundsätzlich von Amts wegen (ex officio)** zu erfolgen hat. § 152 Abs. 1 StPO regelt damit das Offizialprinzip. **100**

Dieses Anklagemonopol des Staates gilt jedoch nicht uneingeschränkt. Eine **Ausnahme** vom Offizialprinzip stellt die in den **§§ 374 ff. StPO** geregelte **Privatklage** dar, die Ihnen inzwischen ebenfalls bekannt ist. Bei der Privatklage kann der Verletzte selbst die Straftat als Ankläger verfolgen, ohne dass es vorher einer Anrufung der Staatsanwaltschaft bedarf. Die Strafverfolgung erfolgt hier also nicht „ex officio".

**Einschränkungen** erfährt das Offizialprinzip bei den Antrags- und Ermächtigungsdelikten (z.B. §§ 123 Abs. 2, 90 Abs. 4 StGB).

Fehlt bei den absoluten **Antragsdelikten** der danach erforderliche Strafantrag, so liegt ein Verfahrenshindernis vor, welches dazu führt, dass schon ein Ermittlungsverfahren nicht durchgeführt werden kann. Hier hat es also der Verletzte in der Hand, ob ein Strafverfahren durchgeführt werden soll. Gleiches gilt bei den relativen Antragsdelikten, sofern kein öffentliches Interesse an der Strafverfolgung vorliegt.

**Beispiel** A möchte gegen ihren Freund F gerichtlich vorgehen, weil er sie als „Schlampe" beschimpft und geohrfeigt hat. Aufgrund eigener Erfahrungen hat sie jedoch kein Vertrauen in die Justiz und möchte die Angelegenheit selbst in die Hand nehmen. Zu ihrer großen Enttäuschung erklärt ihr Rechtsanwältin R jedoch, dass nur über einen Strafantrag bei der Polizei und ein entsprechendes Strafverfahren eine Verurteilung erreicht werden könne. Der Strafantrag sei auch erforderlich, da andernfalls ein Verfahrenshindernis vorliege. Hat R Recht?

Zwar stellen die einfache Körperverletzung gem. § 223 StGB und die Beleidigung gem. § 185 StGB absolute Antragsdelikte dar, die einen Strafantrag erforderlich machen. Insoweit ist die Rechtsauskunft der R zutreffend. Allerdings handelt es sich bei den Delikten auch um solche, die in § 374 StPO aufgeführt sind, so dass A ohne Stellen eines Strafantrags direkt Privatklage gem. §§ 374 ff. StPO erheben kann. Erforderlich ist allerdings, dass A einen Sühneversuch gem. § 380 StPO voranschaltet. Bleibt dieser erfolglos, kann die Klage erhoben werden.

Eine Einschränkung des Offizialprinzips stellen auch die **Ermächtigungsdelikte** dar. Im Falle der Verunglimpfung muss der Bundespräsident gem. § 90 Abs. 4 StGB die Staatsanwaltschaft zur Durchführung des Strafverfahrens ermächtigen. Fehlt diese Ermächtigung, liegt ebenfalls ein Verfahrenshindernis vor.

**Beispiel** Ein Blogger hatte im Internet ein Foto des ehemaligen Bundespräsidenten Wulff und seiner Gattin veröffentlicht und dazu angeblich angemerkt: Bettina Wulff fehle eigentlich nur noch ein „Schiffchen auf dem Kopf" und sie sehe aus wie ein „Blitzmädel im Afrika-Einsatz". Außerdem: „Hübsch, wenn dieser Herr daneben nicht wäre." Wulff hat daraufhin den Inhaber der facebook-Seite angezeigt und somit die gem. § 90 Abs. 4 StGB erforderliche Ermächtigung erteilt. Das Verfahren wurde vor dem *LG Dresden* eröffnet.[84]

## II. Das Legalitätsprinzip

101 Da grundsätzlich nur die Staatsanwaltschaft zur Erhebung der öffentlichen Klage berufen ist, muss sie auf der anderen Seite auch **verpflichtet** sein, im Falle des Vorliegens eines entspre-

84 Weitere Ausführungen dazu finden Sie unter http://www.faz.net/aktuell/feuilleton/staatsschutzkammer-verhandelt-gegen-blogger-bundespraesident-wulff-klagt-11585574.html.

chenden Anfangsverdachtes **zu ermitteln** und – sollte sich dieser Verdacht bestätigen – **Anklage zu erheben**. Diesen in **§§ 152 Abs. 2** und **170 Abs. 1** enthaltenen Verpflichtungen liegt das Legalitätsprinzip zugrunde. Das Legalitätsprinzip ist damit gleichsam das Korrelat zum Offizialprinzip.[85]

Kommen die Strafverfolgungsbehörden dieser Verpflichtung nicht nach, dann können sie sich gem. **§ 258a (§ 13) StGB** strafbar machen (vgl. dazu Rn. 15). Das Legalitätsprinzip ist mithin auch **materiell-rechtlich abgesichert**.

Auch das Legalitätsprinzip gilt, wie wir inzwischen wissen, nicht uneingeschränkt, es wird durch das **Opportunitätsprinzip** (vgl. dazu Rn. 21 ff.), welches den Strafverfolgungsbehörden gestattet, Straftaten gem. **§§ 153 ff. StPO** einzustellen, durchbrochen.

## III. Das Akkusationsprinzip

Das deutsche Strafverfahrensrecht geht bei der Strafverfolgung von einer Arbeitsteilung aus: **102**
die eigentliche Strafverfolgung obliegt der Staatsanwaltschaft, wohingegen die Urteilsfindung Aufgabe des Gerichts ist. **Voraussetzung einer gerichtlichen Untersuchung** ist gem. § 151 StPO aber stets die **Erhebung einer Klage**, d.h. das Gericht kann nicht von sich aus eine Strafverfolgung durchführen. Diesen, in **§ 151 und § 264 StPO** verankerten Grundsatz nennt man Akkusationsprinzip.

**Hinweis**

Als Kurzformel für das Akkusationsprinzip können Sie sich merken: „**Wo kein Kläger, da kein Richter**".

Wie Sie inzwischen wissen, hat die Staatsanwaltschaft gem. § 160 Abs. 1 StPO zunächst den Sachverhalt umfassend zu ermitteln, wobei ihr auch verschiedene Zwangsmittel zur Verfügung stehen. Kommt sie nach Abschluss dieser Ermittlungen zu dem Ergebnis, dass ein hinreichender Tatverdacht vorliegt, so erhebt sie gem. § 170 Abs. 1 StPO bei dem zuständigen Gericht Anklage. Das Gericht wiederum darf nunmehr nur über die Taten befinden, die auch von der Staatsanwaltschaft angeklagt wurden. Insofern ist der **prozessuale Tatbegriff** von Bedeutung, den Sie in der Zwischenzeit schon kennen gelernt haben.

**Beispiel** A ist vor dem *Landgericht* angeklagt, sich gem. § 129 StGB an einer kriminellen Vereinigung beteiligt zu haben, deren Zweck die Begehung verschiedener Eigentumsdelikte war. Während der Hauptverhandlung stellt sich heraus, dass A während der Zeit seiner Mitgliedschaft auch tatsächlich Mittäter eines Bandendiebstahls gem. §§ 242, 244 Abs. 1 Nr. 2 StGB gewesen ist. Der Richter ist der Auffassung, dass er das ja gleich mit aburteilen könnte, erteilt einen rechtlichen Hinweis gem. § 265 StPO und verurteilt A gem. §§ 129, 242, 244 Abs. 1 Nr. 2, 52 StGB. A ist empört und fragt Sie, ob er etwas gegen das Urteil unternehmen kann.

Da es ein Urteil des *Landgerichts* ist, können Sie für A Revision einlegen, über welche der *BGH* zu befinden hat. Wie wir unter Rn. 194 ff. sehen werden, muss die Revision begründet werden. In Betracht kommt hier als relativer Revisionsgrund ein Verstoß gegen das

85 *Beulke/Swoboda* Strafprozessrecht Rn. 47.

Akkusationsprinzip und damit auch gegen §§ 264, 151 StPO. Angeklagt war jedenfalls die Mitgliedschaft in einer terroristischen Vereinigung, verurteilt wurde A aber auch wegen des Bandendiebstahls. Da das Gericht nur über die angeklagten Taten entscheiden darf, stellt sich nun die Frage, ob der Bandendiebstahl Teil der angeklagten prozessualen Tat ist. Sollte dies der Fall sein, dann reichte der rechtliche Hinweis gem. § 265 StPO. Sollte hingegen der Diebstahl eine eigenständige prozessuale Tat sein, dann hätte die Staatsanwaltschaft eine Nachtragsanklage gem. § 266 StPO erheben müssen, um diese Tat in die Hauptverhandlung mit einzubeziehen. Wie Sie inzwischen wissen, können Sie als Ausgangspunkt für die Beurteilung die Konkurrenzen heranziehen. Danach stehen die Mitgliedschaft und der Bandendiebstahl in Tateinheit, was für eine prozessuale Tat sprechen würde.[86] Gleichwohl hat die Rechtsprechung in diesen Fällen „bei natürlicher Betrachtung" zwei eigenständige Lebenssachverhalte und damit zwei prozessuale Taten angenommen.[87] Das *Landgericht* durfte mithin den Bandendiebstahl nicht mit aburteilen, da es insofern an einer Klage fehlte. Da das Urteil auch auf diesem Verfahrensfehler beruht, wird die Revision erfolgreich sein. ■

## IV. Prinzip des gesetzlichen Richters

103 Wie Sie gesehen haben, muss die Staatsanwaltschaft in ihrer Anklageschrift das Gericht benennen, vor dem die gerichtliche Untersuchung stattzufinden hat. Auch wissen Sie inzwischen, dass es Zuständigkeitsregeln gibt, die sich mit der sachlichen, funktionellen und örtlichen Zuständigkeit der Gerichte befassen. All dies ist erforderlich, weil in **Art. 101 GG** geregelt ist, dass niemand seinem gesetzlichen Richter entzogen werden darf. Aus diesem Grundsatz ergibt sich nämlich, dass schon im Vorhinein feststehen muss, **welcher Richter für die Aburteilung welcher Straftaten zuständig** ist. Darüber hinaus regelt Art. 101 GG, dass Ausnahmegerichte unzulässig sind und dass Gerichte für besondere Sachgebiete nur durch Gesetze errichtet werden können.

**Beispiel** A ist Mitglied bei Greenpeace und hat zusammen mit anderen Aktivisten einen Castortransport blockiert, indem er einen Stahlkasten auf den Schienen befestigt hat, der unter großem Interesse der Medien und der Öffentlichkeit, die von Greenpeace vorab informiert worden waren, erst nach ca. 12 Stunden von der Polizei entfernt werden konnte. A wird angeklagt vor dem *Landgericht Köln* und erwartungsgemäß verurteilt zu einer Geldstrafe von 50 Tagessätzen. Die Verteidigerin des A legt form- und fristgerecht Revision ein und beruft sich u.a. auf eine Verletzung des Prinzips des gesetzlichen Richters. Zu Recht?

Das Prinzip des gesetzlichen Richters wäre verletzt, wenn A willkürlich vor dem unzuständigen Gericht angeklagt worden wäre. Gem. §§ 24 Abs. 1 und 74 Abs. 1 GVG ist das *Landgericht* grundsätzlich zuständig bei Strafsachen, bei denen die Straferwartung über 4 Jahren

86 Schönke/Schröder-*Lenckner/Sternberg-Lieben* Strafgesetzbuch 27. Aufl. 2006 § 129 Rn. 27.
87 BVerfGE 45, 434; 56, 22; *BGH* NStZ-RR 99, 77.

Freiheitsstrafe liegt. Eine solche Strafe war vorliegend ausgeschlossen. Orientiert man sich allein an der Straferwartung, so hätte die Sache beim *Amtsgericht*, Strafrichter, angeklagt werden müssen. Zu beachten ist jedoch, dass es auch die „bewegliche" Zuständigkeitsregel des § 24 Abs. 1 Nr. 3 GVG gibt, wonach die Staatsanwaltschaft „wegen der besonderen Bedeutung des Falles" beim *Landgericht* Klage erheben darf. Eine solche besondere Bedeutung hat in einem vergleichbaren Fall die Staatsanwaltschaft angenommen. Der *BGH* hat dazu ausgeführt, dass dies jedenfalls in Anbetracht der großen medialen und sonstigen öffentlichen Aufmerksamkeit nicht willkürlich sei und die Zuständigkeit des *Landgerichts* aus diesen Gründen angenommen werden könne.[88] Das Prinzip des gesetzlichen Richters ist damit nicht verletzt. ■

## V. Öffentlichkeitsprinzip

Ist die öffentliche Klage erhoben, so ergibt sich aus **§ 169 S. 1 GVG** sowie aus **Art. 6 Abs. 1** **104**
**S. 1 und 2 EMRK**, dass die **Verhandlungen öffentlich** sein müssen, das bedeutet, dass grundsätzlich jedermann der mündlichen Hauptverhandlung beiwohnen darf. Dies soll vor allem eine Kontrolle des Verfahrens durch die Öffentlichkeit gewährleisten. Zudem wird mit dem Öffentlichkeitsprinzip das Informationsinteresse der Allgemeinheit berücksichtigt.

Auch das Öffentlichkeitsprinzip gilt jedoch nicht uneingeschränkt. So ist eine **Einschränkung des Zugangs möglich**, wenn die ordnungsgemäße Durchführung des Verfahrens dies gebietet, z.B. durch Ausgabe von Einlasskarten bei begrenztem Platz im Verhandlungssaal oder durch Verschließen der Türe bei einer Urteilsverkündung, wenn erhebliche Störungen zu besorgen sind[89]. Zu beachten ist jedoch, dass diese Einschränkung nicht willkürlich erfolgen darf.

**Beispiel** Beim *Landgericht Köln* erfolgt aufgrund baulicher Maßnahmen der Zugang über einen Seiteneingang, der jedoch in der Regel ab 15.30 Uhr verschlossen ist. Um die Öffentlichkeit in Verfahren, die über diesen Zeitpunkt hinausgehen, zu gewährleisten, ist der Pförtner angehalten, die Türe im Blick zu behalten und Einlass suchende Personen hineinzulassen. Nachdem die Verhandlung gegen A gegen 15.32 Uhr nach dessen letztem Wort für die Urteilsberatung unterbrochen wird, verlässt der Verteidiger für eine Zigarettenpause das Gerichtsgebäude. Bei seiner Rückkehr findet er den Pförtner nicht vor und kann erst nach minutenlangem Klopfen und Gestikulieren eine Person auf sich aufmerksam machen, die ihn einlässt.[90]

Nach der Urteilsverkündung überlegt er, ob er auf diesen Umstand erfolgreich eine Revision stützen kann. Was werden Sie ihm raten?

Es könnte ein absoluter Revisionsgrund gem. § 338 Nr. 6 StPO vorliegen. Voraussetzung dafür ist allerdings, dass der Grundsatz der Öffentlichkeit verletzt ist und dass dieser Verfahrensverstoß dem Gericht auch zuzurechnen ist. Da vorliegend nicht nachweisbar ist, dass die Kammer über die Abwesenheit des Pförtners Bescheid wusste und zudem der Verteidiger letztlich Einlass gefunden hat ins Gebäude, kann ein Revisionsgrund gem. § 338 Nr. 6 StPO nicht angenommen werden. Die Revision wäre erfolglos. ■

88 *BGH* NJW 1998, 2150.
89 *Haller/Conzen* Das Strafverfahren Rn. 30.
90 Fall nach *BGH* Beschluss vom 28.9.2011, AZ 5 StR 245/11 – abrufbar unter www.bundesgerichtshof.de.

» Lesen Sie die zitierten Normen! «

Darüber hinaus gibt es **weitere Einschränkungen**. So ist die Hauptverhandlung gegen **Jugendliche** gem. § 48 Abs. 1 JGG nicht öffentlich. Des Weiteren enthalten die §§ 171a, 171b, 172, 175 GVG weitere Ausschließungstatbestände, nach denen insbesondere **zum Schutz privater oder öffentlicher Belange** der Ausschluss der Öffentlichkeit möglich ist.[91]

Grundsätzlich verboten sind gem. **§ 169 S. 2 GVG Rundfunkaufnahmen** sowie sonstige **Ton und Filmaufnahmen zum Zwecke der Veröffentlichung**. Dieses Verbot erfolgt in erster Linie aus Gründen der Gewährung eines fairen rechtsstaatlichen Verfahrens zum Schutz der Verfahrensbeteiligten und einer geordneten Verhandlung.[92] Dieses Verbot betrifft aber nur die mündliche Verhandlung. **Aufnahmen vor und nach der Verhandlung sowie in den Sitzungspausen sind zulässig**, wobei Beschränkungen durch sitzungspolizeiliche Anordnungen des Vorsitzenden gem. § 176 Abs. 1 GVG möglich sind.[93]

Seit 2018[94] ist es ferner möglich, **Tonübertragungen** in einen Arbeitsraum *für „Personen, die für Presse, Hörfunk, Fernsehen oder für andere Medien berichten"* (§ 169 Abs. 1 S. 3 GVG) zuzulassen. Diese Übertragungen dienen der **Erweiterung der räumlichen Kapazitäten** und sind insbesondere bei Verfahren wie z.B. dem NSU-Verfahren, welche ein großes mediales Interesse erregen, sinnvoll.

Ferner ist es möglich, *„**Tonaufnahmen** der Verhandlung einschließlich der Verkündung der Urteile und Beschlüsse .... zu wissenschaftlichen und historischen Zwecken von dem Gericht* (zuzulassen), *wenn es sich um ein **Verfahren von herausragender zeitgeschichtlicher Bedeutung** für die Bundesrepublik Deutschland handelt."* (§ 169 Abs. 2 S. 1 GVG)

## VI. Beschleunigungsgebot

105 Aus **Art. 2 Abs. 2 S. 2 GG i.V.m. dem Rechtsstaatsprinzip aus Art. 20 Abs. 3 GG** ergibt sich das Gebot der **beschleunigten Durchführung eines Strafverfahrens**. Gleiches ist Art. 6 Abs. 1 S. 1 EMRK zu entnehmen. Der Angeklagte muss daher **„innerhalb einer angemessenen Frist"** vom Gericht, welches über die Sache zu entscheiden hat, gehört werden.[95]

Das Beschleunigungsgebot hat seinen Niederschlag gefunden in den **§§ 228 Abs. 1 S. 1 Alt. 2, 229 Abs. 1 StPO**. Diese Vorschriften beschäftigen sich mit der **Unterbrechung und Aussetzung einer Hauptverhandlung**. Aus § 229 Abs. 1 StPO können Sie entnehmen, dass eine Hauptverhandlung grundsätzlich nur bis zu drei Wochen unterbrochen werden darf. Etwas anderes gilt nur dann, wenn davor jeweils an mindestens 10 Tagen eine Hauptverhandlung stattgefunden hat. In diesem Fall ist gem. § 229 Abs. 2 auch eine Unterbrechung bis zu einem Monat möglich. Eine Hemmung der Fristen tritt in den in § 229 Abs. 3 Nr. 1 und 2 StPO genannten Fällen ein. Aus dieser Vorschrift folgt also, dass die einzelnen Verhandlungstage unmittelbar aufeinander zu folgen haben. Wird der in § 229 StPO festgelegte Zeitraum überschritten, dann wird eine Aussetzung des Verfahrens notwendig. In diesem Fall muss die Hauptverhandlung von Anbeginn an neu durchgeführt werden.

---

91 Vgl. zu diesem Thema ausführlich *Beulke/Swoboda* Strafprozessrecht Rn. 376.

92 BVerfGE, 103, 44.

93 Ausführlich dazu *Haller/Conzen* Das Strafverfahren Rn. 34 f.

94 Gesetz über die Erweiterung der Medienöffentlichkeit in Gerichtsverfahren – EmöGG – vom 8.10.2017 (BGBl. I S. 3546), in Kraft getreten am 18.4.2018.

95 *Beulke/Swoboda* Strafprozessrecht Rn. 56.

Das Beschleunigungsgebot ist jedoch auch außerhalb der Hauptverhandlung von Bedeutung. So führt es vor allem bei der Anordnung von **Untersuchungshaft** dazu, dass möglichst schnell eine gerichtliche Entscheidung herbeigeführt werden muss.[96]

Grundsätzlich bewirkt eine **überlange Dauer des Strafverfahrens** kein Verfahrenshindernis. Der Umstand wurde früher auf der Ebene der Strafzumessung strafmildernd berücksichtigt. Seit einer Entscheidung des Großen Senats in 2008 favorisiert die Rechtsprechung nunmehr aber die **Vollstreckungslösung**, wonach im Urteil auf eine übliche und angemessene Strafe zu erkennen ist, dabei aber gleichzeitig auszusprechen ist, dass ein bestimmter Teil der Strafe zur Kompensation der überlangen Verfahrensdauer als vollstreckt gilt.[97]

Ausnahmsweise kann es aber Fälle geben, in denen wegen des besonderen Ausmaßes der Verzögerung ein Interesse an der Strafverfolgung entfallen kann.[98] Die Rechtsprechung hat dann ein von Amts wegen zu berücksichtigendes **Verfahrenshindernis** angenommen.[99]

**Beispiel** Gegen A wird wegen Betruges in einer Vielzahl von Fällen im November 1986 Strafanzeige erstattet. Nach verschiedenen Durchsuchungen und Zeugeneinvernahmen kommt es erst im August 1994 zu einer Anklageerhebung. Im November 1994 wird der Eröffnungsbeschluss erlassen, ohne dass anschließend zeitnah ein Termin zur Hauptverhandlung anberaumt wird. Erst am 13.1.1999, also 13 Jahre nach Erstattung einer Strafanzeige, findet der erste Termin vor dem *Landgericht* statt.

Der **BGH** hat dazu Folgendes ausgeführt: „Auch wenn die Feststellung einer rechtsstaatswidrigen Verfahrensverzögerung jedenfalls dann nicht allein auf den insgesamt abgelaufenen Zeitraum gestützt werden kann, wenn dem Verfahren ein komplexer Sachverhalt zu Grunde liegt, dessen Beurteilung umfangreiche und aufwendige Ermittlungen erforderlich macht (vgl. *BVerfG* NJW 1984, 967; NJW 1993, 3254 [3255]; *BGH* wistra 1993, 340; BGHR MRK Art. 6 Abs. 1 Verfahrensverzögerung 5, 6, 8, 9), so ist doch hier angesichts des Umstands, dass die Grenze der absoluten Verjährung inzwischen um mehr als drei Jahre überschritten wäre und das Verfahren seit Anklageerhebung mindestens fünf Jahre lang aus allein im Bereich der Justiz liegenden Gründen nicht gefördert wurde, ein Verstoß gegen Art. 6 Abs. 1 S. 1 EMRK gegeben."[100] ■

**Hinweis**

In den **§§ 198 ff. GV** finden sich darüber hinaus Vorschriften zum **Rechtsschutz bei überlangen Gerichtsverfahren und strafrechtlichen Ermittlungsverfahren**. Demnach muss ein Verfahrensbeteiligter bei unangemessen langer Dauer eines Gerichtsverfahrens angemessen entschädigt werden. § 198 GVG stellt dabei laut Gesetzesbegründung einen **Staatshaftungsanspruch sui generis** dar. Dies gilt gem. § 199 GVG auch für Strafverfahren. Die Entschädigung beträgt gem. § 198 Abs. 2 GVG bei Nachteilen, die nicht Vermögensnachteile sind, 1200 €/Jahr. Voraussetzung einer Entschädigung ist aber, dass ein Verfahrensbeteiligter die sog. Verzögerungsrüge gem. § 198 Abs. 3 S. 1 erhoben hat.[101]

96 *BVerfG* NJW 2002, 207.
97 *BGH* NJW 2008, 860; *Joecks/Jäger* StPO Einl. Rn. 56.
98 *BVerfG* wistra 2004, 15; BGHSt 46, 159, 171 f.
99 *BVerfG* NJW 2003, 2897; *Haller/Conzen* Das Strafverfahren Rn. 25.
100 *BGH* NJW 2001, 1146, 1149.
101 Eine Übersicht finden Sie bei *Lummel* Das Gesetz über den Rechtsschutz bei überlangen Gerichtsverfahren und strafrechtlichen Ermittlungsverfahren, AL 2012, 223.

## VII. Untersuchungsgrundsatz

106 Der Untersuchungsgrundsatz (auch Amtsermittlungsgrundsatz oder **Inquisitionsprinzip** genannt) besagt, dass die Strafverfolgungsorgane den **Sachverhalt**, der der Anklageschrift und sodann dem Urteil zugrunde liegt, **von Amts wegen zu erforschen und aufzuklären** haben. Das ergibt sich aus **§§ 155 Abs. 2, 160 Abs. 2 und 244 Abs. 2 StPO**. Das Gericht ist also, im Gegensatz zum Zivilprozess, wo es aufgrund der Verhandlungsmaxime Sache der Parteien ist, Tatsachen und Beweismittel beizubringen, in der Hauptverhandlung nicht an die Beweisanträge der Staatsanwaltschaft und Verteidigung gebunden, sondern kann und muss eigenständig Beweise erheben, sofern es dies für erforderlich erachtet (Prinzip der materiellen Wahrheit).[102]

## VIII. Fair-Trial-Prinzip

107 Die Hauptverhandlung unterliegt, ebenso wie das Ermittlungsverfahren, dem **Gebot eines fairen Strafverfahrens („fair trial")**. Dieses Gebot ergibt sich zum einen aus dem **Rechtsstaatsprinzip**,[103] zum anderen aus einer Gesamtschau der Art. 1 Abs. 1, 2 Abs. 2 S. 2, 20 Abs. 3, 101 Abs. 1 S. 2, 103 Abs. 1 GG und **Art. 6 Abs. 1 S. 1 EMRK**.[104]

Mit dem Fair-Trial-Gebot werden eine **Vielzahl von Rechten und Pflichten** im Strafverfahren begründet, so z.B. das Verbot, eine Verurteilung des Angeklagten überwiegend auf Aussagen eines Zeugen zu stützen, dem der Angeklagte während des Strafverfahrens keine Fragen stellen konnte.[105] Da die Reichweite dieses Verfahrensprinzips bislang offen ist, hat der *BGH* davor gewarnt, mit Hilfe einer ausufernden Anwendung das positive Recht zu lockern und einer unsicheren Rechtsanwendung Vorschub zu leisten.[106]

Als eine Verletzung des Fair-Trial-Prinzips hat der *BGH* auch eine **rechtsstaatswidrige Tatprovokation** angesehen, wobei eine solche insbesondere dann vorliegt, wenn eine unverdächtige und nicht tatgeneigte Person durch den Staat zu einer Straftat verleitet wird.[107]

## IX. Grundsatz des rechtlichen Gehörs

108 Aus **Art. 103 Abs. 1 GG** ergibt sich, dass vor Gericht jedermann Anspruch auf rechtliches Gehör hat. Daraus folgt zum einen, dass der Angeklagte **in der Hauptverhandlung** gegenüber dem Gericht die Möglichkeit haben muss, sich zu den mit der Anklageschrift erhobenen Vorwürfen zu äußern, Anträge zu stellen und Ausführungen zu machen, die das Gericht zur Kenntnis zu nehmen hat. Aus diesem Grundsatz folgen die Ihnen inzwischen schon bekannten Vorschriften der **§§ 243 Abs. 5, 257, 258 StPO**. Zum andern gibt es auch im **Ermittlungsverfahren** eine Reihe von Vorschriften, die auf diesem Grundsatz fußen, so z.B. die Belehrung des Beschuldigten über seine Rechte gem. **§ 136 StPO**, der Anspruch des Beschuldigten auf eine unbehinderte Kommunikation mit seinem Verteidiger gem.

102 *Beulke/Swoboda* Strafprozessrecht Rn. 51.

103 BGHSt 37, 10.

104 *BVerfG* NJW 2001, 2245.

105 *BGH* JR 2005, 247; weitere Rechtsprechungsnachweise bei *Beulke/Swoboda* Strafprozessrecht Rn. 59.

106 BGHSt 40, 211.

107 Zu den einzelnen Voraussetzungen einer rechtsstaatswidrigen Tatprovokation lesen Sie bitte *BGH* NStZ 2023, 243.

**§ 148 StPO** sowie die Pflicht, den Beschuldigten vor Abschluss der Ermittlungen anzuhören gem. **§ 163a Abs. 1 StPO.**[108]

**Beispiel** A ist zusammen mit B vor dem Landgericht wegen unerlaubten Erbringens von Zahlungsdiensten angeklagt. Als sie am 21. Verhandlungstag unentschuldigt nicht erscheint, beschließt das Gericht gem. § 231 Abs. 2 StPO, die Verhandlung ohne A fortzusetzen. An diesem Tag erhalten die Verteidiger der Angeklagten sowie der Angeklagte B das letzte Wort. Am darauffolgenden Tag ist A wieder anwesend. Ohne A anzuhören, verkündet der Vorsitzende das Urteil.

Der *BGH*[109] sah darin einen Verstoß gegen § 258 Abs. 2 StPO und eine Verletzung des Grundsatzes des rechtlichen Gehörs und hat das Urteil aufgehoben. Er hat darauf hingewiesen, dass gem. § 258 Abs. 3 StPO der Angeklagten auch dann das letzte Wort zu erteilen ist, wenn ein Verteidiger für sie gesprochen hat. ■

## X. Unmittelbarkeitsgrundsatz

Der Unmittelbarkeitsgrundsatz besagt, dass das Gericht sich im Rahmen der Hauptverhandlung einen **unmittelbaren Eindruck vom Tatgeschehen** zu verschaffen hat, **§ 261 StPO**. Dies ist nur dann möglich, wenn das Gericht während der gesamten Hauptverhandlung **ununterbrochen anwesend** ist, weswegen diese Pflicht in **§ 226 Abs. 1 StPO** geregelt ist. **109**

Darüber hinaus besagt der Unmittelbarkeitsgrundsatz, dass zur Ermittlung des Tatgeschehens möglichst das unmittelbarste, also **tatnächste Beweismittel** heranzuziehen ist. Diese Pflicht ergibt sich aus **§ 250 StPO**, wonach die Vernehmung einer Person nicht durch Verlesung des über eine frühere Vernehmung aufgenommenen Protokolls oder eine schriftliche Erklärung ersetzt werden darf. Beachten Sie insoweit aber auch die **Ausnahmetatbestände des § 251 StPO**.

**Beispiel** Jurastudent J hat aus der Universitätsbuchhandlung einen Schönfelder mitgehen lassen, weil er der Auffassung ist, dass der Preis für lose Blätter sittenwidrig hoch sei und aus diesem Grund nicht entrichtet werden müsste. Allerdings hat er sich dabei sehr ungeschickt angestellt, so dass er nunmehr vor den ermittelnden Polizeibeamten sitzt und schlotternd ein umfassendes Geständnis abgibt. In der nachfolgenden Hauptverhandlung, schweigt J, nunmehr anwaltlich beraten, allerdings zu den Vorwürfen. Daraufhin fragt der Strafrichter Sie, der Sie als Referendar/in der Sitzung beiwohnen, ob er nicht einfach das Protokoll der Beweisaufnahme verlesen könne und dieses so als Beweismittel in die Hauptverhandlung einführen könne. Was werden Sie ihm raten?

Sie werden ihn auf den Unmittelbarkeitsgrundsatz hinweisen und ihm erklären, dass eine Einvernahme grundsätzlich nicht durch eine Verlesung ersetzt werden darf. Dann werden Sie ihm § 254 StPO zeigen und ihm erklären, dass etwas anderes nur gelten würde, wenn J von dem Ermittlungsrichter vernommen worden wäre. In diesem Fall ist eine Verlesung zulässig. Der Richter hat jedoch die Möglichkeit, J aus dem polizeilichen Vernehmungsprotokoll einen **„Vorhalt"** zu machen. Beweismittel ist dann allerdings nur die Erklärung des J auf den Vorhalt, nicht das Protokoll selbst. Macht J auch dann keine Aussage, so hat der Richter die Möglichkeit, den Polizeibeamten über seine eigene Wahrnehmung als

108 Weitere Beispiele finden Sie bei *Haller/Conzen* Das Strafverfahren Rn. 45 ff.

109 *BGH* BeckRS 2023, 10605.

„Zeuge vom Hörensagen" zu befragen. Als Gedächtnisstütze sind wiederum Vorhalte aus dem Protokoll zulässig. Auch hier ist das Beweismittel dann aber die Aussage des Polizisten, nicht jedoch das Protokoll.[110] ■

## XI. Mündlichkeitsprinzip

110 In **§ 261 StPO** ist geregelt, dass das Gericht „nach seiner freien, aus dem Inbegriff der Verhandlung geschöpften Überzeugung" entscheiden soll. Hieraus folgt, dass **Gegenstand der Urteilsfindung nur der mündlich vorgetragene und erörterte Prozessstoff** sein darf. Nur das, was die Staatsanwaltschaft, der Verteidiger, der Angeklagte, das Gericht und die Öffentlichkeit gehört haben, darf in die Entscheidung über die Beweisaufnahme eingehen. Demgemäß sind Urkunden und andere Schriftstücke gem. § 249 Abs. 1 StPO zu verlesen. Beachten Sie aber auch hier die Ausnahmeregelungen der §§ 249 Abs. 2, 257a und 420 StPO.

## XII. Grundsatz der freien richterlichen Beweiswürdigung

111 Ebenfalls aus **§ 261 StPO** ergibt sich, dass das Gericht **nach seiner freien Überzeugung** eine Entscheidung fällt. Es gibt mithin also grundsätzlich keine Vorschriften, die bestimmen, unter welchen Voraussetzungen eine Tatsache als bewiesen anzusehen ist. Zu beachten hat das Gericht jedoch **Beweisverwertungsverbote**, mit denen wir uns ausführlich unter Rn. 164 ff. auseinandersetzen werden. Beweisverwertungsverbote sind mit wenigen Ausnahmen, so z.B. **§ 136a StPO**, nicht gesetzlich geregelt, sondern wurden von Rechtsprechung und Lehre entwickelt.

Eine weitere Einschränkung der Beweiswürdigung ergibt sich aus der Möglichkeit der Wahrnehmung prozessualer Rechte durch den Angeklagten oder die Zeugen: Macht der **Angeklagte** z.B. von seinem **Recht, die Aussage zu verweigern**, Gebrauch, so darf daraus grundsätzlich nicht der nachteilige Schluss gezogen werden, dass der Angeklagte wohl etwas zu verbergen habe.[111] Gleiches gilt, wenn ein **Zeuge** von seinem Recht, das Zeugnis gem. §§ 52 ff. StPO zu verweigern, Gebrauch macht.

**Beispiel** A ist angeklagt wegen Betruges und räuberischer Erpressung. In der Hauptverhandlung bestreitet er den Tatvorwurf des Betruges vehement und verweist auf sein Alibi, zur räuberischen Erpressung hingegen lässt er sich bei den wesentlichen Fragen nicht ein. Das Gericht verurteilt ihn später wegen §§ 253, 255 StGB zu einer Freiheitsstrafe. In den Urteilsgründen liest A später, dass sein Schweigen zu den wesentlichen Punkten „Bände gesprochen habe". Der Strafverteidiger legt gegen das Urteil Revision ein und verweist darauf, dass die Wahrnehmung der prozessualen Rechte des A in unzulässiger Weise als Beweismittel herangezogen worden sei. Hat er Recht?

Nach Auffassung des **BGH** hat er Unrecht. Zwar dürfen aus dem vollständigen Schweigen keine Schlüsse gezogen werden. Lässt sich der Angeklagte jedoch grundsätzlich zur Sache ein, macht er sich zum Beweismittel und ist damit auch der Beweiswürdigung zugänglich. Aus dem **„Teilschweigen"** kann das Gericht also in zulässiger Weise seine Schlüsse ziehen.[112] ■

110 BGHSt 14, 312.
111 BGHSt 34, 324.
112 BGHSt 20, 298.

## XIII. Der Grundsatz „in dubio pro reo" und die Unschuldsvermutung

Wiederum aus **§ 261 StPO** ergibt sich, dass das Gericht bei seiner Entscheidung „überzeugt" sein muss und zwar überzeugt von der Schuld des Angeklagten. Dementsprechend muss das Gericht den Angeklagten nach dem „in dubio pro reo"-Grundsatz freisprechen, wenn **berechtigte Zweifel an der Schuld des Angeklagten** bestehen. Dabei ist grundsätzlich zu beachten, dass der Angeklagte so lange als unschuldig zu gelten hat, bis seine Schuld zur Überzeugung des Gerichts festgestellt wurde und eine rechtskräftige Entscheidung vorliegt. 112

## XIV. Die Grundsätze „ne bis in idem" und „nemo tenetur se ipsum accusare"

Aus **Art. 103 Abs. 3 GG** ergibt sich der Grundsatz, dass niemand wegen derselben Tat aufgrund der allgemeinen Strafgesetze mehrfach bestraft werden darf („ne bis in idem"). Bezüglich derselben prozessualen Tat liegt demgemäß ein **Verfahrenshindernis** vor, welches Sie bereits kennen gelernt haben. 113

Beachten sollten Sie allerdings die Möglichkeiten einer **Wiederaufnahme des Verfahrens zuungunsten des Angeklagten gem. § 362 StPO**. Diese Vorschrift ist zum 30.12.2021 um die Ziffer 5 erweitert worden, wonach bei Straftaten, die nicht der Verjährung unterliegen, eine Wiederaufnahme eines Verfahrens bei neuen Beweismitteln – gedacht wurde vor allem an DNA-Beweise – zuungunsten eines z.B. rechtskräftig Freigesprochenen möglich ist. Die Verfassungskonformität dieser Norm ist streitig, wurde aber vom *OLG Celle*[113] bestätigt.

Aus **Art. 2 Abs. 1 i.V.m. Art 1 Abs. 1 GG** ergibt sich der Grundsatz, dass niemand gezwungen werden darf, an seiner eigenen Verurteilung aktiv mitzuwirken („nemo tenetur se ipsum accusare"). Aus diesem Grund hat der Beschuldigte z.B. das **Recht, die Aussage zu verweigern**, worauf er bei seinen Vernehmungen entsprechend hinzuweisen ist; **§§ 136 Abs. 1 S. 2, 243 Abs. 5 S. 1 StPO**. Sofern die entsprechenden Voraussetzungen gegeben sind, ist er aber verpflichtet, Zwangsmaßnahme wie z.B. eine Blutentnahme gem. § 81a Abs. 1 S. 2 StPO passiv zu dulden.

**Online-Wissens-Check**

**Welches Verfahrensprinzip ist verletzt, wenn die Voraussetzungen der „beweglichen Zuständigkeit" nicht gegeben sind?**

Überprüfen Sie jetzt online Ihr Wissen zu den in diesem Abschnitt erarbeiteten Themen. Unter **www.juracademy.de/skripte/login** steht Ihnen ein Online-Wissens-Check speziell zu diesem Skript zur Verfügung, den Sie kostenlos nutzen können. Den Zugangscode hierzu finden Sie auf der Codeseite.

113 *OLG Celle* NJW-Spezial 2022, 314.

## E. Zwangsmittel

114 Wie Sie inzwischen wissen, sind die Staatsanwaltschaft und die Beamten des Polizeidienstes verpflichtet, bei Vorliegen zureichender Anhaltspunkte den Sachverhalt zu erforschen und Beweismittel zu sichern. Aus §§ 161 Abs. 1, 163 StPO ergibt sich darüber hinaus, dass sie im Interesse der Sachverhaltserforschung berechtigt sind, Ermittlungen jeder Art vorzunehmen. Sofern es sich um **einfache Ermittlungshandlungen**, wie z.B. eine nur kurzfristige Observation handelt, können die Ermittlungsbeamten sich auf die soeben genannten Vorschriften berufen. Bei **gravierenderen Grundrechtseingriffen** hingegen bedürfen sie **spezieller Ermächtigungsnormen**. Wir werden nachfolgend eine Vielzahl von Ermächtigungsnormen kennen lernen, die die Ermittlungsbehörden in die Lage versetzen, gegen den Willen des Betroffenen, zumeist gegen den Willen des Beschuldigten, Maßnahmen zu ergreifen, um entweder die **Durchführung des Verfahrens zu sichern** (Untersuchungshaft) oder aber **Beweise zu erheben und zu sichern** (z.B. das Abhören des nicht öffentlich gesprochenen Wortes innerhalb von Wohnungen). Die Zwangsmaßnahmen werden überwiegend im Ermittlungsverfahren eingesetzt, sind aber auch noch bis zum Abschluss einer rechtskräftigen Entscheidung möglich.[114]

### I. Die Untersuchungshaft gem. §§ 112 ff. StPO

115 Die Untersuchungshaft, deren Voraussetzungen in **§§ 112 ff. StPO** geregelt sind, dient ausschließlich der Sicherung der ordnungsgemäßen Durchführung eines Strafverfahrens bis zur abschließenden Entscheidung der Strafverfolgungsbehörden.[115] Da sie aufgrund der Ihnen bereits bekannten Unschuldsvermutung eine **„Freiheitsberaubung Unschuldiger"** darstellt, ist sie nur dann zulässig, wenn das **Erfordernis einer effektiven Strafrechtspflege** sie gebietet. Die Untersuchungshaft darf also weder Sanktionscharakter haben, noch darf sie gezielt als Druckmittel zur Sachaufklärung eingesetzt werden, nach dem Motto „U-Haft schafft Rechtskraft".[116]

PRÜFUNGSSCHEMA

**Voraussetzungen der Untersuchungshaft gem. §§ 112 ff. StPO**

**I. Formelle Voraussetzungen**
1. Schriftlicher Haftbefehl gem. § 114 StPO
2. Anordnungsbefugnis: der Richter gem. §§ 114 Abs. 1, 125 StPO

**II. Materielle Voraussetzungen**
1. Dringender Tatverdacht
2. Haftgrund gem. § 112 Abs. 2, Abs. 3 StPO und § 112a StPO
3. Verhältnismäßigkeit

---

114 Einen Überblick zu den Zwangsmitteln finden Sie bei *Joecks/Jäger* StPO Rn. 97 ff. und bei *Kühne* Strafprozessrecht Rn. 394.

115 BVerfGE 32, 87.

116 *Haller/Conzen* Das Strafverfahren Rn. 1159.

### 1. Formelle Voraussetzungen der Untersuchungshaft

Die Untersuchungshaft setzt gem. **§ 114 StPO** zunächst **einen schriftlichen Haftbefehl** voraus. Der Inhalt dieses Haftbefehls ergibt sich aus § 114 Abs. 2 und 3 StPO. 116

Gem. **§ 114a StPO** ist der Haftbefehl dem Beschuldigten bei der Verhaftung grundsätzlich bekannt zu geben. Darüber hinaus muss gem. **§ 114b StPO** ein Angehöriger von der Verhaftung unterrichtet werden.

**Anordnungsbefugt** ist, wie sich aus § 114 Abs. 1 StPO und Art. 104 Abs. 2 S. 1 GG entnehmen lässt, nur der **Richter**. Im **Ermittlungsverfahren**, also vor Erhebung der öffentlichen Klage, ist das in der Regel ein Amtsrichter, der in diesem Stadium als **Ermittlungsrichter** bezeichnet wird und in dessen Bezirk ein Gerichtsstand begründet ist oder der Beschuldigte sich aufhält, **§ 125 StPO**. Sofern es sich um Verfahren handelt, die gem. **§§ 120, 120b GVG** erstinstanzlich in die Zuständigkeit des *Oberlandesgerichts* fallen, ist gem. **§ 169 StPO** der Ermittlungsrichter des *Oberlandesgerichts* oder – sofern die Bundesanwaltschaft die Sache an sich zieht, der Ermittlungsrichter beim *BGH* zuständig. Der Haftbefehl ergeht auf Antrag der Staatsanwaltschaft.

**Nach Erhebung der öffentlichen Klage** ist gem. **§ 125 Abs. 2 StPO** das Gericht zuständig, welches mit der Sache befasst ist.[117]

### 2. Materielle Voraussetzungen eines Haftbefehls

117

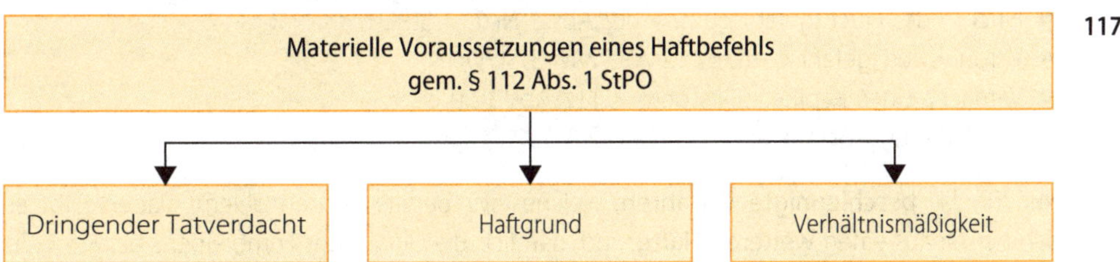


#### a) Dringender Tatverdacht

Der dringende Tatverdacht stellt nach dem Anfangsverdacht und dem hinreichenden Tatverdacht die dritte Verdachtsstufe dar. 118

> Ein **dringender Tatverdacht** liegt vor, wenn nach dem jeweiligen Stand der Ermittlungen eine hohe Wahrscheinlichkeit besteht, dass der Beschuldigte Täter oder Teilnehmer einer Straftat ist.[118]

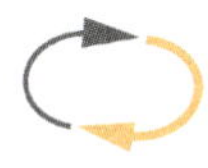

Beim dringenden Tatverdacht handelt es sich mithin um einen Verdacht mit der höchsten Intensität. Da Haftbefehle nicht selten direkt zu Beginn der Ermittlungen erlassen werden, ist es denkbar, dass sich im Verlauf des Strafverfahrens der Verdachtsgrad ändert. **Fällt der dringende Tatverdacht weg,** so ist gem. **§ 120 StPO** die Untersuchungshaft aufzuheben.

117 Das Muster eines Haftbefehls finden Sie bei *Haller/Conzen* Das Strafverfahren Rn. 1175.
118 *Beulke/Swoboda* Strafprozessrecht Rn. 175.

» Wissen Sie noch, was ein Anfangsverdacht und was ein hinreichender Tatverdacht ist? Wenn nicht, nutzen Sie die Gelegenheit, die entsprechenden Kapitel Rn. 14 ff., 18 zu wiederholen. «

**Beispiel** In dem Verfahren gegen den Meteorologen Jörg Kachelmann, angeklagt wegen schwerer Vergewaltigung und später frei gesprochen, hatte das *OLG Karlsruhe* im Juli 2010 entschieden, dass die Voraussetzungen der Untersuchungshaft mangels dringenden Tatverdachts nicht mehr gegeben seien und die Aufhebung der U-Haft angeordnet. Zur Begründung hat das Gericht darauf hingewiesen, dass bei einer Fallkonstellation „Aussage gegen Aussage" die Glaubwürdigkeit des vermeintlichen Opfers eine große Rolle spiele. Dieses habe aber bei der Anzeigeerstattung und im weiteren Verlauf des Ermittlungsverfahrens zu Teilen der verfahrensgegenständlichen Vorgeschichte und des für die Beurteilung des Kerngeschehens (dem Vergewaltigungsvorwurf) bedeutsamen Randgeschehens zunächst unzutreffende Angaben gemacht. Da zudem hinsichtlich der Verletzungen des Opfers neben einer Fremdbeibringung auch eine Selbstbeibringung nicht ausgeschlossen werden könne, gäbe es nicht genügend Anhaltspunkte für einen dringenden Tatverdacht.[119] ■

Sprechen dringende Gründe dafür, dass der Täter die Tat evtl. im Zustand der Schuldunfähigkeit oder der verminderten Schuldfähigkeit gem. §§ 20, 21 StGB begangen hat, dann wird nicht die Untersuchungshaft, sondern vielmehr die **einstweilige Unterbringung gem. § 126a StPO** angeordnet.

### b) Haftgründe

119 Die **§§ 112 Abs. 2 und 3, 112a StPO** enthalten die **Gründe**, bei deren Vorliegen eine Untersuchungshaft angeordnet werden kann. Demnach kommen in Betracht:

- Flucht oder Fluchtgefahr gem. § 112 Abs. 2 Nr. 1, 2 StPO,
- Verdunklungsgefahr gem. § 112 Abs. 2 Nr. 3 StPO,
- Verdacht eines Kapitaldelikts gem. § 112 Abs. 3 StPO,
- Wiederholungsgefahr gem. § 112a StPO.

Nur für das **beschleunigte Verfahren**, welches wir bereits kennen gelernt haben, gibt es darüber hinaus einen **weiteren Haftgrund**, nämlich die Gefahr des Fernbleibens gem. § 127b Abs. 2 StPO. Mit diesem Haftgrund werden wir uns an dieser Stelle nicht näher beschäftigen. Es reicht aus, wenn Sie insoweit die Vorschrift lesen.

#### aa) Flucht oder Fluchtgefahr

120 Eine **Flucht** liegt vor, wenn bestimmte Tatsachen den Schluss zulassen, dass der Beschuldigte flüchtig ist oder sich verborgen hält, **§ 112 Abs. 2 Nr. 1 StPO**.

Demgegenüber stellt die Fluchtgefahr sozusagen die Vorstufe der Flucht dar.

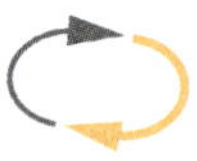

Eine **Fluchtgefahr** liegt vor, wenn bei Würdigung der Umstände des Einzelfalls die Gefahr besteht, dass der Beschuldigte sich dem Strafverfahren entziehen werde, **§ 112 Abs. 2 Nr. 2 StPO**.

119 *OLG Karlsruhe* Beschluss vom 29.7.2010, AZ 3 Ws 225/10 – abrufbar unter www.olg-karlsruhe.de.

Bei der Beurteilung der Fluchtgefahr muss der Richter eine auf den konkreten Einzelfall bezogene **Gesamtabwägung** vornehmen, bei welcher verschiedene Gesichtspunkte eine Rolle spielen können, so u.a.

- die **Höhe der zu erwartenden Strafe**,
- die **persönlichen Verhältnisse des Beschuldigten**, insbesondere Fremdsprachenkenntnisse, Kontakte zum Ausland und finanzielle Möglichkeiten sowie
- die **sozialen Bindungen des Beschuldigten**, wie z.B. fester Arbeitsplatz und fester Wohnsitz, von ihm bewohntes Eigentum, Familie und Kinder.

Eine schematische, pauschale Begründung reicht für die Fluchtgefahr nicht aus. So ist z.B. allein die Höhe der zu erwartenden Strafe kein ausreichender Grund. Hinzukommen müssen vielmehr weitere Aspekte, wie z.B. gute Fremdsprachenkenntnisse und ausreichende finanzielle Möglichkeiten, um sich ins Ausland abzusetzen.[120]

### bb) Verdunklungsgefahr

Verdunklungsgefahr liegt gem. **§ 112 Abs. 2 Nr. 3 StPO** vor, wenn das Verhalten des Beschul- 121
digten den dringenden Verdacht begründet, er werde

- **Beweismittel vernichten**, verändern, beiseite schaffen, unterdrücken oder fälschen oder
- **auf Mitbeschuldigte, Zeugen oder Sachverständige** in unlauterer Weise **einwirken** oder
- **andere zu einem solchen Verhalten veranlassen**.

Auch hier muss der Richter wieder aufgrund einer einzelfallbezogenen Gesamtabwägung, die auf konkreten Tatsachen beruht, die Verdunklungsgefahr substantiiert begründen. Ein Hinweis darauf, die Ermittlungen seien noch nicht abgeschlossen, reicht insofern nicht.[121]

### cc) Verdacht eines Kapitaldelikts

Nach § 112 Abs. 3 StPO kann die Untersuchungshaft auch angeordnet werden, wenn der 122
dringende Tatverdacht besteht, dass der Beschuldigte eines der dort aufgeführten Kapitaldelikte begangen hat. Beim aufmerksamen Lesen dieser Vorschrift werden Sie feststellen, dass **§ 112 Abs. 3 StPO** damit **auf einen Haftgrund verzichtet**. Ausreichend soll allein ein dringender Tatverdacht sein. Damit entfernt sich die Vorschrift des § 112 Abs. 3 StPO von dem Zweck der Untersuchungshaft, nämlich der Verfahrenssicherung. Aus diesem Grund hat das *Bundesverfassungsgericht*[122] im Wege einer **verfassungskonformen Auslegung** die Norm korrigiert. Voraussetzung ist nunmehr, dass auch bei § 112 Abs. 3 StPO, entgegen seinem ausdrücklichen Wortlaut, ein **Haftgrund** vorliegen muss, namentlich die Flucht- oder Verdunklungsgefahr. Allerdings hat das *Bundesverfassungsgericht* deutlich gemacht, dass die Begründungsanforderungen niedriger sind. Es soll ausreichen, wenn nach den konkreten Umständen des Einzelfalls eine **Flucht- oder Verdunklungsgefahr nicht sicher auszuschließen ist** oder wenn ernstlich zu befürchten ist, dass der Beschuldigte ähnliche Taten wiederholen wird.[123]

---

120 *Haller/Conzen* Das Strafverfahren Rn. 1165.
121 *OLG Frankfurt* NStZ 1997, 22.
122 BVerfGE 19, 342.
123 BVerfGE 19, 342; *Beulke/Swoboda* Strafprozessrecht Rn. 324.

#### dd) Wiederholungsgefahr

123 Nach **§ 112a StPO** kann die Untersuchungshaft auch dann angeordnet werden, wenn der Täter dringend verdächtig ist, eine der in Nr. 1 oder 2 aufgelisteten Straftaten begangen zu haben und darüber hinaus bestimmte Tatsachen die **Gefahr** begründen, dass er **weitere erhebliche Straftaten gleicher Art** begehen oder die Straftat fortsetzen werde. § 112a StPO dient damit nicht allein der Sicherung der Strafverfolgung, sondern v.a. auch dem **Schutz der Bevölkerung vor gefährlichen Tätern.**[124] Systematisch betrachtet ist § 112a StPO damit in erster Linie eine Sicherungshaft, die mit der bereits erwähnten Unschuldsvermutung kollidiert. Wenn Sie den Katalog der in § 112a StPO aufgelisteten Straftaten aufmerksam studieren, werden Sie feststellen, dass es sich um Straftaten handelt, die nach kriminalistischer Erfahrung häufig von **Serientätern** begangen werden, so z.B. die Sexualstraftaten. Insbesondere bei Letzteren reicht bereits die einmalige Begehung aus, um die Wiederholungsgefahr zu begründen. Bei anderen Taten hingegen müssen die jeweiligen Delikte mindestens 2 Mal durch rechtlich selbstständige Handlungen verwirklicht worden sein.[125]

#### c) Verhältnismäßigkeit

124 Aus **§ 112 Abs. 1 S. 2 StPO** ergibt sich, dass die Untersuchungshaft nicht angeordnet werden darf, **„wenn sie zu der Bedeutung der Sache und der zu erwartenden Strafe oder Maßregel der Besserung und Sicherung außer Verhältnis steht"**. Eine gesetzliche Konkretisierung dieses Verhältnismäßigkeitsgrundsatzes stellt **§ 113 StPO** dar, der für die Fälle geringerer Kriminalität besondere Voraussetzungen schafft. Darüber hinaus ergeben sich aus **§ 116 StPO** zahlreiche Möglichkeiten, einen Haftbefehl auszusetzen.

**Beispiel** Der aus den USA stammende A, der für ein Jahr ein Stipendium an einer deutschen Hochschule hat, ist 3 Monate vor seiner Abreise kurz hintereinander wegen mehrerer kleiner Ladendiebstähle erwischt worden. A ist bislang strafrechtlich nicht in Erscheinung getreten. Hier könnte zwar eventuell der Haftgrund der Fluchtgefahr vorliegen. Wahrscheinlich ist jedoch, dass er – sofern das Verfahren nicht gem. § 153a StPO eingestellt wird – eine Geldstrafe erhalten wird. Aus diesem Grund wäre die Anordnung der U-Haft unverhältnismäßig. ■

### 3. Vollstreckung des Haftbefehls

125 Der Haftbefehl wird durch die **Verhaftung des Beschuldigten** vollstreckt. Gem. **§ 115 StPO** ist der Beschuldigte nach der Verhaftung unverzüglich dem zuständigen Richter vorzuführen. Zuständig ist der Richter, der den Haftbefehl erlassen hat, **§ 126 Abs. 1 StPO**.

---

124 *BVerfG* NJW 1966, 243.

125 *Haller/Conzen* Das Strafverfahren Rn. 1168.

## 4. Rechtsbehelfe gegen den Haftbefehl

126

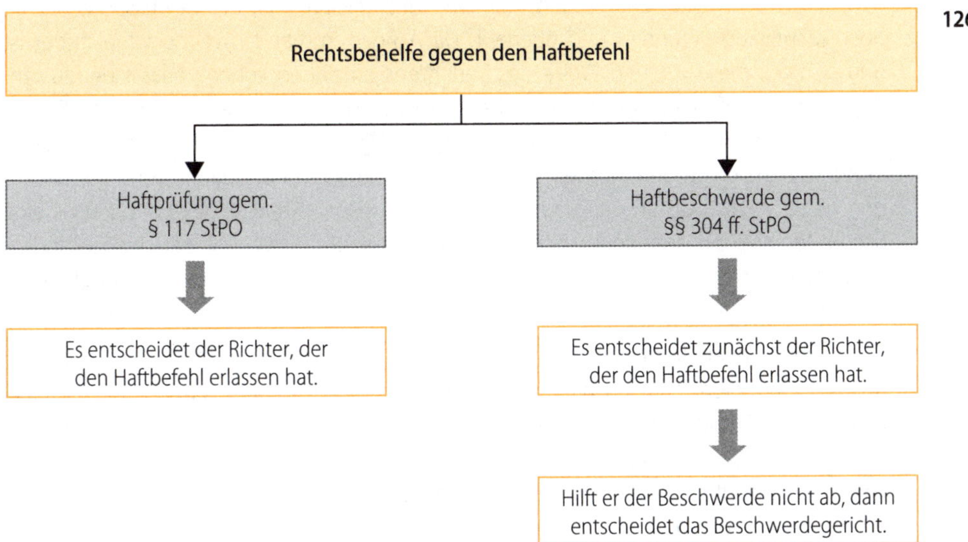


Der Verhaftete kann gegen den Haftbefehl zunächst gem. **§ 117 Abs. 1 StPO** einen Antrag auf **Haftprüfung** stellen. Zudem hat er die Möglichkeit, gem. **§§ 304 ff. StPO Haftbeschwerde** einzulegen.

Über die **Haftprüfung** gem. **§ 117 Abs. 1 StPO entscheidet der Haftrichter, § 126 StPO**, mithin also der Richter, der bereits den Haftbefehl erlassen hat. Vor diesem Hintergrund kommt eine Haftprüfung immer dann in Betracht, wenn sich im Nachhinein neue Tatsachen ergeben, bei deren Kenntnis der Haftrichter den Haftbefehl evt. nicht erlassen hätte, so dass eine berechtigte Hoffnung besteht, dass eben dieser Richter den Haftbefehl aufheben oder aussetzen wird.

Über die **Haftbeschwerde** gem. **§§ 304 ff. StPO** entscheidet ebenfalls zunächst der Richter, der den Haftbefehl erlassen hat. Hilft er jedoch der Beschwerde nicht ab, dann muss er sie dem **Beschwerdegericht** vorlegen. Hierbei handelt es sich um das nächsthöhere Gericht, in der Regel um das *Landgericht*, **§ 73 Abs. 1 GVG**. Eine Haftbeschwerde kommt aufgrund dessen immer dann in Betracht, wenn der Verhaftete der Auffassung ist, der Haftbefehl hätte von vornherein aufgrund der vorliegenden Tatsachen nicht erlassen werden dürfen. In diesem Fall hat er ein Interesse daran, dass ein anderer Richter über die Voraussetzungen entscheidet. **Haftbefehl und Haftprüfung** sind **nicht zeitgleich** nebeneinander möglich. Dies ergibt sich aus **§ 117 Abs. 2 S. 1 StPO**.

Hat der Vollzug der Untersuchungshaft wegen derselben Tat 6 Monate angedauert, dann wird das sog. **„Vorlageverfahren"** gem. **§§ 121, 122 StPO** eingeleitet. In diesem Verfahren werden die weiteren Voraussetzungen der Fortdauer der Untersuchungshaft durch das *Oberlandesgericht* überprüft. Dieses Verfahren ist Ausdruck des Ihnen schon bekannten Beschleunigungsgebotes.

**Beispiel** Nachdem A seine Familie finanziell in den Ruin getrieben hat, beschließt er zusammen mit seiner Frau, sich selbst und dem gemeinsamen Kind das Leben zu nehmen, um allen ein „unwürdiges" Leben in Armut zu ersparen. Sie verabreichen dem 5-jährigen Kind zunächst Schlaftabletten, fahren dann mit dem Auto des A in den Wald

» **Können Sie diesen kleinen Fall noch fehlerfrei materiell-rechtlich lösen? Wenn nicht, dann nutzen Sie an dieser Stelle die Gelegenheit und wiederholen Sie die Tötungsdelikte, dargestellt im Skript „Strafrecht BT I".** «

und leiten die Auspuffabgase in das Wageninnere, wobei A die technischen Vorkehrungen trifft. Nach kurzer Zeit sterben das Kind und die Ehefrau, der bewusstlose A wird noch rechtzeitig gefunden und überlebt. Da A noch immer schwer suizidgefährdet ist und sich auf diese Art und Weise des Verfahrens entziehen könnte, erlässt der zuständige Richter Haftbefehl gegen A, wobei die Fluchtgefahr mit dem möglichen Selbstmord und der Höhe der zu erwartenden Strafe begründet wird. Die Staatsanwaltschaft ermittelt nämlich wegen Mordes gem. § 211 StGB an dem Kind und Tötung auf Verlangen gem. § 216 StGB an der Frau des A. Dass A in der Nähe seines Heimatortes eine Schwester hat, die angeboten hat, sich um ihn zu kümmern, erachtet der zuständige Richter als unmaßgeblich. A wendet sich an Sie und fragt, was er gegen den Haftbefehl unternehmen kann.

Da es keine neuen Tatsachen oder Beweismittel gibt, macht es wenig Sinn, den Richter, der den Haftbefehl erlassen hat, mit der Überprüfung des Haftbefehls zu beauftragen. Aus diesem Grund sollten Sie Ihrem Mandanten die Einlegung einer Haftbeschwerde gem. §§ 304 ff. StPO empfehlen. Zu den Voraussetzungen siehe Rn. 189 ff. Diese Beschwerde dürfte auch Aussicht auf Erfolg haben. Da es sich bei der Tötung des Kindes um einen Mitleidsmord handelt, fehlt es an der feindseligen Willensrichtung, die der *BGH* verlangt und damit an der Heimtücke. Es kommt nur ein Totschlag in Betracht. Hinsichtlich der Ehefrau liegt eine eigenverantwortliche Selbstgefährdung vor, da sie jederzeit aus dem Auto hätte aussteigen können, so dass A insoweit straflos ist. Das reduziert erheblich das zu erwartende Strafmaß, so dass dieses als wesentliche Begründung für die Fluchtgefahr nicht mehr in dem Maße wie zuvor herangezogen werden kann.

Die **Suizidgefahr** stellt nach **h.M. keinen Grund** dar, eine **Fluchtgefahr** zu bejahen. Zwar ist der Tod des Beschuldigten ein Verfahrenshindernis, welches dazu führt, dass das Strafverfahren nicht mehr durchgeführt werden kann. Auf der anderen Seite muss es aber dem Beschuldigten überlassen bleiben, was er mit seinem Körper anstellt. Dies ist Ausfluss des grundrechtlich garantierten Selbstbestimmungsrechts.[126] So ist er ja auch nicht verpflichtet, seinen Körper für die Dauer des Verfahrens gesund zu halten, indem er z.B. aufhört zu rauchen. Da A zudem über familiäre Kontakte verfügt und keinerlei finanziellen Mittel hat, sich ins Ausland abzusetzen, liegen keine überzeugenden Anhaltspunkte für eine Fluchtgefahr vor. ■

## II. Vorläufige Festnahme gem. § 127 StPO

» Sollten Ihnen die Voraussetzungen nicht mehr geläufig sein, dann wiederholen Sie jetzt dieses Thema, dargestellt im Skript „Strafrecht AT I". «

127 Die vorläufige Festnahme gem. § 127 StPO dürfte Ihnen aus dem materiellen Recht bekannt sein, da **§ 127 Abs. 1 S. 1 StPO** das **Festnahmerecht für jedermann** regelt und damit einen allgemeinen Rechtfertigungsgrund darstellt.

Der **§ 127 Abs. 2 StPO** regelt das **Festnahmerecht für die Staatsanwaltschaft und die Polizei**. Diese sind dementsprechend zur Festnahme befugt, wenn
- die **Voraussetzungen des Haftbefehls** vorliegen und
- **Gefahr im Verzug** besteht.

Mit den Voraussetzungen eines Haftbefehls haben wir uns soeben ausführlich beschäftigt, so dass auf die dortigen Ausführungen verwiesen werden kann.

126 *OLG Köln* StraFo 1998, 102; *Humberg* JuS 2003, 758 m.w.N.

**Gefahr im Verzug** besteht, wenn der Beamte nach pflichtgemäßer Prüfung zu dem Ergebnis gelangt ist, dass die Erlangung eines richterlichen Haftbefehls zu einem Zeitverlust führt, der die Festnahme gefährdet.[127]

Ist ein Beschuldigter vorläufig festgenommen worden, so ist er gem. **§ 128 StPO unverzüglich**, spätestens am Tage nach der Festnahme, **dem Richter vorzuführen**. Die Frist des § 128 StPO darf dabei voll ausgeschöpft werden, auch wenn sie lediglich dem Zweck dient, weitere Ermittlungen anzustellen.[128] Wurde gegen den Festgenommenen bereits Klage erhoben, so regelt **§ 129 StPO** das weitere Procedere.

## III. Erkennungsdienstliche Behandlung gem. § 81b StPO

Sind im Rahmen des Ermittlungsverfahrens am Tatort Fingerabdrücke sichergestellt worden, **128** so macht es Sinn festzustellen, ob diese mit den Fingerabdrücken des Beschuldigten übereinstimmen. U.a. mit dieser Situation beschäftigt sich **§ 81b Abs. 1 StPO**, wonach es für die Zwecke der Durchführung des Strafverfahrens oder für die Zwecke des Erkennungsdienstes erlaubt ist, **Lichtbilder und Fingerabdrücke** des Beschuldigten auch gegen seinen Willen zu nehmen und **Messungen und ähnliche Maßnahmen** an ihm vorzunehmen.

**Hinweis**

Wie alle anderen Zwangsmaßnahmen auch bildet § 81b StPO die Rechtsgrundlage für die **Anwendung unmittelbaren Zwangs zum Zwecke der Durchführung** der jeweils erlaubten Maßnahmen. Daraus folgt, dass diese Normen damit zugleich für die jeweiligen Beamten **Rechtfertigungsgründe** darstellen, sofern bei der Durchführung materielles Strafrecht verletzt, z.B. eine Körperverletzung gem. § 223 StGB oder eine Nötigung gem. § 240 StGB begangen wurde (Prinzip der Einheitlichkeit der Rechtsordnung).

Ob § 81b Abs. 1 StPO darüber hinaus auch als Ermächtigungsgrundlage für **vorbereitende Maßnahmen** zu einer erkennungsdienstlichen Behandlung herangezogen werden kann, ist streitig.

**Beispiel** Der Beschuldigte B steht im Verdacht, vor einigen Monaten einen Handtaschenraub begangen zu haben. Er soll nunmehr der Zeugin zur Identifizierung gegenübergestellt werden. Aufgrund des üppigen Bartwuchses und der langen Haarpracht ist die Zeugin jedoch nicht in der Lage, eine Identifizierung vorzunehmen. Staatsanwalt S ordnet daraufhin einen Besuch beim Friseur an. Kann er sich dabei auf § 81b StPO stützen? ■

Eine Auffassung sieht in der **Veränderung der Bart- und Haartracht** eine erkennungsdienstliche Maßnahme gem. § 81b Abs. 1 StPO[129], die Gegenauffassung rechtfertigt den Eingriff über § 81a Abs. 1.[130]

127 *Haller/Conzen* Das Strafverfahren Rn. 1154.

128 *BGH* NStZ 1990, 195.

129 Meyer-Goßner/Schmitt-*Schmitt* StPO § 81a Rn. 23.

130 BVerfGE 47, 239.

Auch bei einer **zwangsweisen Gegenüberstellung zur Identifizierung** gehen die Auffassungen über die Ermächtigungsgrundlage auseinander. Eine Auffassung will auch hier § 81b Abs. 1 StPO anwenden[131], die andere Auffassung wendet § 58 Abs. 2 StPO an.[132] Da man hier auf verschiedenen Wegen zum Ziel kommen kann, können Sie sich der Einfachheit halber merken, dass § 81b StPO auch vorbereitende Maßnahmen erlaubt.

## IV. Körperliche Untersuchung und Blutprobe gem. §§ 81a ff. StPO

129

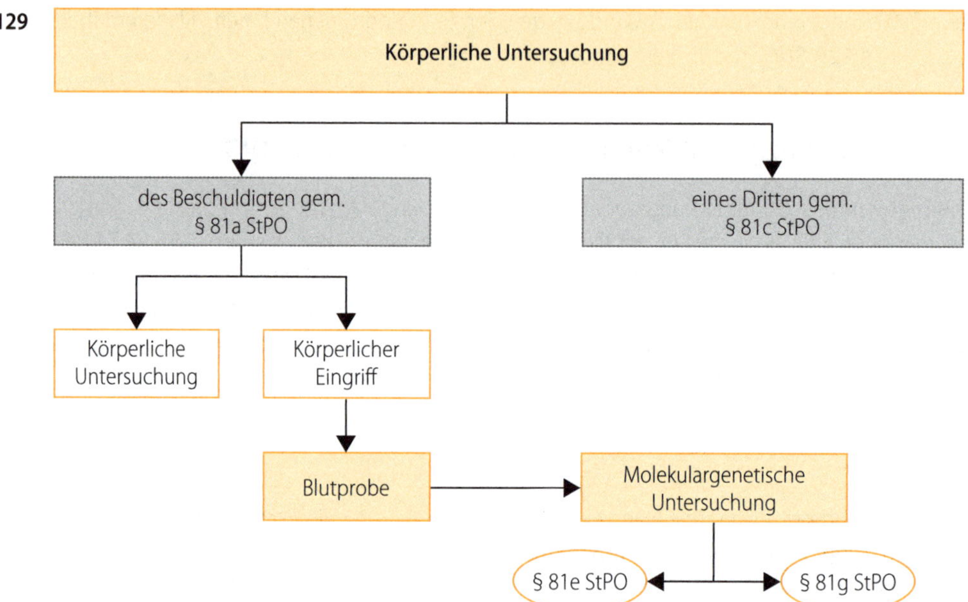


### 1. Untersuchung des Beschuldigten

130 Sind am Tatort im Rahmen des Ermittlungsverfahrens nicht nur Fingerabdrücke sichergestellt worden, sondern darüber hinaus auch Hautpartikel und Blutreste, weil der Täter bei der Flucht z.B. an einem aufgebrochenen Fensterrahmen hängen geblieben ist, dann wird es für die Ermittlungsbeamten von Interesse sein, festzustellen, ob das Blut und das genetische Material, welches man aufgefunden hat, von dem Beschuldigten stammt. Außerdem steht zu vermuten, dass der Beschuldigte evtl. Verletzungen am Körper aufweist. Zu diesem Zweck wird es erforderlich sein, den Körper in Augenschein zu nehmen.

Hiermit beschäftigt sich wiederum **§ 81a StPO**, der **die körperliche Untersuchung, den körperlichen Eingriff** und als Spezialfall desselben die **Entnahme einer Blutprobe** beim Beschuldigten gestattet.

Bei einer **körperlichen Untersuchung** handelt es sich um eine Inaugenscheinnahme des Körpers inklusive der natürlichen Körperöffnungen zum Zwecke der Auffindung von Spuren.[133]

Daraus folgt, dass der Körper selbst das Beweismittel ist.

131 *Roxin/Schünemann* Strafverfahrensrecht 29. Aufl. 2017 § 33 Rn. 16.
132 Meyer-Goßner/Schmitt-*Schmitt* § 58 Rn. 9.
133 *Beulke/Swoboda* Strafprozessrecht Rn. 374.

Die Entnahme einer **Blutprobe** stellt einen Spezialfall des **körperlichen Eingriffs** dar.

Ein **körperlicher Eingriff** ist eine Maßnahme, bei welcher die körperliche Integrität des Menschen verletzt wird.

Beide Eingriffe sind von einem Arzt nach den Regeln der ärztlichen Kunst vorzunehmen und bedürfen gem. **§ 81a Abs. 2 S. 1 StPO** grds. der **Anordnung durch den Richter**, welche **bei Gefahr im Verzug** allerdings durch die Anordnung der **Staatsanwaltschaft und ihrer Ermittlungspersonen** ersetzt werden kann.

Gem. **§ 81a Abs. 2 S. 2 StPO** allerdings bedarf die „*... Entnahme einer Blutprobe ... abweichend von Satz 1 keiner richterlichen Anordnung, wenn bestimmte Tatsachen den Verdacht begründen, dass eine Straftat nach § 315a Absatz 1 Nummer 1, Absatz 2 und 3, § 315c Absatz 1 Nummer 1 Buchstabe a, Absatz 2 und 3 oder § 316 des Strafgesetzbuchs begangen worden ist.*" Die Entnahme einer Blutprobe darf demnach von der Staatsanwaltschaft und der Polizei angeordnet werden.

Dient die Inaugenscheinnahme des Körpers nicht dem Auffinden von Spuren am Körper, sondern dem **Auffinden von Beweisen im Körper**, dann handelt es sich grundsätzlich um eine **Durchsuchung**, deren Voraussetzungen in **§ 102 StPO** geregelt sind. Etwas anderes soll nur dann gelten, wenn zum Schutze des Betroffenen der Einsatz eines Arztes erforderlich ist. In diesen Fällen wird § 81a StPO als Ermächtigungsgrundlage herangezogen.

Zu beachten ist, dass sich aus dem Ihnen schon bekannten **nemo-tenetur-Grundsatz** ergibt, dass der Beschuldigte **keine Pflicht zur aktiven Mitwirkung** hat. Er ist mithin nicht verpflichtet, beim Alkoholtest auf einer Linie zu laufen oder in ein Prüfröhrchen zu blasen. Er ist lediglich verpflichtet, Maßnahmen zu dulden.

Wie weit die Duldungspflicht reicht, kann im Einzelfall jedoch zweifelhaft sein. **131**

**Beispiel** Der von der Polizei festgenommene Drogendealer D steht im Verdacht, kurz vor der Festnahme noch kleine Kokainkugeln heruntergeschluckt zu haben. Um diese Beweise zu sichern, ordnet die Polizei die Verabreichung eines Brechmittels an, dessen Einnahme der D jedoch verweigert. Daraufhin wird ihm gegen seinen Willen eine Magensonde gelegt, über welche das **Brechmittel** zugeführt wird (sog. **Exkorporation**). Die Maßnahme wird von dem in diesen Dingen unerfahrenen und überforderten Arzt A durchgeführt. Eine Aufklärung über die gesundheitlichen Risiken erfolgte nicht. Im Zuge der Maßnahme verliert D kurzfristig das Bewusstsein, gleichwohl wird, obwohl das erste Kügelchen bereits gesichert ist, die Maßnahme fortgesetzt. D fällt daraufhin ins Koma und verstirbt. Kann sich der Arzt auf § 81a StPO als Rechtfertigungsgrund berufen?[134]

Umstritten ist, ob ein Beschuldigter die zwangsweise herbeigeführte **Exkorporation** dulden muss. Teilweise wird vertreten, dass auch dies gegen den nemo-tenetur-Grundsatz verstoße, da der Beschuldigte durch das Erbrechen wiederum aktiv an seiner Überführung mitwirken müsse.[135] Nach einer a.A. hingegen ist die Verabreichung zulässig, solange sie im Hinblick auf

134 *BGH* Urteil vom 29.4.2010, AZ 5 StR 18/10 – abrufbar unter www.bundesgerichtshof.de.

135 *OLG Frankfurt* NJW 1997, 1647.

der Schwere der Tat noch verhältnismäßig erscheint.[136] Restriktiver hingegen sieht dies der *EGMR*, der in dem zwangsweisen Verabreichen eines **Brechmittels** durch eine Magensonde eine unmenschliche und erniedrigende Behandlung und darin wiederum einen Verstoß gegen Art. 3 EMRK sieht.[137] Der *EGMR* lehnt eine Rechtfertigung des Brechmitteleinsatzes ab und verweist darauf, dass für die Belange der Strafverfolgung auch die natürliche Ausscheidung abgewartet werden könne. Die damit einhergehende Beeinträchtigung für den Beschuldigten – kurzzeitige Haft – betrachtet das Gericht als weniger gravierend.

**Beispiel** Im obigen *Beispiel* hat der *BGH* den vom *Landgericht* ausgesprochenen Freispruch des Arztes aufgehoben. Er hat zum einen darauf hingewiesen, dass dem Arzt im Rahmen der §§ 227, 222 StGB jedenfalls ein Übernahmeverschulden angelastet werden könne, da er ohne einschlägige Erfahrung eine lebensgefährdende Maßnahme ausgeführt habe. Im Übrigen hat er ausgeführt, dass der Brechmitteleinsatz unter Berücksichtigung der Rechtsprechung des *EGMR* nicht gem. § 81a StPO rechtmäßig gewesen sei.[138] ■

### 2. Untersuchung von Dritten

» Im Übrigen lesen Sie bitte § 81c StPO sorgfältig durch. Sämtliche weiteren Voraussetzungen ergeben sich unproblematisch aus der Norm selbst. «

132 Gelegentlich kann es erforderlich sein, so z.B. bei Sexualstraftaten, am Körper des betroffenen Opfers Spuren festzustellen. Ist das Opfer hiermit nicht einverstanden, bedarf es erneut einer Ermächtigungsgrundlage der ermittelnden Beamten. Diese ergibt sich aus **§ 81c StPO**. **Voraussetzung** dafür ist,

- dass die Person als Zeuge in Betracht kommt, sog. **Zeugengrundsatz,** und
- dass die Untersuchung dem Auffinden von Spuren oder Tatfolgen am Körper des Zeugen dient, sog. **Spurengrundsatz**.

**Anordnungsbefugt** ist auch hier wiederum **gem. § 81c Abs. 5 StPO der Richter**, sowie bei Gefahr im Verzug die **Staatsanwaltschaft und ihre Ermittlungspersonen**.

### 3. Molekulargenetische Untersuchung

133 Die dem betroffenen Beschuldigten entnommenen Körperzellen bzw. sein Blut müssen für gewöhnlich auf Identität mit den am Tatort gefundenen Spuren hin untersucht werden. Dies geschieht u.a. durch eine molekulargenetische Untersuchung.

Soweit die Untersuchung zur Feststellung der Abstammung oder der Tatsache, ob aufgefundenes Spurenmaterial von dem Beschuldigten oder dem Verletzten stammt, erforderlich ist, handelt es sich um eine **repressive Maßnahme**, deren **Voraussetzungen im § 81e StPO** geregelt sind.

Durch das **DNA-Identitätsfeststellungsgesetz** ist zusätzlich **§ 81g** in die **StPO** aufgenommen worden. Diese Norm ist der StPO eigentlich wesensfremd, da sie keine repressiven Maßnahmen, sondern **präventive Maßnahmen** enthält. Danach dürfen einem Tatverdächtigen oder einem bereits rechtskräftig Verurteilten Körperzellen entnommen und untersucht werden zur Erstellung eines genetischen Fingerabdruckes, der dann in **möglichen künftigen Strafverfahren** herangezogen werden kann.

---

136 *BVerfG* NStZ 2000, 96.

137 *EGMR* NJW 2006, 3117.

138 *BGH* Urteil vom 29.4.2010, AZ StR 18/10 – abrufbar unter www.bundesgerichtshof.de.

> **Hinweis**
>
> Unterscheiden Sie also sorgfältig nach dem **Zweck der Maßnahme**, da die Voraussetzungen von §§ 81e und g StPO unterschiedlich sind.

In beiden Fällen muss die **Anordnung der Maßnahme** gem. **§ 81f Abs. 1 bzw. § 81g Abs. 3 StPO durch den Richter** angeordnet werden, wobei bei **Gefahr im Verzug** wiederum die Anordnung durch die **Staatsanwaltschaft oder die Ermittlungsbeamten** ausreichend ist.[139]

Durch **§ 81h StPO** wurde jetzt auch die Verwertbarkeit von **„DNA-Beinahetreffern"** geregelt.[140] Stellt man im Wege einer DNA-Reihenuntersuchung fest, dass die Spur zwar nicht von einem der Untersuchten, dafür aber wahrscheinlich von einem seiner Verwandten stammt, dann kann das Spurenmaterial jetzt auch auf **genetische Ähnlichkeit** hin untersucht werden. Sofern sich hieraus ein Tatverdacht gegen eine konkrete Person ergibt, kann eine DNA-Analyse gegen diese Person nach Maßgabe der **§§ 81a und 81e StPO** angeordnet werden, soweit diese Anordnungsvoraussetzungen vorliegen.[141]

## V. Durchsuchung und Beschlagnahme gem. §§ 94 ff., 102 ff. StPO

Ein weiteres Instrumentarium zum Auffinden von Beweismitteln ist die Durchsuchung und anschließende Beschlagnahme. **134**

### 1. Die Durchsuchung gem. §§ 102 ff. StPO

Die Durchsuchung, die in §§ 102 ff. StPO geregelt ist, kann zum einen dem **Auffinden von Beweismaterial**, zum anderen aber auch der **Ergreifung des Beschuldigten** dienen. Zu unterscheiden ist die Durchsuchung **beim Verdächtigen gem. § 102 StPO** von der Durchsuchung **bei anderen Personen gem. § 103 StPO**. **135**

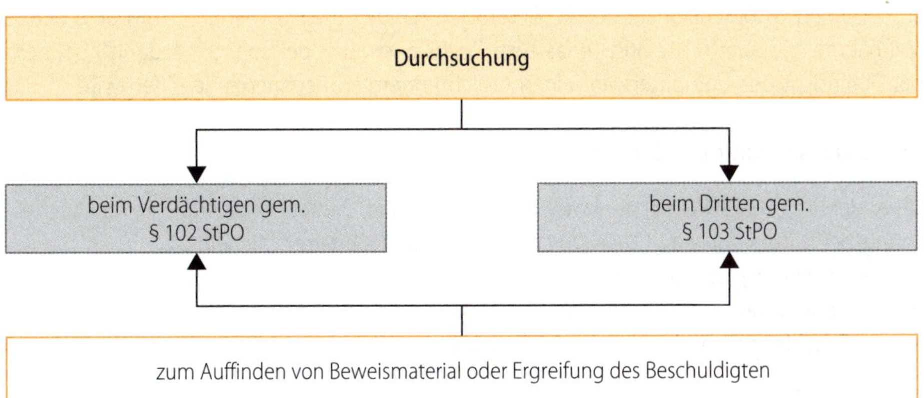


139 Weitere Ausführungen hierzu können Sie nachlesen bei *Haller/Conzen* Das Strafverfahren Rn. 1217 f.

140 Gesetz zur effektiveren und praxistauglicheren Ausgestaltung des Strafverfahrens vom 17.8.2017 (BGBl. I S. 3202), in Kraft getreten am 24.8.2017.

141 *Joecks/Jäger* StPO § 81h Rn. 1 ff.

### a) Durchsuchung beim Verdächtigen

136 Gem. **§ 102 StPO** kann bei demjenigen, welcher als Täter oder Teilnehmer einer Straftat verdächtig ist, eine **Durchsuchung der Wohnung oder anderer Räume** sowie **seiner Person und der ihm gehörenden Sachen** durchgeführt werden. Damit können z.B. durchsucht werden

- neben der Wohnung die Garage sowie der sich darin befindliche PKW sowie darüber hinaus die Geschäftsräume, in denen der Beschuldigte tätig ist,
- ferner der Beschuldigte selbst inklusive seiner natürlichen Körperöffnungen, sofern es um das Auffinden von Beweismitteln geht, sowie darüber hinaus die Kleidungsstücke, die er am Leibe trägt, ferner Gepäckstücke etc.

Die Durchsuchung beim Verdächtigen setzt voraus, dass

- tatsächliche **Anhaltspunkte für das Vorliegen einer Straftat** gegeben sind und
- zudem die **Möglichkeit** besteht, **Beweismittel oder den Täter aufzufinden**.

Da die Durchsuchung eine Maßnahme ist, die für den Betroffenen nach außen hin eindeutig erkennbar ist, fallen **„verdeckte Online-Durchsuchungen"** nicht unter § 102 StPO. Bei diesen verdeckten Durchsuchungen handelt es sich um die **Ausspähung und Auswertung von Dateien**, die im Computer des Beschuldigten gespeichert sind. Zur Ausspähung wird **heimlich ein Programm installiert**, welches das Übertragen der Daten ermöglicht. Der *BGH* hat deutlich gemacht, dass § 102 StPO hierfür keine hinreichende Ermächtigungsgrundlage darstellt.[142]

**Hinweis**

Aus diesem Grund wurde mittlerweile in **§ 100b StPO** die **Online-Durchsuchung** neu geregelt, Dazu mehr unter Rn. 148 ff.

Zulässig ist jedoch, den Computer selbst im Wege der Durchsuchung aufzufinden und anschließend zu beschlagnahmen. In diesem Fall handelt es sich wiederum um eine offene Maßnahme, die über § 102 StPO erfasst ist. Zulässig ist auch der sog. „Fernzugriff", bei dem bei Durchsicht des Computers auf einen örtlich entfernten Rechner zugegriffen wird.[143]

### b) Durchsuchung bei Dritten

137 Unter den in **§ 103 StPO** genannten Voraussetzungen ist darüber hinaus auch eine Durchsuchung bei Dritten zulässig. Diese Durchsuchung kann wiederum dienen:

- Der **Ergreifung des Beschuldigten** oder
- der **Verfolgung von Spuren einer Straftat** oder
- der **Beschlagnahme bestimmter Gegenstände**.

Während es bei § 102 StPO ausreicht, dass lediglich die Möglichkeit besteht, das Gesuchte zu finden, müssen bei § 103 **bestimmte Tatsachen** vorliegen, aus denen geschlossen werden kann, dass Beweismaterial oder aber der Beschuldigte dort gefunden werden. Insofern sind die **Begründungsanforderungen höher**.

---

142 *BGH* NJW 2007, 930.

143 *Beulke/Swoboda* Strafprozessrecht Rn. 406a.

**Beispiel** Die Polizisten X und Y haben beobachtet, wie der von ihnen am Hauptbahnhof verfolgte A dem unbeteiligten Reisenden S etwas in eine Einkaufstasche gesteckt hat, die dieser mit sich trägt. Als sie A endlich erwischen, stellen sie fest, dass er das soeben erworbene Rauschgift nicht mehr bei sich hat. Aufgrund ihrer Beobachtung gehen sie davon aus, dass A das Rauschgift in die Tasche des S gesteckt hat. Sie durchsuchen daraufhin die Tasche des gerade in den Zug nach Brüssel steigenden S, der vehement protestiert. Waren X und Y dazu berechtigt?

Es lagen tatsächliche Anhaltspunkte dafür vor, dass X und Y bei S Beweismaterial auffinden würden, nämlich das erworbene Rauschgift. Allerdings erlaubt § 103 StPO nur die Durchsuchung von Räumen nicht aber die Durchsuchung einer Person. Im Hinblick auf § 81c StPO, der die körperliche Untersuchung eines Dritten und damit eine belastendere Maßnahme zulässt, argumentiert die **h.M.**, dass dann „erst recht" eine Durchsuchung möglich sein müsse, sofern die übrigen Voraussetzungen des § 103 StPO vorliegen, was in unserem Fall zu bejahen ist.[144]

### c) Gemeinsame Voraussetzungen

Gem. **§ 105 Abs. 1 S. 1 StPO** ist die **Anordnung der Durchsuchung** grundsätzlich dem **Richter** vorzubehalten. Allerdings geht auch hier die Anordnungskompetenz auf die **Staatsanwaltschaft und ihre Ermittlungspersonen** über, sofern **Gefahr im Verzug** besteht. Etwas anderes gilt, sofern die Durchsuchung gem. § 103 bei anderen Personen stattfindet. Hier hat gem. § 105 Abs. 1 S. 2 nur die Staatsanwaltschaft eine Eilkompetenz. An die Begründung der Gefahr im Verzug stellt das *Bundesverfassungsgericht* erhöhte Anforderungen. Reine Spekulationen und hypothetische Erwägungen reichen nicht aus. Vielmehr muss aus der Begründung des Beschlusses erkennbar sein, ob die Ermittlungsbeamten versucht haben, den Ermittlungsrichter zu erreichen. Darüber hinaus ist es erforderlich, dass die Ermittlungsbeamten dargelegt und dokumentiert haben, aus welchen Gründen sie die Gefahr im Verzug angenommen haben, damit der davon Betroffene später die Möglichkeit eines effektiven Rechtsschutzes hat.[145] 138

**Hinweis**

Ob bei einem Unterlaufen des Richtervorbehalts ein Beweisverwertungsverbot angenommen werden muss, klären wir unter der Rn. 174.

Erlässt der Ermittlungsrichter den **Durchsuchungsbeschluss**, so muss er sich aufgrund eigenverantwortlicher Prüfungen der Ermittlungen davon überzeugt haben, dass die Maßnahme **verhältnismäßig** ist und ein **Anfangsverdacht** vorliegt. Die Anordnung muss darüber hinaus **Rahmen, Grenzen und Ziel der Durchsuchung** definieren.[146]

» Machen Sie sich die Mühe und lesen Sie die Vorschriften aufmerksam durch. Die jeweiligen Anforderungen ergeben sich unproblematisch aus dem Gesetz selbst. «

Aus den §§ 104 ff. StPO ergeben sich darüber hinaus weitere Anforderungen.

Zu beachten ist dabei insbesondere **§ 108 StPO**, der die sog. **„Zufallsfunde"** betrifft. Werden bei der Durchsuchung Gegenstände gefunden, die auf die Begehung einer anderen Tat hindeuten, so können sie gem. § 108 StPO einstweilen in Beschlag genommen werden. Die **Verwertbarkeit** dieser Zufallsfunde richtet sich dann nach **§ 477 Abs. 2 S. 2 StPO**.

144 *Beulke/Swoboda* Strafprozessrecht Rn. 400.
145 BVerfGE 103, 142; *BVerfG* NStZ 2003, 319; *BVerfG* StV 2004, 633.
146 *Haller/Conzen* Das Strafverfahren Rn. 1236 mit einem Beispiel für einen Durchsuchungsbeschluss.

**Beispiel** Die Polizeibeamten X und Y durchsuchen die Wohnung des Beschuldigten B, der im Verdacht steht, den nahegelegenen Juwelierladen des J überfallen zu haben. Einen entsprechenden Durchsuchungs- und Beschlagnahmebeschluss haben sie vom Richter erhalten.

Während der Durchsuchung beschließen beide, „die Augen offen zu halten", da sie vermuten, dass B auch an einem Einbruch in ein Elektrofachgeschäft beteiligt war. Dementsprechend schauen sie sich die Elektrogeräte in der Wohnung des B aufmerksam an und finden tatsächlich ein Fernsehgerät, das aus dem Einbruch stammt.

Da Sie gerade ein Praktikum bei der Polizei machen, haben Sie X und Y begleitet und werden nun von diesen gefragt, ob das Fernsehgerät beschlagnahmt werden sollte. Was werden Sie antworten?

Sollte die Durchsuchung im Hinblick auf den Fernseher rechtswidrig sein, dann könnte aus der rechtswidrigen Beweisgewinnung ein Beweisverwertungsverbot folgen, so dass das Fernsehgerät in einem Verfahren gegen B nicht als Beweismittel berücksichtigt werden dürfte.

Der Durchsuchungsbeschluss deckt zunächst einmal nicht das Auffinden des Fernsehers, da dieser nicht aus dem Überfall auf J stammt. Das Auffinden und spätere Inbeschlagnehmen wäre jedoch rechtmäßig, wenn es sich um einen „Zufallsfund" handeln würde. Dem steht allerdings entgegen, dass X und Y gezielt unter Umgehung der formellen Voraussetzungen nach diesem Beweismittel gesucht haben. Damit verliert es den Charakter als Zufallsfund.[147] Die Beweisgewinnung ist damit rechtswidrig. Da der Rechtskreis des B betroffen ist, ergibt sich daraus auch ein Beweisverwertungsverbot. Sie werden X und Y also raten, das Fernsehgerät stehen zu lassen und sich einen weiteren Beschluss zu besorgen. ■

## 2. Die Sicherstellung und Beschlagnahme gem. §§ 94 ff. StPO

139 Haben die Ermittlungsbeamten im Rahmen der Durchsuchung oder auf andere Art und Weise Beweismittel gefunden, so ist es jetzt erforderlich, diese für das weitere Strafverfahren zu sichern. Aus § 94 StPO können Sie entnehmen, dass das Gesetz zwischen der Sicherstellung von Beweismitteln und der Beschlagnahme unterscheidet.

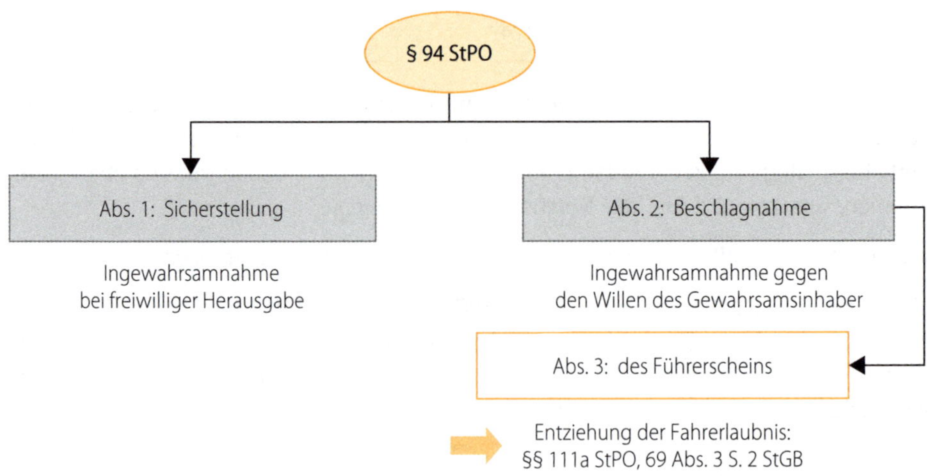


147 *Beulke/Swoboda* Strafprozessrecht Rn. 406.

Die **Sicherstellung** ist in **§ 94 Abs. 1 StPO** erwähnt. Diese erfolgt i.d.R., wenn sich ein Beweismittel im Gewahrsam einer Person befindet und diese ausdrücklich oder stillschweigend bereit ist, es **freiwillig** herauszugeben. In diesem Fall wird der Gegenstand in Verwahrung genommen.

Die **Beschlagnahme** gem. **§ 94 Abs. 2 StPO** kommt in Betracht, wenn der Gewahrsamsinhaber den Gegenstand **nicht freiwillig** herausgeben möchte. Das Beweismittel wird dann nach vorheriger Anordnung dem Gewahrsamsinhaber weggenommen, bzw. durch andere Maßnahmen wie z.B. die Versiegelung sichergestellt.

Voraussetzung für die Beschlagnahme ist zunächst wieder das Vorliegen eines **Anfangsverdachts** bzgl. einer verfolgbaren Straftat. Darüber hinaus muss, wie bei der Durchsuchung auch, der **Grundsatz der Verhältnismäßigkeit** beachtet werden. 140

**Beispiel** B steht im Verdacht, eine Untreue gem. § 266 StGB begangen zu haben. Staatsanwalt S hat beim zuständigen Ermittlungsrichter einen Durchsuchungs- und Beschlagnahmebeschluss erwirkt und führt nunmehr die entsprechenden Maßnahmen in den Geschäftsräumen des B durch. Als Beweismittel kommen sämtliche Geschäftsunterlagen in Betracht, die der B allerdings zur Fortführung seines Betriebes dringend benötigt. Kommt es für das laufende Verfahren nicht auf die Echtheit der Urkunden, sondern lediglich auf deren Inhalt an, gebietet es der Grundsatz der Verhältnismäßigkeit, dass Staatsanwalt S zunächst überprüfen muss, ob es nicht möglich ist, Ablichtungen von den Akten zu fertigen, so dass sie danach dem B zur weiteren Verwendung zur Verfügung stehen.[148] ■

Aus **§ 97 Abs. 1 StPO** können Sie entnehmen, dass es **beschlagnahmefreie Gegenstände** gibt. Es handelt sich insoweit vor allem um Gegenstände mit deren Verwertung die Zeugnisverweigerungsrechte umgangen werden könnten.

» Lesen Sie § 97 Abs. 1 StPO, um sich einen Überblick über die beschlagnahmefreien Gegenstände zu verschaffen. «

Auch wenn eine entsprechende Norm bei den Vorschriften über die Durchsuchung fehlt, so ist es anerkannt, dass eine **Durchsuchung**, die **auf erkennbar beschlagnahmefreie Gegenstände gerichtet** ist, **unzulässig** ist.[149]

Ein **Beschlagnahmeverbot** ergibt sich auch aus **§ 96 StPO,** wenn die oberste Dienstbehörde erklärt, dass das Bekanntwerden der in Beschlag zu nehmenden Akten oder amtlichen Schriftstücke dem Wohl des Bundes oder eines deutschen Landes Nachteile bereiten würde (sog. **Sperrerklärung**).[150]

Daneben gibt es **Beschlagnahmeverbote**, die aus **verfassungsrechtlichen Grundsätzen** hergeleitet werden. So ist die Beschlagnahme eines **Tagebuchs**, dessen Verwertung gegen Art. 1 und 2 GG verstoßen würde, unzulässig.[151] Lesen Sie dazu auch das Thema Beweisverwertungsverbote unter Rn. 176.

Wie bei der Durchsuchung auch, liegt die **Anordnungskompetenz** grundsätzlich beim **Richter**, es sei denn, es besteht **Gefahr im Verzug**. Dann sind auch die **Staatsanwaltschaft oder deren Ermittlungspersonen** befugt, eine Beschlagnahme anzuordnen.[152]

148 Vgl. *BGH* StV 1988, 90.
149 *OLG Frankfurt* NStZ-RR 2005, 270.
150 *Beulke/Swoboda* Strafprozessrecht Rn. 385.
151 *Beulke/Swoboda* Strafprozessrecht Rn. 385.
152 Das Muster eines Beschlagnahmebeschlusses finden Sie bei *Haller/Conzen* Das Strafverfahren Rn. 1249.

141 Besondere Formen der Beschlagnahme stellen die **Beschlagnahme von Führerscheinen** und die **Postbeschlagnahme** dar.

Aus **§ 94 Abs. 3 StPO** ergibt sich, dass der **Führerschein als Dokument** beschlagnahmt werden kann. **Anordnungsbefugt** sind hier der Richter oder aber, bei Gefahr im Verzug, die Staatsanwaltschaft bzw. deren Hilfsbeamten. Die **Fahrerlaubnis** hingegen als behördliche Berechtigung kann **vorläufig nur durch den Richter entzogen** werden, **§ 111a StPO**. Die **endgültige Entziehung** im Urteil erfolgt dann gem. **§ 69 Abs. 3 S. 2 StGB**. Hat der Richter die Fahrerlaubnis vorläufig entzogen, so gilt dies zugleich als Bestätigung der Beschlagnahme gem. § 111a Abs. 3 StPO, sofern diese von der Staatsanwaltschaft oder der Polizei angeordnet wurde. Aus dem Zusammenspiel zwischen § 111a StPO i.V.m. § 69 StGB und § 94 Abs. 3 StPO wird hergeleitet, dass **auch bei der Beschlagnahme des Führerscheins** schon **dringende Gründe für die spätere Entziehung der Fahrerlaubnis** vorliegen müssen.[153] Die Anordnung gem. § 111a StPO erfordert damit einen dringenden Tatverdacht hinsichtlich einer in § 69 Abs. 1 StGB näher umschriebenen rechtswidrigen Tat. Darüber hinaus muss sich der Täter dadurch als ungeeignet zum Führen von Kraftfahrzeugen erwiesen haben, was bei den Delikten gem. § 69 Abs. 2 StGB vermutet wird.

### Hinweis

**Beschlagnahmefähig** sind als späterer Einziehungsgegenstand (§ 69 Abs. 3 S. 2 StGB) **in Deutschland ausgestellte Führerscheine sowie solche, die von Mitgliedsstaaten der EU oder eines EWR Staates** (Island, Liechtenstein, Norwegen) ausgestellt worden sind, sofern der Inhaber seinen Wohnsitz im Inland hat (§ 111a Abs. 3 S. 2 StPO). Auch diese Führerscheine unterliegen der Einziehung gem. § 69b Abs. 2 S. 1 StGB.

**Nicht EU bzw. EWR Führerscheine** unterliegen nicht der Einziehung. Gem. § 111a Abs. 6 StPO ist ein solcher Führerschein mit dem Vermerk zu versehen, dass dem Inhaber die Fahrerlaubnis vorläufig entzogen wurde. Der Führerschein kann beschlagnahmt werden, muss danach aber wieder ausgehändigt werden. Der Vermerk hat zur Konsequenz, dass führerscheinpflichtige Fahrzeuge im Inland nicht mehr geführt werden dürfen, § 69b Abs. 1 StGB.

142 Die **Postbeschlagnahme** richtet sich nach **§ 99 StPO** und betrifft die Beschlagnahme von Briefen, Postsendungen und Telegrammen unter den dort genannten Voraussetzungen. **Anordnungsbefugt** ist im Hinblick auf Art. 10 GG **allein der Richter**, bei **Gefahr im Verzug** nur die **Staatsanwaltschaft**, nicht die Ermittlungspersonen der Staatsanwaltschaft, **§ 101 StPO**.

Problematischer gestaltet sich die rechtliche Einordnung von **E-Mails**. Sofern es um das **Absenden und Ankommen einer Mail** beim Provider sowie um das **Abrufen der Nachricht** durch den Empfänger geht, bestimmen sich die Eingriffsvoraussetzungen nach **§ 100a StPO,** da es sich insoweit um einen Telekommunikationsvorgang handelt. Sobald die Mail **auf dem**

153 *Engländer* Examens-Repetitorium Strafprozessrecht Rn. 143.

**Computer des Empfängers gespeichert** wurde, ist die Telekommunikation abgeschlossen, so dass der **Datenträger gem. §§ 94 ff. StPO beschlagnahmt** werden kann. Hierzu gehören Festplatten, Mobiltelefone, SIM Karten u.ä.[154] Streitig ist der Zugriff ein **E-Mail-Postfach auf den Mailserver eines Providers**, solange die Nachricht noch nicht abgerufen wurde. Nach Auffassung des *BGH*[155], der sich das *BVerfG*[156] angeschlossen hat, richten sich die Eingriffsvoraussetzungen nach **§ 94 i.V.m. § 99 StPO.**[157]

## VI. Die heimlichen Maßnahmen der Strafverfolgungsbehörden

Die bislang dargestellten Zwangsmaßnahmen sind allesamt solche, die mit Wissen des jeweils Betroffenen stattfinden. Im Bereich vor allem der Schwerkriminalität und des organisierten Verbrechens kann es jedoch erforderlich sein, **Maßnahmen ohne Wissen der Betroffenen** durchzuführen, um das Ziel der Sachverhaltsaufklärung und der Beweissicherung zu erreichen. Die StPO sieht in §§ 100a ff., 163f StPO eine Vielzahl von verdeckten Maßnahmen vor, die wir uns im Einzelnen nachfolgend ansehen werden. 143

» Lesen Sie sich die nebenstehend genannten Vorschriften zunächst sorgfältig durch. Sämtliche nachfolgend beschriebenen formellen und materiellen Voraussetzungen können Sie bei aufmerksamer Lektüre überwiegend dem Gesetz entnehmen. «

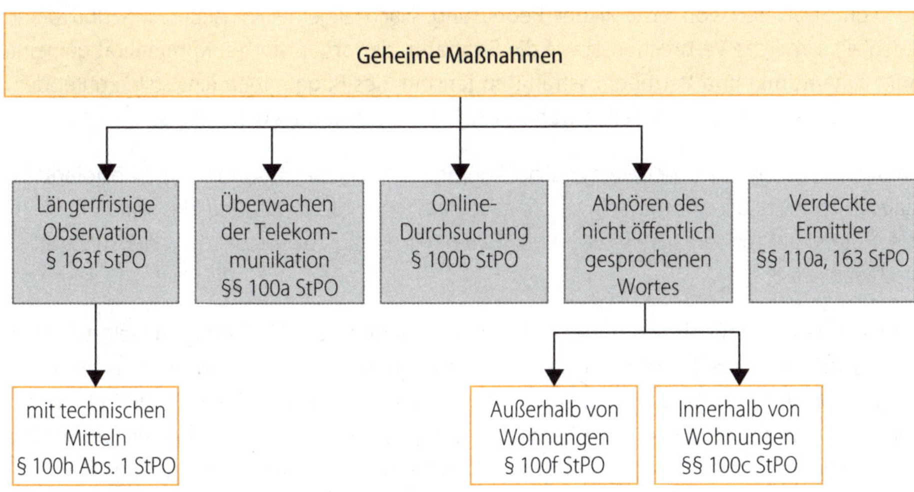


### 1. Längerfristige Observation gem. § 163f StPO

**§ 163f StPO** ist die Ermächtigungsgrundlage für eine längerfristige Observation. Eine längerfristige Observation ist ausweislich des Gesetzestextes eine **planmäßig angelegte Beobachtung des Beschuldigten**, die 144

- durchgehend **länger als 24 Stunden** dauert **oder**
- **an mehr als zwei Tagen** stattfindet.

> **Hinweis**
>
> Davon zu unterscheiden ist eine **kurzfristige Observation**, die auf die Generalklausel der §§ 161 Abs. 1, 163 StPO gestützt wird.

154 Vgl. hierzu ausführlich *Beulke/Swoboda* Strafprozessrecht Rn. 392 m.w.N.
155 *BGH* NStZ 2009, 397.
156 *BVerfG* StV 2009, 617.
157 Hierzu auch *Beulke/Swoboda* Strafprozessrecht Rn. 392.

**Voraussetzung** für die Anordnung ist, dass **zureichende tatsächliche Anhaltspunkte** für

- eine **Straftat von erheblicher Bedeutung** vorliegen und
- die **Erforschung des Sachverhalts oder die Ermittlung des Aufenthaltsorts** des Täters auf andere Weise erheblich weniger Erfolg versprechend oder wesentlich erschwert wäre **(Subsidiaritätsklausel)**, § 163f Abs. 1 S. 1 und 2 StPO.

**Hinweis**

Die Norm folgt damit im Wesentlichen der Systematik, die Sie auch bei den nachfolgenden Überwachungsmaßnahmen kennen lernen werden.

Zunächst erforderlich ist ein auf bestimmten Tatsachen gründender **Verdacht bzgl. einzelner begangener Straftaten**. Im Gegensatz zu anderen Ermächtigungsgrundlagen hat der Gesetzgeber bei § 163f StPO allerdings auf einen Katalog verzichtet, in welchem die Straftaten genannt werden, deretwegen eine Observation angeordnet werden darf. Er spricht insoweit nur von **Straftaten von erheblicher Bedeutung**. Nach allgemeiner Auffassung sind damit jedenfalls sämtliche **Verbrechen**, sowie **die Straftaten der organisierten Kriminalität** gemeint. Auch **Eigentums- und Vermögensstraftaten jenseits des Bagatellbereichs** sollen unter dem Begriff zu subsumieren sein, selbst wenn es sich nicht um Verbrechen handelt.[158]

Darüber hinaus ist eine weitere, typische Anordnungsvoraussetzung die sog. **Subsidiaritätsklausel**, wonach die Erforschung des Sachverhalts oder die Ermittlung des Aufenthaltsorts des Täters auf andere Weise erheblich weniger Erfolg versprechend oder wesentlich erschwert wäre.

Die Observationsmaßnahmen dürfen sich zunächst **gegen den Beschuldigten** selbst richten. Nach **§ 163f Abs. 1 S. 3 StPO** sind sie jedoch **auch gegen andere Personen** zulässig, wenn aufgrund bestimmter Tatsachen anzunehmen ist, dass sie mit dem Täter in Verbindung stehen oder eine solche Verbindung hergestellt wird, so dass die Maßnahme zur Erforschung des Sachverhalts oder zur Ermittlung des Aufenthaltsorts des Täters führen wird. Erneut ist Voraussetzung, dass die Ermittlung auf andere Weise erheblich weniger Erfolg versprechend oder wesentlich erschwert wäre.

**Hinweis**

Auch insoweit folgt § 163f StPO der Ihnen nachfolgend noch wiederholt begegnenden Systematik, wonach Dritte immer dann in die heimliche Überwachungsmaßnahme einbezogen werden, wenn sie in irgendeinem, in den jeweiligen Normen näher beschriebenen **Kontakt zu dem Beschuldigten** stehen.

**Anordnungsbefugt** ist gem. **§ 163f Abs. 3 StPO** das **Gericht**, bei Gefahr im Verzug sind es auch die **Staatsanwaltschaft und die Ermittlungspersonen**, also die Polizeibeamten. Sofern diese die Maßnahme angeordnet haben, müssen sie gem. § 163f Abs. 3 S. 2 StPO eine gerichtliche Bestätigung der Anordnung einholen. Gem. S. 3 muss dies binnen drei Tagen erfolgen, da andernfalls die Anordnung außer Kraft tritt.

158 Meyer-Goßner/Schmitt-*Köhler* StPO § 163f Rn. 3.

**Hinweis**

In **§ 162 Abs. 1 StPO** hat der Gesetzgeber einheitlich geregelt, dass im Ermittlungsverfahren für alle gerichtlichen Handlungen der **Ermittlungsrichter** an dem *Amtsgericht* zuständig ist, in dessen Bezirk die antragstellende StA ihren Sitz hat. **Nach Erhebung der öffentlichen Klage** ist das gem. **§ 162 Abs. 3 StPO** das mit der Sache befasste Gericht zuständig.

## 2. Einsatz technischer Mittel zu Observationszwecken gem. § 100h Abs. 1 StPO

Im Rahmen einer Observation wird häufig zu technischen Mitteln gegriffen, um diese Observation entweder überhaupt erst zu ermöglichen oder aber deren Ergebnisse zu dokumentieren. Den Einsatz dieser Mittel erlaubt **§ 100h StPO.** **145**

Gem. **§ 100h Abs. 1 Nr. 1 StPO** dürfen Lichtbilder und Bildaufzeichnungen vom Beschuldigten ohne sein Wissen und vor allem **außerhalb von Wohnungen** hergestellt werden.

**§ 100h Abs. 1 Nr. 2 StPO** erlaubt darüber hinaus, gegen den Beschuldigten außerhalb von Wohnungen zu Observationszwecken **bestimmte technische Mittel** einzusetzen, die wiederum der Erforschung des Sachverhaltes oder der Ermittlung des Aufenthaltsortes des Täters dienen sollen.

**Beispiele** Hierzu zählen Peilsender, Nachtsichtgeräte, aber auch GPS-Geräte, mit denen die Fahrbewegungen von Fahrzeugen überwacht werden können.[159] ■

Voraussetzung ist, dass

- eine **Straftat** – von erheblicher Bedeutung bei **Nr. 2** – begangen worden sein könnte und
- die **Erforschung des Sachverhalts oder die Ermittlung des Aufenthaltsortes des Täters** auf andere Weise weniger Erfolg versprechend oder erschwert wäre.

Gem. § 100h Abs. 3 StPO dürfen die Maßnahmen auch durchgeführt werden, wenn Dritte unvermeidbar mit betroffen sind.

## 3. Überwachung der Telekommunikation gem. § 100a StPO

§ 100a StPO erlaubt den Strafverfolgungsbehörden die Überwachung und Aufzeichnung der Telekommunikation. Was dabei unter **Telekommunikation** zu verstehen ist, können Sie in § 3 Nr. 22 TKG nachlesen. **146**

Demnach ist die **Telekommunikation** ein technischer Vorgang des Aussendens, Übermittelns und Empfangens von Nachrichten jeglicher Art in Form von Zeichen, Sprache, Bildern oder Tönen mittels Telekommunikationsanlagen.

159 Vgl. hierzu *Beulke/Swoboda* Strafprozessrecht Rn. 412.

Zu den Telekommunikationsanlagen gehören selbstverständlich auch die **Mobiltelefone** inklusive der auf den Mailboxen hinterlassenen Nachrichten.[160]

Wie bei den übrigen Maßnahmen auch, ist eine Überwachung nach § 100a StPO zum Zwecke der Erforschung des Sachverhalts oder der Ermittlung des Aufenthaltsortes des Beschuldigten erlaubt. **Voraussetzung** dafür ist zunächst, dass **bestimmte Tatsachen** den **konkreten Verdacht** begründen, dass

- jemand als **Täter oder Teilnehmer** eine der **in Abs. 2 bezeichneten schweren Straftaten** begangen hat bzw. zu begehen versucht oder vorbereitet und
- die **Tat im Einzelfall schwer wiegt** sowie ferner
- die Erforschung des Sachverhalts oder die Ermittlung des Aufenthaltsortes des Täters auf andere Weise wesentlich erschwert oder aussichtslos wäre **(Subsidiaritätsklausel)**.

Gem. § 100a Abs. 3 StPO darf sich die Anordnung **gegen den Beschuldigten** richten aber auch gegen **Dritte**, von denen aufgrund bestimmter Tatsachen anzunehmen ist, dass sie für den Beschuldigten bestimmte oder von ihm herrührende Mitteilungen entgegennehmen oder weitergeben oder dass der Beschuldigte ihren Anschluss benutzt ( sog. **„Nachrichtenmittler"**). Nach Auffassung des BGH[161] ist es aber nicht erforderlich, dass diese dritte Person bösgläubig ist. Auch gutgläubige Dritte, die als Kommunikationspartner lediglich regelmäßig in Kontakt mit dem Beschuldigten stehen und Informationen austauschen oder entgegennehmen, gelten als insoweit missverständlich bezeichnete „Nachrichtenmittler". Ein **Zeugnisverweigerungsrecht**, das diesen Personen evt. zusteht, hindert die Durchführung der Maßnahme – anders als bei Maßnahmen nach den §§ 100b und c StPO – grundsätzlich nicht. Lesen Sie dazu aber das nachfolgende *Beispiel*.

147 Beachten Sie aber **§ 100d Abs. 1 StPO**: Danach ist die Maßnahme unzulässig, wenn tatsächliche Anhaltspunkte dafür vorliegen, dass durch diese Maßnahme allein Erkenntnisse aus dem **Kernbereich privater Lebensgestaltung** erlangt würden. Dieser Kernbereich privater Lebensgestaltung ist auch für andere Lauschangriffe von Bedeutung.

Das *Bundesverfassungsgericht* versteht unter dem **„Kernbereich privater Lebensgestaltung"** die Möglichkeit, innere Vorgänge wie Gefühle, Überlegungen und Erlebnisse höchstpersönlicher Art zum Ausdruck zu bringen, ohne dabei Angst haben zu müssen, dass dies von staatlichen Stellen überwacht wird.[162]

Vom Schutz umfasst sind damit folglich:

- Gefühlsäußerungen,
- Äußerungen des unbewussten Erlebens,
- Ausdrucksformen der Sexualität.[163]

Gem. **§ 100d Abs. 2 StPO** dürfen dementsprechend **Erkenntnisse aus dem Kernbereich privater Lebensgestaltung**, so sie denn schon gewonnen wurden, **nicht verwertet** werden.

160 *BGH* NJW 2003, 2034.
161 *BGH* BeckRS 2023, 12290.
162 *BVerfG* NJW 2005, 999.
163 *Haller/Conzen* Das Strafverfahren Rn. 1271.

Die **Anordnungskompetenz** liegt gem. **§ 100e Abs. 1 StPO** bei dem Gericht, welches auf Antrag der Staatsanwaltschaft tätig wird. Im Vorverfahren ist dies der **Ermittlungsrichter** des *Amtsgerichts* am Sitz der Staatsanwaltschaft. Bei Gefahr im Verzug ist gem. § 100e Abs. 1 StPO auch die Staatsanwaltschaft anordnungsbefugt.

**» Zu den übrigen Anordnungsvoraussetzungen lesen Sie bitte aufmerksam § 100e StPO durch. «**

**Beispiel** Gegen A läuft ein Ermittlungsverfahren wegen gewerbsmäßiger Hehlerei. Staatsanwalt S hat, da er mit seinen Ermittlungen bislang die Hintermänner des A nicht herausfinden konnte, in zulässiger Weise beim zuständigen Richter einen Abhörbeschluss erlangt, mit dem nunmehr auch das Handy des A abgehört wird. Im Rahmen dieser Aktion tätigt A zwei interessante Anrufe: der eine Anruf gilt seinem Strafverteidiger und hat das Ermittlungsverfahren zum Gegenstand. In diesem Telefonat erwähnt A auch seinen Auftraggeber. Das andere Telefonat gilt einem Freund. Da hier nur die Mailbox anspringt, hinterlässt A eine Bitte um Rückruf. Während dieser Nachrichtenübermittlung fragt die Freundin des A, was dieser morgen mache. A erklärt, er werde sich morgen mit seinem Auftraggeber treffen, den er auch namentlich benennt. Das gesamte Gespräch befindet sich nun auf der Mailbox des Freundes. Staatsanwalt S möchte nun von Ihnen wissen, ob er das Ergebnis dieser Beweiserhebung in eine spätere Hauptverhandlung einbringen kann.

Eine Einbringung der Beweismittel wäre zunächst möglich durch Abspielen der Tonbänder, Vorlesen der Protokolle und Anhörung des abhörenden Beamten. Sie macht jedoch nur dann Sinn, wenn das Gericht sein Urteil auf die Beweismittel stützen kann. Dies wäre nicht der Fall, wenn die Ergebnisse nicht verwertbar wären. Zu den Beweisverwertungsverboten lesen Sie bitte Rn. 162 ff.

Das Gespräch mit dem Strafverteidiger kann nicht verwertet werden. Zwar ergibt sich aus § 100a StPO, dass auch Dritte mit abgehört werden dürfen, unabhängig davon, ob ihnen Zeugnisverweigerungsrechte – hier aus § 53 StPO – zustehen oder nicht. Dies gilt jedoch nicht für das Abhören von Gesprächen zwischen dem Beschuldigten und seinem **Strafverteidiger** innerhalb eines bestehenden Mandatsverhältnisses. Hier wird aus **§ 148 StPO** hergeleitet, dass eine staatliche Überwachung, mithin auch ein Abhören dieser Gespräche stets unzulässig ist.[164]

Das Abhören der **Mailbox** ist grundsätzlich zulässig. Etwas anderes könnte sich hier allerdings aus dem Umstand ergeben, dass auf der Mailbox streng genommen nicht das „Gespräch" zwischen A und der Mailbox aufgenommen wurde, sondern jenes zwischen A und seiner Freundin. Anerkannt ist, dass Gespräche nicht verwertet werden dürfen, die mitgehört werden, weil der Teilnehmer den Hörer nicht richtig aufgelegt hat. Hier handelt es sich um eine **Wohnraumüberwachung**, die nur unter den engen Voraussetzungen des § 100c ff. StPO zulässig ist. Im Hinblick auf das auf der Mailbox aufgenommene Gespräch handelt es sich jedoch um ein **„Hintergrundgespräch"**. Der *BGH* hat in einem vergleichbaren Fall entscheiden, dass es sich, solange die Verbindung noch bestehe, um einen Vorgang der Telekommunikation zwischen zwei Anschlüssen handele,[165] so dass dieses Gespräch als Beweismittel in die Hauptverhandlung eingeführt werden kann. ■

Problematisch war bislang die sog. **Internet-Telefonie**, beispielsweise über Skype. Da diese Voice-Over-IP Kommunikation verschlüsselt erfolgt, ist für das Abhören des Gesprächs das heimliche Aufspielen einer sog. **„Entschlüsselungs-Spionagesoftware"** erforderlich, die die

164 *Haller/Conzen* Das Strafverfahren Rn. 1270; *BVerfG* NJW 2007, 2749.
165 *BGH* NJW 2003, 2034.

Daten vor der Kryptierung aufzeichnet. § 100a StPO in der alten Fassung stellte dafür keine Ermächtigungsgrundlage dar.

Im neuen **§ 100a Abs. 1 S. 2 und 3 StPO** hat der Gesetzgeber nunmehr die Zulässigkeit einer **Quellen-TKÜ** durch das heimliche Aufspielen einer entsprechenden Spionagesoftware geregelt. Satz 2 bezieht sich dabei auf die verschlüsselte Sprachtelefonie, Satz 3 hingegen auf verschlüsselte Nachrichten, z.B. über WhatsApp.

**Hinweis**

Weitere Kommunikationsdaten des Beschuldigten können zur Aufklärung besonders schwerer Straftaten über **§ 100g StPO** (u.a. Zugriff auf Vorratsdaten in Abs. 2) und **§ 100i StPO** („IMSI-Catcher") erhoben werden.

### 4. Die Online Durchsuchung gem. § 100b StPO

148 **§ 100b StPO** erlaubt den Strafverfolgungsbehörden den **Eingriff in ein „informationstechnisches System"**, um daraus Daten zu erheben. Anders als bei der Telekommunikation gibt es hier keine Legaldefintion. Unter den Begriff des „informationstechnischen Systems" können damit zum einen **Rechner und Netzwerke jedweder Art, aber auch Tablets oder Smartphones** subsumiert werden[166]. Der Unterschied zur Quellen-TKÜ besteht darin, dass bei letzterer die laufende Kommunikation überwacht werden kann während die Online-Durchsuchung den **Zugriff auch auf gespeicherte Daten** ermöglicht.

Die Anordnungsvoraussetzungen entsprechen jenen des § 100a StPO. Erforderlich ist zunächst, dass **bestimmte Tatsachen** den **konkreten Verdacht** begründen, dass
- jemand als **Täter oder Teilnehmer** eine der **in Abs. 2 bezeichneten schweren Straftaten** begangen hat bzw. zu begehen versucht oder vorbereitet und
- die **Tat im Einzelfall schwer wiegt** sowie ferner
- die Erforschung des Sachverhalts oder die Ermittlung des Aufenthaltsortes des Täters auf andere Weise wesentlich erschwert oder aussichtslos wäre **(Subsidiaritätsklausel)**.

Die Maßnahme darf sich wie bei dem Abhören der Telekommunikation nicht nur **gegen den Beschuldigten,** sondern gem. **§ 100b Abs. 3 StPO** auch **gegen Dritte** richten, sofern anzunehmen ist, dass der Beschuldigte ihre IT-Systeme nutzt.

**» Auch hier gilt: Lesen Sie die §§ 100b ff. StPO sorgfältig. Die nebenstehenden Ausführungen ergeben sich aus dem Gesetz. «**

Die Absätze 1 und 2 des **§ 100d StPO** gelten auch hier, d.h. die Maßnahme ist unzulässig, wenn zu erwarten ist, dass alleine Erkenntnisse aus dem **Kernbereich privater Lebensgestaltung** gewonnen werden. Wurden solche Erkenntnisse gewonnen, dann sind sie nicht verwertbar. **§ 100d Abs. 3 StPO** stellt ergänzend klar, dass *„...soweit möglich, technisch sicherzustellen* (ist), *dass Daten, die den Kernbereich privater Lebensgestaltung betreffen, nicht erhoben werden."*

Anders als bei der Überwachung der Telekommunikation dürfen IT-Systeme von Personen, die nach **§ 53 StPO** ein **berufsbedingtes Zeugnisverweigerungsrecht** haben, allerdings nicht durchsucht werden, **§ 100d Abs. 5 StPO**. Bei den **nach §§ 52 und 53a StPO Zeugnisverweigerungsberechtigten** hat eine **Verhältnismäßigkeitsprüfung** stattzufinden, wobei

166 *Haller/Conzen* Das Strafverfahren Rn. 1277.

das Vertrauensverhältnis auf der einen Seite abgewogen werden muss gegen das Interesse an der Strafverfolgung auf der anderen Seite, **§ 100d Abs. 5 StPO.**

Die **Anordnungskompetenz** richtet sich nach **§ 100e Abs. 2 StPO.** Danach darf nur eine mit drei Richtern besetzte Kammer des *Landgerichts* die Maßnahme anordnen, bei Gefahr im Verzug darf die Entscheidung durch den Vorsitzenden ergehen.

### 5. Abhören des nicht öffentlich gesprochenen Wortes

Beim Abhören des nicht öffentlich gesprochenen Wortes müssen Sie unterscheiden, wo dieses Wort gesprochen wird. **149**

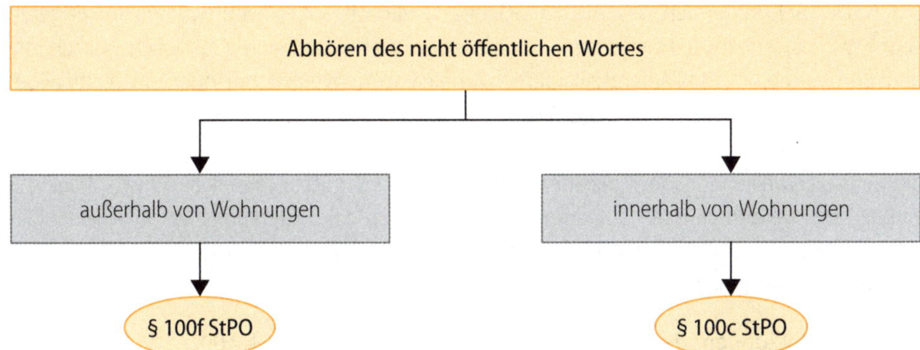


**Beispiel** A, gegen den wegen besonders schwerer Brandstiftung und fahrlässiger Körperverletzung ermittelt wird, befindet sich seit kurzem in Untersuchungshaft. Da der Staatsanwaltschaft die vollständige Aufklärung des Sachverhalts, insbesondere die Ermittlung der Mittäter, bislang nicht möglich war, beantragt sie, den Besucherraum des Untersuchungsgefängnisses abhören zu dürfen, da A regelmäßig Besuch von seiner Freundin bekommt und man glaubt, dass A sich in diesen Gesprächen seiner Freundin anvertraut. Der zuständige Ermittlungsrichter ordnet die Maßnahme an. In der späteren Hauptverhandlung gegen A beantragt die Staatsanwaltschaft, die Tonbänder vorspielen zu dürfen und den Beamten vernehmen zu lassen. Das Gericht lehnt den Antrag ab mit der Begründung, das Abhören sei unzulässig gewesen.[167] Zu Recht?

Sie müssen zunächst klären, ob es sich bei der Maßnahme im vorliegenden Fall um das Abhören des nichtöffentlich gesprochenen Wortes innerhalb oder außerhalb von Wohnungen gehandelt hat. Stellt das Abhören den „kleinen Lauschangriff“ dar, dann wurde die Maßnahme von dem zuständigen Gericht angeordnet. Da auch die übrigen Voraussetzungen vorlagen, hätte der Beweisantrag nicht mit dieser Begründung abgelehnt werden dürfen. War es hingegen ein großer Lauschangriff, dann hätte die Maßnahme die Kammer des *Landgerichts*, bei Gefahr im Verzug der Vorsitzende des *Landgerichts* anordnen müssen. Da dies schon nicht geschehen ist, wäre die Beweisgewinnung rechtswidrig gewesen, woraus sich in diesem Fall auch ein Beweisverwertungsverbot ergeben hätte. Die Ablehnung des Beweisantrages wäre dann zu Recht erfolgt.

167 Vgl. *BGH* NJW 1998, 3284.

### a) Abhören innerhalb von Wohnungen

150 Das Abhören des nicht öffentlich gesprochenen Wortes innerhalb von Wohnungen (sog. **„großer Lauschangriff"**) ist in **§§ 100c StPO** geregelt. Was unter einer Wohnung zu verstehen ist, hat der *BGH* in Übereinstimmung mit dem **BVerfG** wie folgt definiert:

> Der Begriff der **Wohnung** umfasst zur Gewährleistung einer räumlichen Sphäre, in der sich das Privatleben ungestört entfalten kann, alle Räume, die der allgemeinen Zugänglichkeit durch eine Abschottung entzogen und zur Stätte privaten Wirkens gemacht sind.[168]

Maßgeblich ist dabei die nach außen erkennbare Zweckbestimmung des Nutzungsberechtigten. Der **Schutzbereich des Art. 13 GG** erfasst danach außer Wohnräumen im engeren Sinn etwa Gartenhäuser, Hotelzimmer, Wohnwagen, nicht allgemein zugängliche Geschäfts- und Büroräume, Personalaufenthaltsräume, Arbeitshallen, Werkstätten oder ein nicht allgemein zugängliches Vereinsbüro. Das *BVerfG* hat zu den vorgenannten Arbeits-, Betriebs- und Geschäftsräumen ausgeführt, dass diese aufgrund der besonderen Bedeutung des Berufs für die Selbstverwirklichung des Einzelnen in die höher geschützte räumliche Privatsphäre mit einbezogen werden müssen.[169] Demgegenüber werden z.B. Unterkunftsräume eines Soldaten oder Polizeibeamten und Personenkraftwagen nicht als Wohnungen angesehen.[170] Gleiches gilt für den Innenraum eines Kraftfahrzeugs.[171]

151 Die **Voraussetzungen** des großen Lauschangriffs liegen gem. **§ 100c StPO** vor, wenn **bestimmte Tatsachen** den **Verdacht** begründen, dass

- jemand als **Täter oder Teilnehmer** eine in dem nachfolgend genannten **Abs. 2 bezeichnete Straftat** begangen hat oder zu begehen versucht und
- die **Tat auch im Einzelfall besonders schwer wiegt**, sowie ferner
- aufgrund **tatsächlicher Anhaltspunkte** anzunehmen ist, dass durch die Überwachung Äußerungen des Beschuldigten erfasst werden, die **für die Erforschung des Sachverhalts oder die Ermittlung des Aufenthaltsortes** eines Mitbeschuldigten von Bedeutung sind und schließlich
- die Erforschung des Sachverhalts oder die Ermittlung des Aufenthaltsortes eines Mitbeschuldigten auf andere Weise unverhältnismäßig erschwert oder aussichtslos wäre **(Subsidiaritätsklausel)**.

**» Auch hier gilt erneut: Lesen Sie die §§ 100c ff. StPO sorgfältig. Die nebenstehenden Ausführungen ergeben sich aus dem Gesetz. «**

Zu beachten ist auch hier **§ 100d Abs. 1, 2 und 4 StPO**, wonach die Maßnahme nur angeordnet werden darf, soweit aufgrund tatsächlicher Anhaltspunkte insbesondere hinsichtlich der Art der zu überwachenden Räumlichkeiten und dem Verhältnis der zu überwachenden Personen zueinander anzunehmen ist, dass durch die Überwachung Äußerungen, die dem **Kernbericht privater Lebensgestaltung** zuzurechnen sind, nicht erfasst werden (sog. **„negative Kernbereichsprognose"**). Ergeben sich während der Überwachung Anhaltspunkte dafür, dass der Kernbereich betroffen ist, so muss die **Maßnahme unterbrochen** werden. Sie kann jedoch bei Wegfall des Hindernisses umgehend fortgeführt werden. In der Praxis ist diese Regelung kaum umsetzbar, da der überwachende Beamte das Gespräch mitanhören muss, um abschätzen zu können, ab wann der Kernbereich nicht mehr betroffen ist. Jedenfalls

168 *BVerfG* NJW 1993, 2035; *BGH* NJW 1997, 1018.
169 *BVerfG* NJW 2004, 15; DÖV 2007, 607.
170 *BGH* NJW 1998, 3284.
171 *BGH* Urteil vom 22.12.2011, AZ 2 StR 509/10 – abrufbar unter www.bundesgerichtshof.de.

normiert **§ 100d Abs. 2 S. 1 StPO** ein ausdrückliches **Verwertungsverbot** für Aufzeichnungen, die diesen Kernbereich betreffen.

**Beispiel** Staatsanwalt S beantragt das Abhören der Privatwohnung des Beschuldigten B, der mit seiner Verlobten V zusammenwohnt.

Zur Begründung seines Antrags führt S aus, dass aufgrund des bisherigen Aussageverhaltens des B sowie der als Zeugin vernommenen V zu erwarten sei, dass beide sich über den erpresserischen Menschenraub, dessen B verdächtig sei, unterhalten würden.

Die Strafkammer des *Landgerichts* lehnt den Antrag mit der Begründung ab, es sei nicht hinreichend dargetan, dass der Kernbereich privater Lebensführung nicht tangiert sei. S fragt nunmehr, was er gegen diesen Beschluss unternehmen kann.

Er kann Beschwerde gem. §§ 304 ff. StPO einlegen. Über diese Beschwerde unterscheidet zunächst wieder die Strafkammer des *Landgerichts*. Hilft sie der Beschwerde nicht ab, so entscheidet das nächsthöhere Gericht, in diesem Fall das *OLG*. Die Beschwerde wird erfolgreich sein, wenn das *Landgericht* den Antrag nicht ablehnen durfte. Gem. § 100d Abs. 1, 2 und 4 StPO ist das Abhören unzulässig, wenn zu erwarten steht, dass der Kernbereich privater Lebensführung betroffen ist. Aufgrund des Umstandes, dass die Privatwohnung abgehört werden soll, die B zudem zusammen mit V bewohnt, spricht einiges dafür, dass dieser Kernbereich betroffen ist. Dass B und V sich darüber hinaus auch über eine Straftat unterhalten könnten, beruht lediglich auf einer Vermutung des S, nicht jedoch auf konkreten Anhaltspunkten. Letztlich sollten mit dieser Maßnahme die Gespräche auf Verwertbares „gesichtet" werden. Eine solche Sichtung ist jedoch nicht zulässig.[172] Da S nicht hinreichend dargetan hat, dass der Kernbereich nicht betroffen ist, war die Ablehnung des Antrags zulässig. ■

Die Maßnahme darf sich gem. **§ 100c Abs. 2 StPO** zunächst nur gegen den **Beschuldigten** **152**
richten, bei **dritten Personen** ist sie zulässig, wenn

- der **Beschuldigte sich in den Räumlichkeiten aufhält** und
- die Maßnahmen gegen den Beschuldigten allein **zur Erforschung des Sachverhalts** und **Ermittlung des Aufenthaltsortes** nicht ausreichend sind.

Beachten Sie in diesem Zusammenhang **§ 100d Abs. 5 StPO**, wonach Anordnungen gegen **zeugnisverweigerungsberechtigte Angehörige der in § 53 StPO genannten Berufsgruppen** unzulässig. Hinsichtlich der **Zeugnisverweigerungsrechte, die sich aus den § 52 und 53a StPO ergeben**, ist die Anordnung der Maßnahme grundsätzlich statthaft. Die Verwertbarkeit hängt allerdings wie bei der Online Durchsuchung von einer **Güterabwägung** ab.

Die **Anordnungskompetenz** liegt wie ei der Online Durchsuchung auch gem. **§ 100e Abs. 2 StPO** bei der gem. § 74a Abs. 4 GVG zuständigen **Strafkammer des Landgerichts**, in dessen Bezirk die Staatsanwaltschaft ihren Sitz hat. Bei dieser Kammer handelt es sich um die sog. Staatsschutzkammer.[173] Bei **Gefahr im Verzug** kann der **Vorsitzende** dieser Kammer über die Anordnung alleine entscheiden. Jedoch ist in diesem Fall eine Bestätigung durch die Kammer innerhalb von drei Tagen nachzuholen.

172 *OLG Düsseldorf* NStZ 2009, 54.

173 *Haller/Conzen* Das Strafverfahren Rn. 1287.

Wie bei der Telefonüberwachung auch, ist die **Maßnahme befristet**. Gem. § 100e Abs. 2 S. 4 StPO darf sie nicht länger als einen Monat laufen, wobei auch hier nach S. 5 eine Verlängerung der Maßnahme möglich ist.

**Beispiel** Im obigen *Beispielsfall* (Rn. 147) hat der **BGH** den Besucherraum des Untersuchungsgefängnisses nicht als Wohnung betrachtet. Er hat dazu ausgeführt, dass „ein Besucherraum in einer Untersuchungshaftvollzugsanstalt ... dem Gefangenen keine Privatsphäre (gewährt), wie sie der Schutzbereich des Art. 13 GG voraussetzt. Das Recht des Einzelnen, in Ruhe gelassen zu werden (vgl. BVerfGE 89, 1 [12] = NJW 1993, 2035), wird einem Gefangenen unter den besonderen Bedingungen des Untersuchungshaftvollzugs in einem Besucherraum nur in erheblich beschränktem Umfang gewährleistet. Eine räumliche Privatsphäre ist dort noch weniger garantiert als in einem Haftraum. Dies folgt schon daraus, dass gem. § 119 Abs. 3 StPO, Nr. 27 UVollzO die Besuche regelmäßig durch einen Anstaltsbediensteten, in besonderen Fällen auch durch einen Kriminalbeamten überwacht werden können. Dieser kann eingreifen, notfalls den Besuch abbrechen, wenn ihm der Inhalt der Unterredung im Hinblick auf das Strafverfahren oder mit Rücksicht auf die Ordnung in der Anstalt bedenklich erscheint, vgl. Nr. 27 Abs. 3 UVollzO; hierbei muss der Gefangene damit rechnen, dass der Gesprächsinhalt in Vermerkform in die Ermittlungsakten aufgenommen wird (vgl. *Schlothauer/Weider* Untersuchungshaft Rn. 448). Die Kommunikation zwischen Gefangenem und Besucher kann darüber hinaus weiteren Beschränkungen unterworfen sein. So kann angeordnet werden, dass die Unterhaltung nur in deutscher Sprache zu führen ist oder nur im Beisein eines Dolmetschers stattfinden darf. Im Übrigen erstreckt sich das Hausrecht der Anstalt auch auf den Besucherraum, so dass der Gefangene grundsätzlich jederzeit den Zutritt weiterer Personen gewärtigen muss (vgl. für den Haftraum *BVerfG* NJW 1996, 2643)."
Da es sich also um einen kleinen Lauschangriff handelte, war die Einbeziehung der Beweismittel zulässig. Das Gericht hätte also den Beweisantrag nicht ablehnen dürfen. ■

### b) Abhören außerhalb von Wohnungen

153 Das Abhören des nicht öffentlich gesprochenen Wortes außerhalb von Wohnungen wird als **„kleiner Lauschangriff"** bezeichnet und ist in **§ 100f StPO** geregelt. Die **Voraussetzungen** sind nicht ganz so eng, wie beim großen Lauschangriff, da das Grundrecht der Unverletzlichkeit der Wohnung nicht tangiert ist. Erforderlich ist jedoch, dass **bestimmte Tatsachen** den **Verdacht** begründen,

- **dass jemand als Täter oder Teilnehmer eine der in § 100a Abs. 2 StPO bezeichnete Straftat** begangen hat und
- diese **im Einzelfall besonders schwer wiegt** sowie
- die Erforschung des Sachverhalts oder die Ermittlung des Aufenthaltsortes eines Mitbeschuldigten auf andere Weise aussichtslos oder wesentlich erschwert wäre **(Subsidiaritätsklausel)**.

Gem. **§ 100f Abs. 2 StPO** darf sich die Maßnahme **gegen den Beschuldigten** richten und **gegen Dritte**, wenn aufgrund bestimmter Tatsachen anzunehmen ist,

- dass sie **mit dem Beschuldigten in Verbindung** stehen oder eine solche Verbindung hergestellt wird und
- die **Maßnahme zur Erforschung des Sachverhalts** oder zur **Ermittlung des Aufenthaltsortes** eines Mitbeschuldigten führen wird und
- dies **auf andere Weise aussichtslos oder wesentlich erschwert** wäre.

**§ 100f StPO verweist in Abs. 4** auf die in **§ 100e Abs. 1 StPO** geregelte **Anordnungskompetenz**, wonach der **Richter** und bei **Gefahr im Verzug** auch die **Staatsanwaltschaft** die Maßnahme treffen darf.

## 6. Verdeckte Ermittler

Die Strafverfolgungsbehörden können zur Aufklärung auch verdeckt operierende Personen **154**
einsetzen. In diesem Zusammenhang sollten Sie die nachfolgenden, vier Ermittlungsgehilfen sauber voneinander unterscheiden:

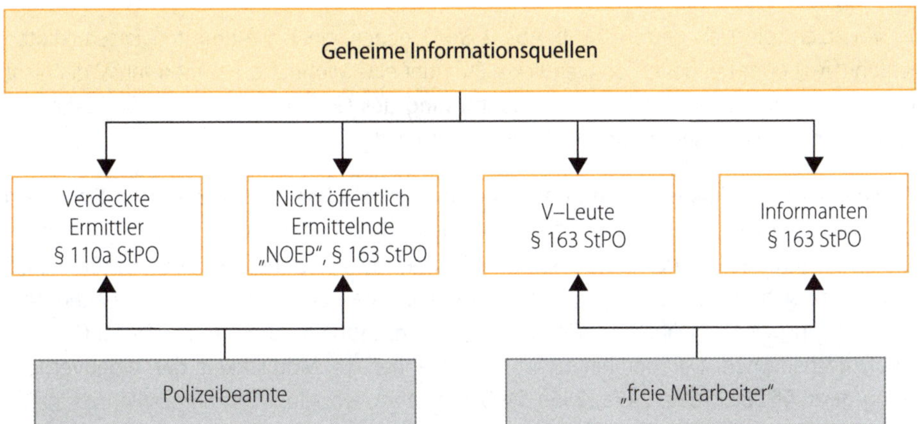


**Verdeckte Ermittler** sind gem. **§ 110a Abs. 2 StPO Beamte des Polizeidienstes**, die unter einer ihnen verliehenen, auf Dauer angelegten, veränderten Identität **(Legende)** ermitteln. Auch **nicht öffentlich ermittelnde Polizeibeamte (= NOEP)** sind verdeckt ermittelnde Beamte, die unter einer Legende auftreten. Im Gegensatz zu den soeben genannten verdeckten Ermittlern erfolgt ihr **Einsatz** jedoch nur **kurzfristig**, z.B. als Scheinkäufer in BtMG-Fällen.[174]

**V-Leute** sind (Vertrauens-)Personen, die zumeist aus dem einschlägigen Milieu stammen, mithin also **nicht Polizeibeamte** sind, aber gleichwohl bereit sind, die Polizei bei der Aufklärung von Straftaten **auf längere Zeit** vertraulich zu unterstützen und deren Identität grundsätzlich geheim gehalten wird.[175]

Schließlich gibt es noch **Informanten**. Dies sind Personen, die **von Fall zu Fall** bereit sind, gegen Zusicherung der Vertraulichkeit den Strafverfolgungsbehörden Informationen zu geben.[176]

174 *Beulke/Swoboda* Strafprozessrecht Rn. 417.
175 *Engländer* Examens-Repetitorium Strafprozessrecht Rn. 163.
176 *Beulke/Swoboda* Strafprozessrecht Rn. 417.

155 Der Einsatz von **Informanten, V-Leuten und NOEPs** ist gesetzlich nicht ausdrücklich geregelt. Nach **h.M.** reicht die Aufgabenzuweisung des **§ 163 StPO als gesetzliche Legitimation.**[177]

Der Einsatz der **verdeckten Ermittler** hingegen richtet sich nach den **§§ 110a ff. StPO.** Voraussetzung für deren Einsatz ist, dass

- **entweder** zureichende **tatsächliche Anhaltspunkte** für eine **Straftat von erheblicher Bedeutung** gem. **§ 110a Abs. 1 Nr. 1 bis 4 StPO** vorliegen
- **oder** dass Tatsachen die Gefahr einer **wiederholten Begehung von Verbrechen** begründen, sofern die Aufklärung auf andere Weise aussichtslos oder wesentlich erschwert wäre
- **oder** wenn Anhaltspunkte für die Begehung von **Verbrechen** vorliegen und die **besondere Bedeutung der Tat** den Einsatz gebietet und andere Maßnahmen aussichtslos wären.

Gem. **§ 110b Abs. 1 StPO** muss die **Staatsanwaltschaft** dem Einsatz eines verdeckten Ermittlers **zustimmen.** Bei Gefahr im Verzug kann die Maßnahme auch ohne Zustimmung der Staatsanwaltschaft erfolgen. Die Zustimmung ist dann jedoch nach § 110b Abs. 1 S. 2 StPO unverzüglich nachzuholen.

Bei Einsätzen, die sich gem. **§ 110b Abs. 2 StPO** gegen einen bestimmten Beschuldigten richten (Nr. 1) oder bei denen der verdeckte Ermittler eine Wohnung betreten muss, die nicht allgemein zugänglich ist (Nr. 2), ist die **Zustimmung des Gerichts** einzuholen. Bei Gefahr im Verzug genügt die Zustimmung der Staatsanwaltschaft.

156 **Problematisch** ist die **Verwertung des Ermittlungsergebnisses von verdeckten Ermittlern** in der Hauptverhandlung. Wie Sie inzwischen wissen, besagt der Grundsatz der Unmittelbarkeit, dass grundsätzlich das tatnächste Beweismittel heranzuziehen ist. Aus **§ 110b Abs. 3 StPO** ergibt sich jedoch, dass die Identität des verdeckten Ermittlers geheim gehalten werden sollte. Insoweit gewährt die allgemeine **Zeugenschutzvorschrift des § 68 StPO** einige Schutzmechanismen. Darüber hinaus ist für V-Männer die **Möglichkeit der Videovernehmung gem. §§ 58a, 168e, 247a, 255a StPO** anerkannt, wobei in Ausnahmefällen zusätzlich die Möglichkeit einer optischen und akustischen Unkenntlichmachung besteht.[178] Möglich ist schließlich auch, dass die Vernehmung des verdeckten Ermittlers **durch einen beauftragten oder ersuchten Richter gem. §§ 223 f., 251 Abs. 2 Nr. 1 StPO** erfolgt.

## VII. Sonstige Zwangsmaßnahmen im Überblick

157 Neben den soeben ausführlich erörterten Zwangsmaßnahmen gibt es weitere in der StPO verankerte Möglichkeiten. Insofern reicht es aus, wenn Sie sich die nachfolgend zitierten Normen durchlesen. Möglich sind:

- Unterbringung des Beschuldigten zur Beobachtung gem. § 81 StPO,
- Identitätsfeststellung gem. § 163b, 163c StPO,
- Ausschreibung zur Fahndung gem. §§ 131 ff. StPO,
- Rasterfahndung gem. §§ 98a, 98b StPO,
- Straßenkontrollen gem. § 111 StPO,
- Schleppnetzfandung gem. § 163d StPO.

---

177 BGHSt 45, 321; *Beulke/Swoboda* Strafprozessrecht Rn. 417.

178 *Beulke/Swoboda* Strafprozessrecht Rn. 425; *BGH* NJW 2003, 74; *BGH* NStZ 2005, 43.

## VIII. Rechtsschutz gegen Zwangsmaßnahmen

Es gibt grundsätzlich zwei Möglichkeiten, die soeben skizzierten Maßnahmen gerichtlich überprüfen zu lassen: 158

- zum einen die **Beschwerde gem. §§ 304 ff. StPO** und
- zum anderen die **Anrufung des Richters gem. § 98 Abs. 2 S. 2 StPO (analog).**

**Hinweis**

**§ 98 Abs. 2 S. 2 StPO befasst sich originär** mit dem Rechtsschutz gegen die Anordnung der **Beschlagnahme**. Der Betroffene kann in diesem Fall jederzeit die gerichtliche Entscheidung beantragen. Ist die öffentliche Klage noch nicht erhoben, entscheidet das nach § 162 Abs. 1 StPO zuständige Gericht, § 98 Abs. 2 S. 3 StPO. Nach Erhebung der öffentlichen Klage entscheidet gem. § 98 Abs. 2 S. 4 StPO das mit der öffentlichen Klage befasste Gericht.

Welches Rechtsmittel der Betroffene einzulegen hat, entscheidet sich nach der **Person des Anordnenden** und danach, ob der Betroffene sich **gegen die Anordnung** an sich oder aber **gegen die Art und Weise der Durchführung** richtet. Eine weitergehende Differenzierung nach noch bevorstehenden oder bereits erledigten Maßnahmen ist nach heute **h.M.** nicht mehr erforderlich.[179]

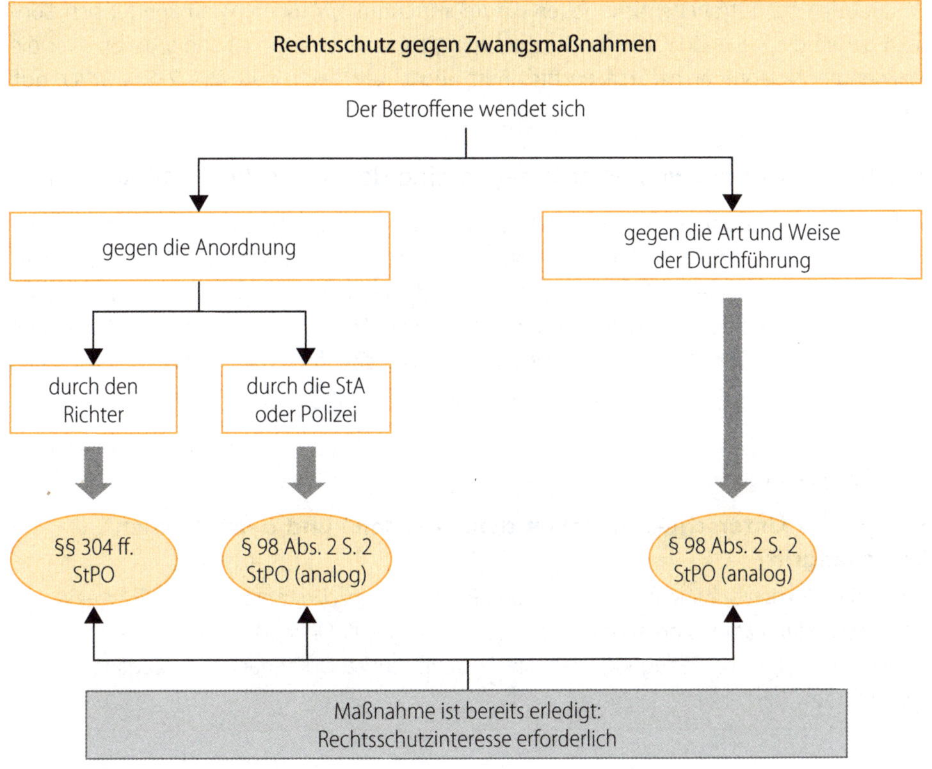


179 Vgl. ausführlich dazu *Beulke/Swoboda* Strafprozessrecht Rn. 493.

### 1. Der Betroffene wendet sich gegen die Anordnung an sich

159 Wurde die Zwangsmaßnahme **von einem Richter** angeordnet, dann ist diese Entscheidung mit der Beschwerde gem. § 304 StPO angreifbar. Handelt es sich um eine Maßnahme, die **bereits erledigt** ist, so muss ein **Rechtsschutzinteresse** an der Feststellung der Rechtswidrigkeit der Maßnahme bestehen. Dieses kann sich aus einem **Rehabilitationsinteresse** des Betroffenen oder aber aus einer **Wiederholungsgefahr** oder einem **tiefgreifenden Grundrechtseingriff** ergeben.[180]

Wurde die Maßnahme hingegen **von der Staatsanwaltschaft oder der Polizei angeordnet**, dann steht dem Betroffenen die Möglichkeit des Rechtsschutzes gem. **§ 98 Abs. 2 S. 2 StPO ggf. analog** zu. Dies gilt auch, wenn die Maßnahme bereits durchgeführt wurde, sofern erneut ein Rechtsschutzinteresse besteht.[181]

**Hinweis**

Sofern sich der Beschuldigte gegen seine Inhaftierung wehren möchte, stehen ihm die bereits unter Rn. 126 geschilderten Rechtsbehelfe der Haftbeschwerde und der Haftprüfung zur Verfügung.

### 2. Der Betroffene wendet sich gegen die Art und Weise der Durchführung

160 Wendet sich der Betroffene nicht gegen die Anordnung der Maßnahme an und für sich, sondern gegen die Art und Weise der Durchführung, dann muss er unabhängig davon, wer die Maßnahme angeordnet hat, die Rechtsschutzmöglichkeit nach **§ 98 Abs. 2 S. 2 StPO, ggf. analog** wählen.[182]

### 3. Der Betroffene wendet sich gegen eine der heimlichen Maßnahmen

161 Eine Sonderregelung findet sich in **§ 101 Abs. 7 StPO** für die in Abs. 1 genannten, heimlichen Maßnahmen. Hier sind gem. Abs. 4 die von den Maßnahmen betroffenen Personen zunächst nach Beendigung dieser Maßnahmen entsprechend zu benachrichtigen. Gem. Abs. 7 können sie dann nach Erhalt der Benachrichtigung binnen einer Frist von 2 Wochen *„die Überprüfung der Rechtmäßigkeit der Maßnahme sowie der Art und Weise ihres Vollzugs beantragen. Gegen die Entscheidung ist die sofortige Beschwerde statthaft."*

**Online-Wissens-Check**

**Was ist der Unterschied zwischen dem „großen" und dem „kleinen" Lauschangriff?**

Überprüfen Sie jetzt online Ihr Wissen zu den in diesem Abschnitt erarbeiteten Themen. Unter **www.juracademy.de/skripte/login** steht Ihnen ein Online-Wissens-Check speziell zu diesem Skript zur Verfügung, den Sie kostenlos nutzen können. Den Zugangscode hierzu finden Sie auf der Codeseite.

180 BVerfGE 96, 27.
181 BGHSt 44, 265.
182 *Engländer* Examen-Repetitorium Strafprozessrecht Rn. 177 f.

# F. Beweisverbote

## I. Überblick

Wie Sie inzwischen wissen, gilt im Strafverfahren der sog. **Untersuchungsgrundsatz**, wonach die Ermittlungsbehörden und das Gericht in der Hauptverhandlung den Sachverhalt von Amts wegen zu erforschen haben. Die Mittel, derer sich die Strafverfolgungsbehörden bedienen dürfen, haben wir ebenfalls bereits auf den vorangegangenen Seiten kennen gelernt. 162

Diese Wahrheitserforschung hat jedoch im Rahmen eines rechtsstaatlichen Verfahrens zu erfolgen. Eine **Wahrheitsfindung um jeden Preis** ist damit **ausgeschlossen**. Am deutlichsten können sie diesen Grundsatz in **§ 136a StPO** wiederfinden, welcher gewisse Vernehmungsmethoden, wie z.B. die Ausübung oder Androhung von Folter verbietet.

Neben dem in § 136a StPO normierten Beweiserhebungs- und Verwertungsverbot gibt es eine Vielzahl anderer Verbote, die teilweise gesetzlich geregelt sind, teilweise von Rechtsprechung und Literatur entwickelt wurden.

Unterscheiden sollten Sie begrifflich zunächst die Beweiserhebungsverbote von den Beweisverwertungsverboten. Die **Beweiserhebungsverbote** untersagen bestimmte Arten der Beweiserhebung, **Beweisverwertungsverbote** hingegen führen dazu, dass bestimmte Beweisergebnisse im Urteil nicht berücksichtigt werden dürfen. Ein Beweiserhebungsverbot führt nicht zwingend zu einem Beweisverwertungsverbot. Das Beweisverwertungsverbot muss vielmehr – sofern es nicht gesetzlich normiert ist – **in jedem Einzelfall durch Abwägung** festgestellt werden.

**JURIQ-Klausurtipp**

Die nachfolgend dargestellten Fallgruppen sollten Sie sich gut einprägen, da Sie von höchster Examensrelevanz sind. Sie tauchen entweder als Zusatzfragen oder aber im Rahmen der Prüfung der Erfolgsaussichten eines Rechtsmittels, insbesondere der Revision, auf.

## II. Beweiserhebungsverbote

Die Beweiserhebungsverbote lassen sich unterteilen in Beweisthemenverbote, Beweismittelverbote und Beweismethodenverbote. 163

Bei **Beweisthemenverboten** ist ein bestimmter Sachverhalt von der Beweiserhebung ausgenommen, so z.B. die getilgten Vorstrafen, die gem. **§ 51 BZRG** in der Hauptverhandlung nicht erörtert werden dürfen.

**Beweismittelverbote** untersagen die Heranziehung bestimmter Beweismittel, so z.B. das Verlesen eines Protokolls über die Vernehmung eines Zeugen, der selbst in der Hauptverhandlung gehört werden kann, **§ 250 StPO**.

» Wissen Sie noch, welcher Grundsatz in § 250 StPO zum Ausdruck kommt? Wenn nicht, dann sollten Sie an dieser Stelle das Kapitel „Verfahrensprinzipien" unter Rn. 99 ff. wiederholen. «

**Beweismethodenverbote** schließlich sind vor allem in dem oben bereits genannten **§ 136a StPO** enthalten. Unzulässig ist demnach

- die Misshandlung, der körperliche Eingriff und die Quälerei,
- die Verabreichung von Mitteln, die Durchführung von Hypnose oder die Ermüdung des zu Befragenden,

- der Zwang, die Drohung mit verfahrensrechtlich unzulässigen Maßnahmen sowie das Versprechen unzulässiger Vorteile sowie
- die Täuschung.

**Beispiel** A steht im Verdacht, einen bewaffneten Raubüberfall in der Sparkasse in Köln-Bilderstöckchen begangen zu haben. Da er maskiert war, ist eine Identifizierung zwecks Gegenüberstellung mit dem Filialleiter nicht möglich. Der Filialleiter meint jedoch, dass er die Stimme des A wiedererkennen würde. Unter einem Vorwand wird A erneut zu einer Befragung geladen, bei welcher der Filialleiter im Nebenzimmer sitzt. Über diesen Umstand wird A absichtlich nicht aufgeklärt. Ist die Befragung zulässig?

Die Einvernahme des A ist gem. § 136a StPO unzulässig, da A über den Zweck der Vernehmung getäuscht wird. Es besteht insoweit ein **Beweiserhebungsverbot**, d.h. die Einvernahme und das gleichzeitige Mithören hätten schon nicht durchgeführt werden dürfen. Aus diesem Beweiserhebungsverbot ergibt sich, wie wir gleich sehen werden sodann ein **Beweisverwertungsverbot**, d.h. das Gericht darf sein Urteil nicht auf die Aussage des Filialleiters stützen.[183] ■

## III. Beweisverwertungsverbote

164 Wie bereits ausgeführt, haben Beweisverwertungsverbote zur Folge, dass gewisse **Beweisergebnisse dem Urteil nicht zugrunde gelegt** werden dürfen. Greift ein Beweisverwertungsverbot hinsichtlich eines bestimmten Beweismittels, so gilt dies umfassend, eine Umgehung durch den Rückgriff auf ein anderes Beweismittel ist demnach ausgeschlossen.[184]

**Beispiel** Polizist P hat im Ermittlungsverfahren zunächst im Rahmen einer informatorischen Befragung am Unfallort den späteren Angeklagten A vernommen. Nachdem er festgestellt hatte, dass A erheblich alkoholisiert und offensichtlich verletzt war, drängte sich ihm der Verdacht auf, es könne sich um den Fahrer des Unfallwagens handeln. Bei einer erneuten Befragung räumte A diesen Vorwurf ein. Eine Belehrung gem. § 136 StPO erfolgte zuvor nicht.

Da aufgrund der Verdachtsmomente A bei der zweiten Vernehmung bereits zum Beschuldigten geworden war, hätte er gem. § 136 StPO belehrt werden müssen. Es liegt mithin eine rechtswidrige Beweisgewinnung vor, aus der nach überwiegender Auffassung auch ein Beweisverwertungsverbot folgt. Das „Geständnis" des A darf nicht verwertet werden. Gesperrt ist damit auch die Einvernahme des Polizisten, der die Vernehmung geleitet hat, sowie die Verlesung des Protokolls. ■

Zu unterscheiden sind die **gesetzlichen Beweisverwertungsverbote** von den **nicht normierten Beweisverwertungsverboten**.

**JURIQ-Klausurtipp**

Letztere dürften in der Klausur vornehmlich Gegenstand von Zusatzfragen sein.

183 Vgl. BGHSt 40, 66.
184 *Beulke/Swoboda* Strafprozessrecht Rn. 702.

**Gesetzlich normiert** sind in der StPO nur wenige Beweisverwertungsverbote, so z.B. in **§ 136a Abs. 3 S. 2 StPO**.

Ansonsten müssen Beweisverwertungsverbote **unter der Abwägung widerstreitender Interessen** im Einzelfall festgestellt werden. Häufig beruhen Beweisverwertungsverbote auf einer **rechtsfehlerhaften Beweisgewinnung**. Dies ist jedoch in zweierlei Hinsicht **nicht zwingend**:

Zum einen führt **nicht jede rechtswidrige Beweisgewinnung zu einem Beweisverwertungsverbot** und zum anderen kann ein **Beweisverwertungsverbot auch auf einer fehlerfreien Beweisgewinnung** beruhen.

**Beispiel** Staatsanwalt S lässt das Telefon des A, der des Bandendiebstahls gem. §§ 242, 244 Abs. 1 Nr. 2 StGB verdächtigt ist, abhören. Leider können bei dieser Abhörmaßnahme keine Informationen hinsichtlich der vorgeworfenen Tat gewonnen werden. A berichtet jedoch in einem Telefonat mit seiner neuen Freundin F, dass er vor Kurzem einen schönen Versicherungsbetrug begangen habe und sich aufgrund dessen ein neues Sportcabriolet kaufen konnte.

Hier war das Abhören des Telefons gem. § 100a ff. StPO rechtmäßig. Die Erkenntnisse über den Versicherungsbetrug gem. § 263 Abs. 1 i.V.m. Abs. 3 Nr. 5 StGB können gleichwohl in einem anderen Strafverfahren gegen A, das diese Tat zum Gegenstand hat, nicht unmittelbar verwertet werden. Dies ergibt sich aus § 477 Abs. 2 S. 2 StPO. Bei dem Versicherungsbetrug handelt es sich nicht um eine Katalogtat gem. § 100a Abs. 1 StPO, so dass diesbezüglich auch niemals ein Abhörbeschluss hätte erlangt werden können. ■

Ein Beweisverwertungsverbot, dass auf einer rechtswidrigen Beweisgewinnung und damit auf einem Beweiserhebungsverbot gründet, wird als **unselbstständiges Beweisverwertungsverbot** bezeichnet, ist hingegen die Beweiserhebung rechtmäßig, spricht man von einem **selbstständigen Beweisverwertungsverbot**.[185]

## 1. Bestimmung eines Beweisverwertungsverbots

### a) Gesetzlich normierte Beweisverwertungsverbote

Folgende gesetzlich normierte Beweisverwertungsverbote, die auf einer rechtwidrigen Beweisgewinnung beruhen, sollten Sie sich merken: 165

- **§ 136a Abs. 3 S. 2 StPO**: es wird ein Beweisverwertungsverbot normiert für alle Verstöße gegen § 136a Abs. 1 und 2 StPO.
- **§ 100d Abs. 2**: danach greift ein Beweisverwertungsverbot für Erkenntnisse aus Maßnahmen gem. den §§ 100a bis c StPO, die den **„Kernbereich der privaten Lebensgestaltung“** tangieren.
- **§ 100d Abs. 5**: Erkenntnisse, die aus einer Onlinedurchsuchung gem. § 100b StPO oder aus dem „großen Lauschangriff“ gem. § 100c StPO stammen und die einen Dritten betreffen, der ein **Zeugnisverweigerungsrecht gem. § 53 StPO** hat, dürfen nicht verwertet werden. Bei Dritten, die ein Zeugnisverweigerungsrecht gem. § 52 StPO haben, muss eine Abwägung erfolgen.

» Lesen Sie sich die nebenstehend genannten Normen durch und markieren Sie sich die Stellen entsprechend in Ihrem Gesetzestext. «

185 *Beulke/Swoboda* Strafprozessrecht Rn. 704.

- **§ 160a Abs. 1 S. 1 StPO**: diese Norm bestimmt, dass Ermittlungsmaßnahmen, die sich gegen die in **§ 53 Abs. 1 S. 1 Nr. 1, 2 und 4 StPO** benannten Personen richten und wahrscheinlich Erkenntnisse erbringen, über die diese Personen das Zeugnis verweigern dürfen, nicht durchgeführt werden dürfen. Erfolgt dies gleichwohl, so dürfen die Erkenntnisse nicht verwertet werden.
- **§ 160a Abs. 2 S. 1 StPO**: dieser Absatz betrifft Personen, die gem. **§ 53 Abs. 1 S. 1 Nr. 3, 3b und 5 StPO** ein Zeugnisverweigerungsrecht haben. Hier dürfen Erkenntnisse, über die diese Personen das Zeugnis verweigern dürfen, nur dann verwertet werden, wenn die Verhältnismäßigkeit dies erlaubt.
- **§ 257c Abs. 4 S. 3 StPO**: ein **Geständnis**, welches im Rahmen einer Urteilsabsprache gemacht wurde, darf nicht verwertet werden, wenn die Bindungswirkung entfällt und das Gericht unabhängig von einer früheren Verständigung urteilt.

### b) Gesetzlich nicht normierte Beweisverwertungsverbote

166 Da die Erforschung des Sachverhaltes zu den wesentlichen Prinzipien des Strafverfahrensrechts gehört, ist ein gesetzlich nicht normiertes Beweisverwertungsverbot grundsätzlich die Ausnahme. Eine einheitliche Regel, anhand derer bestimmt werden kann, wann ein Beweiserhebungsverbot zu einem Beweisverwertungsverbot führt, gibt es bislang nicht. Es haben sich jedoch **allgemeine Kriterien** herausgebildet, die einzeln, teilweise aber auch kombiniert herangezogen werden.

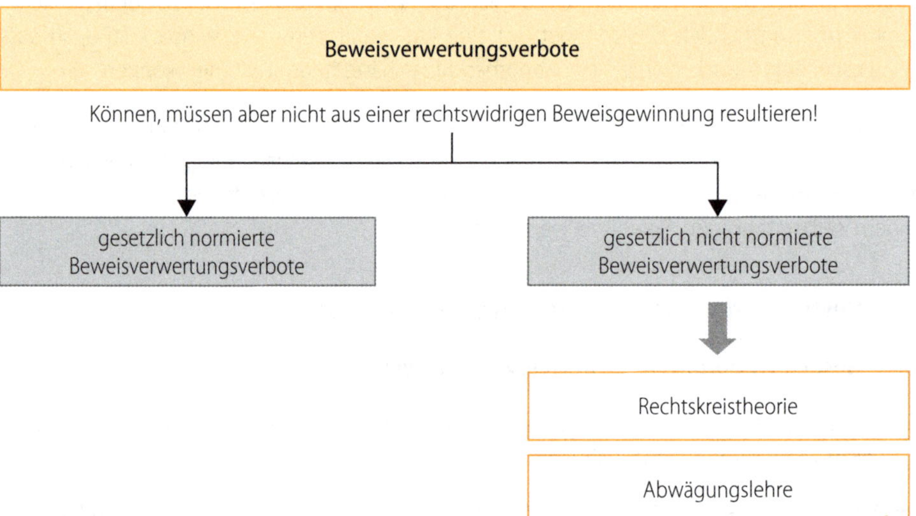


Nach der vom **BGH** entwickelten und auch heute noch bei Entscheidungen herangezogenen **Rechtskreistheorie** wird darauf abgestellt, ob die verletzte Vorschrift dem Schutz des Rechtskreises des Beschuldigten dient, also vornehmlich dazu bestimmt ist, die **Grundlagen seiner prozessualen Stellung** zu sichern.[186]

Nach einer in der Literatur vertretenen **Schutzzwecktheorie** wird auf den Schutzzweck der Beweiserhebungsvorschrift abgestellt. Sofern dieser gerade darin besteht, ein rechtswidrig erlangtes Beweisergebnis von der Verwertung auszuschließen, kann ein Beweisverwertungsverbot angenommen werden.[187]

186 BGHSt 46, 189; *BGH* NStZ 1996, 293, 453; *BGH* NStZ 2009, 345.
187 *Beulke/Swoboda* Strafprozessrecht Rn. 705.

Nach der in der überwiegenden Literatur vertretenen sog. **Abwägungslehre**[188] soll im Einzelfall das staatliche Interesse an der Strafverfolgung gegen das Individualinteresse des Bürgers auf Rechtswahrung abgewogen werden. Maßgebliche Aspekte für diese Abwägung sind insb. die **Schwere des Delikts**, sowie das **Gewicht des jeweiligen Verfahrensverstoßes**.

Der **BGH** kombiniert mittlerweile die Rechtskreistheorie mit der Abwägungslehre.[189] Die Frage, ob aus einer rechtswidrigen Beweisgewinnung ein unselbstständiges Beweisverwertungsverbot folgt, beantwortet der *BGH „… jeweils nach den Umständen des Einzelfalles, insbesondere nach der Art des Verbots* (Rechtskreis) *und dem Gewicht des Verstoßes unter Abwägung der widerstreitenden Interessen* (Abwägung) *…"*[190]

**JURIQ-Klausurtipp**

Die unterschiedlichen Herangehensweisen bei der Bestimmung eines Verwertungsverbots zeigen, dass es kein „richtig oder falsch" gibt. Dies ist eine Chance für die Fallbearbeitung, die Sie nutzen sollten. Lassen Sie sich von den unterschiedlichen Auffassungen nicht verunsichern. Bedenken Sie, dass sie teilweise nicht alternativ sondern kumulativ herangezogen werden. In der Klausur ist insofern vor allem eine überzeugende Argumentation wichtig.

Im Laufe der Jahre haben sich jedoch bestimmte **Fallgruppen** herausgebildet, bei denen bereits Verwertungsverbote angenommen wurden. Die klausurrelevanten, nachfolgend dargestellten Fallgruppen sollten Sie sich einprägen.

## 2. Die Widerspruchslösung des BGH

Bevor wir uns jedoch diesen Fallgruppen zuwenden, wollen wir uns zunächst mit der Wider- 167
spruchslösung des *BGH* befassen.

Beweisverwertungsverbote führen dazu, dass das Gericht die vom Verbot betroffenen Beweise bei seiner Urteilsfindung nicht berücksichtigen darf. Tut es das gleichwohl und beruht das Urteil dann auf diesem Fehler, so können Verteidigung oder Staatsanwaltschaft erfolgreich Revision einlegen. In der nächsten Instanz wird das Urteil dann aufgehoben und zu einer erneuten Entscheidung an die erste Instanz zurückverwiesen.

Die Frage, ob ein Beweisverwertungsverbot vorliegt oder nicht, wird also in der Regel erst in der 2. Instanz geklärt. Dem tritt der *BGH* mit seiner, vom *BVerfG*[191] gebilligten **„Widerspruchslösung"** entgegen. Er ist der Auffassung, dass *„dem verteidigten Angeklagten (und den sonst von einem Beweisverwertungsverbot Betroffenen)….im Interesse der Schonung von Justizressourcen – orientiert am Subsidiaritätsgedanken – die frühestmögliche zumutbare Geltendmachung einer Rechtsverletzung abverlangt* (werden kann)*, um in der Hauptverhandlung vor dem Tatgericht die Frage des Verwertungsverbots eingehend prüfen und gegebenenfalls Abhilfe schaffen zu können…"*[192]

188 *Haller/Conzen* Das Strafverfahren Rn. 591; *Joecks/Jäger* StPO Einl. Rn. 217.
189 BGHSt 38, 214; *BGH* NStZ 2006, 236; *Beulke/Swoboda* Strafprozessrecht, Rn. 705 m.w.N.
190 *BGH* Beschluss vom 9.5.2018, AZ 5 StR 17/18 – abrufbar unter www.bundesgerichtshof.de.
191 *BVerfG* NJW 2012, 907.
192 *BGH* Beschluss vom 9.5.2018, AZ 5 StR 17/18 – abrufbar unter www.bundesgerichtshof.de.

Nach der „Widerspruchslösung" muss bei einer zunehmenden Zahl von Beweisverwertungsverboten **der Verwertung des Beweismittels rechtzeitig widersprochen werden**. Diese Pflicht trifft auch den Angeklagten, der ohne Verteidiger an der Hauptverhandlung teilnimmt, sofern er zuvor entsprechend durch das Gericht auf die Möglichkeit des Widerspruchs hingewiesen wurde. Der Widerspruch muss **bis zu dem in § 257 StPO genannten Zeitpunkt** erfolgen, also bis spätestens nach dem Ende der Beweisaufnahme. Erfolgt der Widerspruch nicht oder verspätet, so entsteht das Beweisverwertungsverbot erst gar nicht.[193] Darüber hinaus soll es nicht ausreichen, dass der Widerspruch erhoben wird. Der Widersprechende muss auch die **Angriffsrichtung präzisieren und begründen**, er muss also ausführen, welches Beweismittel aus welchen Gründen nicht verwertbar sein soll.[194]

Im **Ermittlungs- und im Zwischenverfahren** gibt es die **Pflicht zum Widerspruch allerdings nicht**. In diesen Verfahrensstadien sind nach Auffassung des *BGH* Beweisverwertungsverbote unabhängig von einer Beanstandung durch den Beschuldigten von Amts wegen zu beachten.[195]

Noch nicht abschließend geklärt ist, bei welchen Beweisverwertungsverboten zu widersprechen ist. Folgende „prominente" Fallgruppen haben sich herausgebildet[196]:

- Unterlassen der gem. § 136 Abs. 1 S. 2–4 StPO erforderlichen Belehrung,[197]
- Verstöße bei heimlichen Maßnahmen gem. §§ 100a ff. StPO,[198]
- Unterlaufen des Richtervorbehaltes bei einer Durchsuchung gem. §§ 102 ff. StPO[199] oder einer Maßnahme gem. § 81 Abs. 2 StPO.[200]

In der **Literatur** stößt die Widerspruchslösung auf große Kritik. Es wird eingewandt, dass sie ohne gesetzliche Grundlage der Verteidigung gerichtliche Aufklärungs- und Fürsorgepflichten übertrage und somit das **Recht des Angeklagten auf ein faires Verfahren verletze**.[201]

**JURIQ Klausurtipp**

Beachten Sie, dass der rechtzeitige Widerspruch als Bewirkungshandlung eine **Entstehensvoraussetzung** für ein Beweisverwertungsverbot ist. Wird seitens des Angeklagten kein Widerspruch erhoben, so gibt es kein Beweisverwertungsverbot.[202] In einer Klausur sollten Sie also zunächst klären, ob grundsätzlich ein Verwertungsverbot in Betracht kommen könnte und dann prüfen, ob ein ggfs. erforderlicher Widerspruch erhoben wurde.

### 3. Die wichtigsten Fallgruppen

Kommen wir nun zu den wichtigsten Fallgruppen, bei denen in der Klausur ein Verwertungsverbot zu diskutieren ist.

---

193 *BGH* Urteil vom 6.10.2016, 2 StR 46/15 – abrufbar unter www.bundesgerichtshof.de.
194 *BGH* NJW 2007, 3587.
195 *BGH* JuS 2019, 1030.
196 Einen weiteren Überblick finden Sie bei *Beulke/Swoboda/Swoboda* Strafprozessrecht Rn. 708.
197 *BGH* NJW 1996, 1547.
198 *BGH* StV 2008, 63.
199 *BGH* NJW 2018, 2279.
200 *OLG Hamburg* StV 2008, 486.
201 *Beulke/Swoboda* Strafprozessrecht Rn. 709.
202 *BGH* NStZ 2017, 367.

### a) Fehlende Zeugenbelehrung gem. § 52 Abs. 3 StPO und die Zeugnisverweigerung gem. § 252 StPO

Aus § 52 Abs. 1 StPO ergibt sich, dass Zeugen, die Angehörige des Beschuldigten sind, das Recht haben, das Zeugnis zu verweigern. Gem. § 52 Abs. 3 S. 1 StPO sind sie über dieses Recht zu belehren. Wird nun **gegen** diese **Belehrungspflicht verstoßen**, so ist die im Rahmen der Vernehmung gewonnene **Aussage grundsätzlich unverwertbar.**[203] 168

§ 52 StPO soll nämlich nicht nur den Zeugen vor dem Konflikt zwischen der sich aus den § 153 ff. StGB ergebenden Wahrheitspflicht und der persönlichen Verbundenheit mit dem Angeklagten bewahren, sondern darüber hinaus Rücksicht auf die Familienbande nehmen, mithin also auch den Rechtskreis des Angeklagten schützen.[204]

Ein Beweisverwertungsverbot wird jedoch nur dann angenommen, wenn das **Fehlen der Belehrung ursächlich** dafür war, dass der Zeuge ausgesagt hat. Kannte der Zeuge sein Aussageverweigerungsrecht und hätte er auch bei erneuter Belehrung ausgesagt, so entfällt das Verwertungsverbot.[205]

Macht ein Zeuge **erst in der Hauptverhandlung** von seinem Zeugnisverweigerungsrecht Gebrauch, so ist aus **§ 252 StPO** zu entnehmen, dass in diesem Fall auch die **Protokollverlesung** unstatthaft ist. Erfolgt sie gleichwohl, so ergibt sich aus § 252 StPO ein Beweisverwertungsverbot.

**Umstritten** ist, ob eine **Einvernahme der Verhörperson** möglich ist, die seinerzeit die Vernehmung des Zeugen durchgeführt hat. Nach Auffassung der **Rechtsprechung** und eines **Teils der Literatur** ist dies jedenfalls dann möglich, wenn es sich bei der Verhörperson um den **Richter** gehandelt hat.[206] Diese gegenüber einer polizeilichen Vernehmung unterschiedliche Behandlung wird mit der *„für den Zeugen erkennbare(n) und regelmäßig von ihm empfundene(n) erhöhte(n) Bedeutung der richterlichen Vernehmung"* gerechtfertigt. Die Vernehmung der richterlichen Verhörsperson führe nach Auffassung des *BGH „zu einer Austarierung von öffentlichem Interesse an einer wirksamen Strafverfolgung und den die Regelungen der §§ 52, 252 StPO tragenden Schutzzwecküberlegungen".*[207]

Nach **a.A.** ist auch die Einvernahme des Richters unzulässig, da andernfalls die Wertung des § 252 StPO unterlaufen würde.[208]

Der **Zeuge muss** bei seiner Einvernahme auch **nicht qualifiziert** darüber **belehrt werden**, dass eine spätere Aussage des vernehmenden Richters in der Hauptverhandlung möglich ist, seine jetzige Aussage also auf diesem Wege in die Hauptverhandlung eingeführt werden kann, auch wenn er später von seinem Zeugnisverweigerungsrecht Gebrauch machen sollte. Einer entsprechenden gegenteiligen Auffassung des 2. Senats ist der Große Senat mittlerweile entgegengetreten.[209]

---

203 BGHSt 14, 159.
204 BGHSt GrS 11, 213.
205 *Beulke/Swoboda* Strafprozessrecht Rn. 709.
206 BGHSt 45, 342; *BGHSt* 46, 189.
207 *BGH* Beschluss vom 4.6.2014, AZ 2 StR 656/13 – abrufbar unter www.bundesgerichtshof.de.
208 *Fezer* JZ 1990, 876; *Welp* JR 1996, 78.
209 *BGH* Beschluss vom 15.7.2016 – GSSt 1/16. – abrufbar unter www.bundesgerichtshof.de.

Wichtig ist jedoch, dass der **Zeuge bei seiner ersten Vernehmung entsprechend belehrt wurde und auf sein Zeugnisverweigerungsrecht wirksam verzichtet hat**, da sich andernfalls das Beweisverwertungsverbot aus dem oben genannten ergibt.

Zudem ist zu beachten, dass der Zeuge **im Ermittlungsverfahren** auch **als Zeuge vernommen** wurde. Wurde er hingegen als Beschuldigter vernommen, besteht nach Auffassung der BGH ein umfassendes Verwertungsverbot, der Ermittlungsrichter darf mithin nicht vernommen werden.[210]

Fraglich ist, ob eine Verletzung des § 252 StPO ausgeschlossen ist, wenn der **Zeuge** zwar in der Hauptverhandlung von seinem Zeugnisverweigerungsrecht Gebrauch macht aber zugleich die **Einvernahme der Verhörsperson gestattet**.

**Beispiel** In dem Verfahren gegen A vor dem *LG Köln* wegen sexuellen Missbrauchs macht das Opfer, die Tochter des Angeklagten, in der Hauptverhandlung von Ihrem Recht gem. § 52 StPO Gebrauch. Zugleich gestattet sie aber die Einvernahme des Sachverständigen, der sie im Auftrag der Ermittlungsbehörden untersucht hat und demgegenüber sie umfangreiche Aussagen zum Tatgeschehen gemacht hat. Auf die Aussage des Sachverständigen stützt sich maßgeblich das Urteil. A fragt Sie als seine Verteidiger, was er gegen das Urteil unternehmen kann.

Er könnte gegen das Urteil Revision gem. § 333 StPO einlegen. Die Revision ist gem. § 341 StPO binnen einer Woche beim *LG Köln* einzulegen und binnen eines weiteren Monats gem. § 345 StPO zu begründen. In Betracht kommt vorliegend als relativer Revisionsgrund gem. § 337 StPO die Verletzung des Unmittelbarkeitsgrundsatzes durch Einvernahme des Sachverständigen. Es ist anerkannt, dass bei Verweigerung des Zeugnisses in der Hauptverhandlung gem. § 252 StPO weder das Protokoll der früheren Vernehmung verlesen werden noch die Aussage der Verhörsperson eingeholt werden darf (Ausnahme: Richter). Die Besonderheit ergibt sich vorliegend jedoch daraus, dass die Zeugin die Einvernahme gestattet hat. ■

Nach Auffassung des **BGH** liegt in einem solchen Fall **keine Verletzung des Unmittelbarkeitsgrundsatzes** vor, da der Zeuge in seiner Entscheidung, wie er an der Aufklärung mitwirken möchte, frei sei.[211] Nach **anderer Auffassung**[212] **darf der Schutz der Familie nicht im Wege des Verzichts umgangen werden**, so dass die Aussage des Sachverständigen demnach nicht verwertbar wäre.

### b) Verletzung der Schweigepflicht gem. § 53 StPO

**169** Gem. § 53 StPO können bestimmte Berufsgruppen das Zeugnis verweigern.

**Hinweis**

Lesen sollten Sie in diesem Zusammenhang stets den **§ 203 Abs. 1 StGB**, wonach sich ein zeugnisverweigerungsberechtigter Berufsgeheimnisträger strafbar macht, wenn er vor Gericht aussagt, ohne von seiner Schweigepflicht entbunden worden zu sein.

210 *BGH* NJW 1997, 1790.

211 BGHSt 45, 263.

212 *Beulke/Swoboda* Strafprozessrecht Rn. 645.

**Glaubt ein solcher Berufsgeheimnisträger irrig**, zur Aussage verpflichtet zu sein oder nimmt er aufgrund einer Mitteilung des Gerichtes irrig an, er sei von seiner Schweigepflicht entbunden worden, so liegt ein **Beweisverwertungsverbot** vor.[213] **Streitig** ist indes, ob ein Beweisverwertungsverbot auch dann angenommen werden kann, wenn der Zeuge **eigenverantwortlich seine Schweigepflicht verletzt**.

**Beispiel** In der Verhandlung gegen A, der wegen sexuellen Missbrauchs angeklagt ist, sagt sein Psychotherapeut P aus, dass A schon seit Langem entsprechende sexuelle Phantasien gehabt habe und auch mehrfach konkrete Phantasien hinsichtlich des späteren Tatopfers geäußert habe. P weiß, dass er damit seine Schweigepflicht verletzt, ist jedoch der Auffassung, dass A nur durch eine Verurteilung geholfen werden kann. ■

Anders als bei § 52 StPO gibt es eine **Belehrungspflicht bei § 53 StPO nicht**. Sie kann sich allenfalls aus der **Fürsorgepflicht des Gerichtes** ergeben, wenn dem Zeugen sein Zeugnisverweigerungsrecht offensichtlich unbekannt ist. Dementsprechend liegt nach **h.M.** auch **kein Beweisverwertungsverbot** vor, wenn der Zeuge aussagt, obgleich er sich dadurch strafbar macht.[214] Nach einer teilweise in der **Literatur** vertretenen Auffassung hingegen schützt § 53 StPO auch im Interesse des Angeklagten das **Vertrauensverhältnis**. Dieses sei erschüttert, wenn der Betroffene sich nicht darauf verlassen könne, dass ein wortbrüchiger Gesprächspartner vor den staatlichen Gerichten kein Gehör finden werde. Dementsprechend wird ein Beweisverwertungsverbot angenommen.[215]

### c) Fehlende Zeugenbelehrung gem. § 55 Abs. 2 StPO

Aus § 55 Abs. 1 StPO ergibt sich, dass der Zeuge die Auskunft auf solche Fragen verweigern **170** darf, mit deren Beantwortung er sich selbst oder einen Angehörigen der Gefahr der Strafverfolgung aussetzt. Hierüber ist er gem. § 55 Abs. 2 StPO zu belehren.

Nach **h.M.** schützt diese Vorschrift allein den Zeugen vor einer Selbstbelastung, nicht jedoch die prozessuale Stellung des Angeklagten, weswegen ein **Beweisverwertungsverbot** bei einer Aussage, die ohne entsprechende Belehrung erlangt wurde, **nicht angenommen wird**.[216] Nach **a.A.** ist eine solche Aussage derart konfliktbelastet, dass auch im Interesse des Angeklagten eine Verwertbarkeit ausgeschlossen werden muss.[217]

### d) Fehlende Belehrung des Beschuldigten gem. § 136 Abs. 1 StPO

Aus dem **nemo-tenetur-Prinzip**, welches Ihnen inzwischen bekannt sein dürfte, ergibt sich, **171** dass der Beschuldigte nicht aktiv an seiner Überführung mitwirken muss. Aus diesem Grund regelt § 136 Abs. 1 StPO gewisse Belehrungspflichten. Wird der Beschuldigte nun vernommen, ohne über seine Rechte belehrt worden zu sein, so besteht inzwischen weitgehend Einigkeit darüber, dass diese **Aussage nicht verwertbar** ist. Wie bei § 52 StPO auch muss die **fehlende Belehrung** aber **ursächlich für die Aussage** sein. Ein Verwertungsverbot liegt mithin nicht vor, wenn der Beschuldigte sein Recht kannte oder der Verteidiger des Beschuldigten bzw. der Beschuldigte selber der Verwertung zustimmt, bzw. ihr bis zum Abschluss der Vernehmung des Angeklagten gem. **§ 257 StPO** nicht widerspricht.[218]

213 *Engländer* Examens-Repetitorium Strafprozessrecht Rn. 257 ff.
214 BGHSt 9, 59; 18, 146.
215 *Beulke/Swoboda* Strafprozessrecht Rn. 710.
216 *Beulke/Swoboda* Strafprozessrecht Rn. 712; *BGHSt* GrS 11, 213.
217 *Roxin* Strafverfahrensrecht § 24 Rn. 36.
218 *Engländer* Examens-Repetitorium Strafprozessrecht Rn. 261 ff.; *BGHSt* 38, 214.

» Wissen Sie noch, was eine informatorische Befragung ist? Wenn nicht wiederholen Sie das Thema unter Rn. 72. «

Beachten Sie in diesem Zusammenhang, dass **Spontanäußerungen** oder Äußerungen, die im Rahmen einer **informatorischen Befragung** erfolgen, verwertbar bleiben, da der Befragte zu diesem Zeitpunkt noch nicht Beschuldigter war.

Allerdings ist die **Grenze**, ab welcher der **Befragte als Beschuldigter** zu vernehmen ist, fließend. Der *BGH* führt dazu folgendes aus: *„... auch ohne förmliche Verfahrenseröffnung gegen die Person ist die konkludente Zuweisung der Rolle als Beschuldigter möglich. Dies richtet sich danach, wie sich das Verhalten des ermittelnden Beamten bei seinen Aufklärungsmaßnahmen nach außen darstellt ... Das Strafverfahren ist eingeleitet, sobald die Ermittlungsbehörde eine Maßnahme trifft, die nach ihrem äußeren Erscheinungsbild darauf abzielt, gegen jemanden strafrechtlich vorzugehen ...“*

Ab dem Zeitpunkt der Eröffnung eines Ermittlungsverfahrens gegen den Befragten ist dieser gem. (§ 163a Abs. 4 S. 2 i.V.m.) § 136 Abs. 1 S. 2 zu belehren. **Fehlt diese Belehrung**, dann ist die **Aussage nicht verwertbar**.

Fraglich ist, ob **nachfolgende Aussagen des Beschuldigten verwertbar** sind, steht dieser doch evtl. unter dem Eindruck, dass er aufgrund seiner früheren Aussage „sowieso nichts mehr retten“ könne. Man spricht insofern von einer **Fortwirkung** des Verstoßes (dazu auch Rn. 180). **Unstreitig** ist eine **Verwertbarkeit jedenfalls dann zu bejahen**, wenn der Beschuldigte vor seiner weiteren Einvernahme nicht nur über seine grundsätzlichen Rechte sondern vor allem auch **qualifiziert** darüber **belehrt** wurde, dass die frühere Aussage nicht verwertbar ist.[219] Nach Auffassung des *BGH* ist diese qualifizierte Belehrung allerdings keine zwingende Voraussetzung.[220] Unter Abwägung des Strafverfolgungsinteresses mit dem Interesse des Beschuldigten an der Wahrung seiner Rechte kann er auch anderweitig, d.h. ohne qualifizierte Belehrung zu einer Verwertbarkeit gelangen.

#### e) Fehler bei der körperlichen Untersuchung gem. § 81a StPO

172 Gem. § 81a StPO muss die körperliche Untersuchung und die Blutentnahme durch einen Arzt durchgeführt werden. Nimmt nun ausnahmsweise die **Krankenschwester** dem Beschuldigten das Blut ab, so ist die Beweisgewinnung grundsätzlich rechtswidrig. Nach allgemeiner Auffassung entsteht dadurch jedoch kein Beweisverwertungsverbot, da der **Beweiswert des Beweismittels „Blut“ nicht tangiert** ist. Etwas anderes gilt nur dann, wenn die Strafverfolgungsbehörden absichtlich dagegen verstoßen.[221]

**Hinweis**

Die Probleme beim Einsatz eines **Brechmittels** haben wir bereits unter Rn. 130 dargestellt. Liegt ein derartiger Verstoß gegen § 81a StPO vor, dann ergibt sich daraus auch ein Beweisverwertungsverbot. Die Interessen der Strafverfolgung haben hier hinter dem Recht auf körperliche Unversehrtheit und Menschenwürde zurückzustehen.

---

219 *Gless/Wennekers* JR 2008, 383, 384; *Roxin* HRRS 2009, 186, 187.
220 *BGH* Urteil vom 30.12.2014, 2 StR 439/13 – abrufbar unter www.bundesgerichtshof.de.
221 *Beulke/Swoboda* Strafprozessrecht Rn. 728.

### f) Verstoß gegen Beschlagnahmeverbote gem. § 97 Abs. 1 StPO

In § 97 Abs. 1 StPO sind Beschlagnahmeverbote geregelt, die eine Umgehung der §§ 52, 53 und 53a StPO verhindern sollen. Ein Gegenstand, der unter Verstoß gegen § 97 Abs. 1 StPO beschlagnahmt wird, unterliegt einem **Beweisverwertungsverbot**.[222] **173**

### g) Verstoß gegen den Richtervorbehalt

Wir haben uns im Kapitel „Zwangsmittel" mit den verschiedenen Möglichkeiten der Beweiserhebung auseinandergesetzt und dabei festgestellt, dass die jeweiligen Zwangsmittel unter dem **Richtervorbehalt** stehen, d.h. sie müssen in der Regel von einem (oder mehreren) Richter(n) abgeordnet werden. Nur bei Gefahr im Verzug darf davon abgewichen werden. **174**

Nun passiert es in der Praxis vor allem bei der **Durchsuchung** gem. den §§ 102 ff. StPO immer wieder, dass dieser **Richtervorbehalt unterlaufen** wird, sei es, dass zu Unrecht Gefahr im Verzug angenommen wird[223], sei es, dass Gefahr im Verzug von den Ermittlungsbeamten unnötig selber herbeigeführt wird[224] oder sei es, dass, obwohl bereits der Ermittlungsrichter mit der Sache befasst ist, die Staatsanwaltschaft gleichwohl Gefahr im Verzug bejaht.

**Beispiel** Gegen den Angeklagten A war ein Ermittlungsverfahren wegen mehrfachen Betruges eingeleitet worden. Am 12.5.2013 erhielt die Polizei von der ehemaligen Lebensgefährtin des A einen Hinweis, dass sich ein Koffer mit wichtigen Dokumenten hinter einer Küchenleiste befinde. Die StA versuchte daraufhin, den mit der Sache bereits befassten Haftrichter zu erreichen. Als dies nicht gelang, telefonierte sie mit einem Richter des Bereitschaftsdienstes, der jedoch den Erlass eines Durchsuchungsbeschlusses ohne Akte ablehnte. Daraufhin prüfte die Staatsanwältin die Gefahr im Verzug, die sie im Ergebnis auch bejahte. Begründet wurde dies mit der angeblichen Unmöglichkeit der Vorlage der Akte, die sich bei einem anderen Richter mit einem Antrag auf Erlass eines Beschlagnahmebeschlusses befunden hat sowie mit der Gefahr des Beweismittelverlustes evtl. herbeigeführt durch eben jene Zeugin, die zuvor den Tipp gegeben hatte.[225] ■

In all den zuvor genannten Fällen war aufgrund des Unterlaufens des Richtervorbehalts die Beweisgewinnung rechtswidrig. Nun stellte sich für die Rechtsprechung die Frage, ob damit auch die Beweisverwertung unzulässig war.

Gem. Art. 13 Abs. 1 GG ist die Wohnung unverletzlich. Eine nach den §§ 102 ff. StPO durchgeführte Durchsuchung ohne richterlichen Beschluss und ohne Gefahr im Verzug gem. § 105 StPO greift damit grundsätzlich in den Rechtskreis des Beschuldigten ein. Nun stellt sich die Frage nach der Schwere des Verstoßes. Dabei muss grundsätzlich der Aspekt eines möglichen **hypothetisch rechtmäßigen Ermittlungsverlaufs** mitberücksichtigt werden. Hätten also die Ermittlungsbeamten den erforderlichen richterlichen Beschluss, dessen Erlass sie nicht abgewartet haben, hypothetisch bekommen, dann spricht das gegen ein Beweisverwertungsverbot. In den genannten drei Fällen hätten die Beamten diesen richterlichen Beschluss hypothetisch bekommen. Die Rechtsprechung hat aber den Verstoß gleichwohl – sicherlich im Interesse der Stärkung des Richtervorbehalts – als so gravierend angesehen, dass sie ein Beweisverwertungsverbot angenommen hat.

---

222 *OLG München* NStZ 2006, 300; *OLG Frankfurt/M* NStZ 2006, 302.

223 *BGH* Beschluss vom 9.5.2018, AZ 5 StR 17/18 – abrufbar unter www.bundesgerichtshof.de.

224 *OLG Düsseldorf* NStZ 2017, 177.

225 *BGH* Urteil vom 6.10.2016, AZ 2 StR 46/15 – abrufbar unter www.bundesgerichtshof.de.

### h) Fehler beim „Lauschen"

175 Wie Sie inzwischen wissen, kann der Staat die Telekommunikation und das nicht öffentlich gesprochene Wort außerhalb und innerhalb von Wohnungen abhören sowie IT-Systeme durchsuchen.

**Fehlen die materiellen Voraussetzungen** für das Abhören oder Durchsuchen, z.B. der Verdacht einer Katalogtat oder das Subsidiaritätsprinzip, so können die daraus gewonnenen **Ergebnisse unverwertbar** sein. Das Verwertungsverbot soll nach Rechtsprechung jedoch nur **bei objektiver Willkür** oder **grober Fehlbeurteilung** eingreifen, da bei der Prüfung der materiellen Voraussetzung dem Anordnenden ein Beurteilungsspielraum zusteht.[226] Zu beachten ist hier erneut der Gedanke vom **„hypothetischen Ersatzeingriff"**, wonach die unrechtmäßige Bejahung der materiellen Voraussetzung eines Zwangseingriffs dann nicht zu einem Beweisverwertungsverbot führt, wenn der Eingriff aus anderen Gründen „hypothetisch" rechtmäßig gewesen wäre.

**Beispiel** Die Staatsanwaltschaft hat bei Gefahr im Verzuge das Abhören der Telekommunikation gem. § 100a StPO angeordnet. Ein Tatverdacht hinsichtlich der von der StA angenommenen Katalogtat lag nicht vor, da die Tat, deretwegen abgehört wurde, nicht dem Katalog unterfiel. Dafür stellte sich aber später heraus, dass der Verdacht einer anderen Straftat bestanden hätte, die dem Katalog unterfällt.
Hier hat der *BGH*[227] ausgeführt, dass die Erkenntnisse verwertbar seien, es sei denn, die StA habe willkürlich gehandelt. Eigentlich war die Maßnahme rechtswidrig, da die Voraussetzungen des § 100a StPO nicht vorlagen. Dieser Fehler wurde aber durch das gleichzeitige Vorliegen einer Katalogtat „geheilt". ■

**Hinweis**

Ein „Klassiker" ist zum einen das Abhören eines sog. **„Raumgesprächs"**. Lesen Sie hierzu noch einmal das *Beispiel* unter Rn. 147. Die daraus gewonnenen Erkenntnisse sind nicht verwertbar, da es sich um einen „großen Lauschangriff" handelt, der nur unter engen Voraussetzungen angeordnet werden darf.

Ein weiterer „Klassiker" ist der sog. **„Zufallsfund"** bei Abhören, der jedoch auch bei anderen Maßnahmen auftreten kann, weswegen wir ihn nachfolgend gesondert behandeln.

Bei den **formellen Voraussetzungen** stellt das **Fehlen einer richterlichen oder staatsanwaltlichen Anordnung** ebenso wie der Fall, dass ein **unzuständiger Richter** entschieden hat, ein **Beweisverwertungsverbot** dar. Fehlen hingegen andere formelle Voraussetzungen, wie z.B. das Erfordernis der Schriftform gem. § 100b Abs. 2 StPO, so soll kein Beweisverwertungsverbot angenommen werden.[228]

---

226 BGHSt 41, 30; 47, 362.

227 *BHG* NStZ 1989, 375; vgl. auch *Beulke/Swoboda* Strafprozessrecht Rn. 726.

228 *Beulke/Swoboda* Strafprozessrecht Rn. 726 zur Überwachung der Telekommunikation gem. §§ 100a ff. StPO.

### i) Zufallsfunde

Gelegentlich stellt sich die Frage, ob sog. „Zufallsfunde", also **Beweismittel**, die **im Rahmen einer repressiven Zwangsmaßnahme** nicht gezielt sondern **zufällig gefunden** werden, verwertet werden dürfen. Auch hier wird wieder der soeben dargestellte Begriff des „hypothetischen Ersatzeingriffes" relevant. Dieser ist auch von Bedeutung, wenn **präventiv gewonnene Erkenntnisse außerhalb eines Strafverfahrens** in das Strafverfahren eingeführt werden sollen. 176 

**Beispiel** Stellen Sie sich vor, dass im obigen *Beispiel* (Rn. 175) die ursprüngliche Abhörmaßnahme rechtmäßig gewesen ist, da der Verdacht einer Katalogtat bestanden hat. Im Zuge dieser Maßnahme erhalten die Ermittlungsbehörden nun aber Kenntnis von einer anderen Straftat, z.B. einem Betrug. Es stellt sich jetzt die Frage, ob diese Erkenntnisse in einem anderen Verfahren gegen den Beschuldigten verwertet werden dürfen. ■

**Beispiel** Stellen Sie sich ferner vor, die Polizei überwacht aus polizeirechtlich präventiven Gründen mittels einer Videokamera einen Marktplatz. Auf diesen Aufzeichnungen ist nun ein Raubüberfall des A zu sehen. Der Staatsanwalt möchte dieses Beweismittel in die Hauptverhandlung einführen. ■

Diese beiden Probleme sind mit dem „Gesetz zur Neuregelung der Telekommunikationsüberwachung" teilweise geregelt worden:

- Personenbezogene Daten, die **durch eine repressive Maßnahme nach der StPO** erlangt wurden, die nur bei bestimmten Katalogtaten zulässig ist, dürfen gem. **§ 479 Abs. 2 S. 2 StPO** zu Beweiszwecken in anderen Strafverfahren verwertet werden, sofern die Maßnahme nach den Regeln der StPO „hypothetisch" auch hier hätte angeordnet werden dürfen.
- Personenbezogene Daten, die **aufgrund anderer Gesetze erlangt** wurden, also aufgrund anderer, nicht strafprozessualer hoheitlicher Maßnahmen, dürfen, sofern ihre Gewinnung nach der StPO nur bei Verdacht bestimmter Straftaten zulässig sind, gem. **§ 161 Abs. 3 StPO** zu Beweiszwecken in Strafverfahren verwendet werden, sofern die Maßnahme nach den Regeln der StPO „hypothetisch" auch hier hätte angeordnet werden dürfen.[229]

**Hinweis**

Über § 161 Abs. 3 StPO dürfen auch Daten verwendet werden, die im Ausland in dortigen Ermittlungsverfahren rechtmäßig gewonnen wurden, auch wenn diese dort auf eine Art und Weise erhoben wurden, wie sie in Deutschland nicht möglich gewesen wäre. Die Überlegung des „hypothetischen Ersatzeingriffs" greift hier also nicht. Dies hat der *BGH* bei der Verwendung sog. **EncroChat Daten** entschieden, die in einem französischen Ermittlungsverfahren im Rahmen einer („Massen") Online-Durchsuchung gewonnen wurden, die nach deutschem Recht nicht möglich gewesen wäre.[230]

229 *Joecks/Jäger* StPO § 161 Rn. 12b.
230 *BGH* NStZ 2022, 435.

### j) Eingriffe in das allgemeine Persönlichkeitsrecht

177 Im Rahmen eines Ermittlungsverfahrens kann es gelegentlich zu **Eingriffen in die Intimsphäre des Beschuldigten** und damit in sein allgemeines Persönlichkeitsrecht kommen. Als wichtigste Beispiele sind zu nennen die **heimliche Tonbandaufnahme, heimlich gemachte Fotos**, sowie die Beschlagnahme von **Tagebüchern**. Nach einer Grundsatzentscheidung des **BVerfG** sind drei Sphären der Persönlichkeitsentfaltung zu unterscheiden. Die Verwertbarkeit der gewonnenen Beweise richtet sich danach, in welche Sphäre eingegriffen wurde.[231]

**Hinweis**

Neuerdings stellt das *BVerfG*[232] nicht mehr ausdrücklich auf die Differenzierung der einzelnen Sphären ab sondern fragt danach, ob der **unantastbare Kernbereich des allgemeinen Persönlichkeitsrechts** betroffen ist. Eingriffe in diesen Kernbereich sind unzulässig, es sei denn, es fehlt aufgrund einer Einwilligung des Betroffenen an einem Geheimhaltungswillen. Sofern nur der **Bereich des privaten Lebens** betroffen ist, kann ein Eingriff unter Abwägung des Strafverfolgungsinteresses des Staates einerseits und den Grundrechten des Betroffenen andererseits zulässig sein.

Wurde nur in die **Sozialsphäre** eingegriffen, ist kein besonderer Schutz anzunehmen, so dass in der Regel das gewonnene Beweismittel voll umfänglich verwertbar ist. Dies gilt z.B. beim Aufnehmen von Geschäftsgesprächen.

Wurde hingegen in die **schlichte Privatsphäre** (Bereich des privaten Lebens) eingegriffen, zu der z.B. private Gespräche gehören, so muss das Strafverfolgungsinteresse gegen den Schutz der Privatsphäre abgewogen werden.

Ist die **Intimsphäre** betroffen, dann handelt es sich um einen unantastbaren Kernbereich des allgemeinen Persönlichkeitsrechts, in welchen nicht eingegriffen werden darf. Die auf diese Art und Weise gewonnenen Beweismittel sind grundsätzlich nicht verwertbar.

In Klausuren wird häufig die Frage nach der **Verwertbarkeit von Tagebuchaufzeichnungen** gestellt. Nach einer teilweise in der **Literatur** vertretenen Auffassung fallen Tagebuchaufzeichnungen, sofern sie eine Schilderung eigener Neigungen und Phantasien enthalten, in die Intimsphäre und sind dementsprechend nicht verwertbar.[233] Nach **überwiegender, von Literatur und Rechtsprechung vertretener Auffassung** werden sie hingegen der **schlichten Privatsphäre** zugeordnet, so dass sie jedenfalls in Fällen von Schwerstkriminalität, in denen das Strafverfolgungsinteresse Vorrang hat, verwertbar sind.[234]

Etwas anderes soll nach dem *BGH* jedoch für **Selbstgespräche** gelten.

**Beispiel** A steht im Verdacht, seine Ehefrau getötet zu haben. Im Zuge der Ermittlungen hat der Ermittlungsrichter ein Abhören des Innenraums des Fahrzeuges angeordnet. Dabei wurden unter anderem Selbstgespräche des A aufgezeichnet, die Aufschluss über den Tathergang gaben. Der zuständige Staatsanwalt fragt nun Sie, ob diese Erkenntnisse verwertet werden dürfen.

231 BVerfGE 34, 238.
232 BVerfGE 80, 367.
233 *Eisenberg* Beweisrecht der StPO 5. Aufl. 2006 Rn. 391 f.
234 BGHSt 34, 397; *Beulke/Swoboda* Strafprozessrecht Rn. 724.

Bei dem Abhören des Innenraums des Fahrzeugs handelt es sich um einen „kleinen Lauschangriff", der gem. § 100f StPO zulässig war. Problematisch ist, ob die Verwertung in den „Kernbereich der privaten Lebensgestaltung" und damit in die Intimsphäre des A eingreifen würde. Der *BGH*[235] hat dies bejaht. Demnach müsse nach den Grundsätzen des Schutzes der Menschenwürde und der Freiheit der Person ein Kernbereich privater Lebensäußerung verbleiben, in welchen der Staat auch zur Aufklärung schwerer Straftaten nicht eingreifen darf. Der Grundsatz, wonach die „Gedanken frei sind" erfasst auch Selbstgespräche, bei welchen sich die Person als „allein mit sich selbst" empfinde. ■

### k) Rechtswidrige Erlangung von Beweismitteln durch Private

Die **StPO richtet sich grundsätzlich nur an die Strafverfolgungsorgane**, so dass die Regeln nicht für Privatpersonen gelten. Demzufolge sind Beweismittel, die Private erlangen, grundsätzlich verwertbar, auch wenn sie rechtswidrig erlangt worden sind. **178**

Prominentes Beispiel dafür sind zum einen die sog. **Dashcam–Aufnahmen**. Hier werden zumeist in Taxen auf dem Armaturenbrett oder aber der Frontscheibe kleine Videokameras installiert, die anlasslos und durchlaufend das Verkehrsgeschehen aufzeichnen. Diese Aufnahmen verstoßen in der Regel gegen das datenschutzrechtliche Verbot gem. § 6b BDSG, wonach die Beobachtung öffentlich zugänglicher Räume mit optisch-elektronischen Einrichtungen nur in engen Grenzen zulässig ist. Gleichwohl wurde die Verwertbarkeit in Bußgeldverfahren einerseits[236] und in zivilrechtlichen Verfahren andererseits[237] höchstrichterlich nach Abwägung der widerstreitenden Interessen bejaht. Wesentlich in diesem Zusammenhang war auch, dass die Aufnahmen nur das abbildeten, was jedermann zu der Zeit der Aufzeichnung im öffentlichen Raum hätte beobachten können. Es war also nur die Sozialsphäre betroffen.

Ein weiteres prominentes Beispiel für die Verwertbarkeit rechtswidrig erlangter Beweismittel stellt der **Ankauf von „Steuerdaten-CD's"** dar.

**Beispiel** Die StA Wuppertal hatte eine sog. „Steuerdaten-CD" angekauft, die u.a. Informationen über eine Treuhandgesellschaft in Liechtenstein enthielt. Auf Basis dieser Erkenntnisse beantragte die StA beim zuständigen Richter einen Durchsuchungs- und Beschlagnahmebeschluss gegen A, der Kunde der Treuhandanstalt ist. Bei der Durchsuchung der Wohnung wurden daraufhin wichtige Dokumente gefunden.

Der Anwalt des A legt Beschwerde ein und begründet diese mit der Unverwertbarkeit der Steuerdaten, da diese aus einer rechtswidrigen Tat stammten.

Das *LG Bochum*[238] hat die Verwertbarkeit der Daten bejaht und darauf hingewiesen, dass sich ein Verbot der Verwertung nicht schon daraus ergebe, dass die Daten von dem ursprünglichen Hersteller der Datei rechtswidrig erlangt worden seien (Anmerkung: der Ankauf der Daten ist nach deutschem Recht nach h.M. keine Straftat, die Schweiz hat jedoch im Jahr 2012 gegen Ermittler der Wuppertaler Behörde Strafverfahren nach Schweizer Recht eingeleitet), da dies die Verwertung im Strafverfahren grundsätzlich

---

235 *BGH* Urteil vom 22.12.2011, AZ 2 StR 509/10 – abrufbar unter www.bundesgerichtshof.de.

236 *OLG Stuttgart* NJW 2016, 2280.

237 *BGH* NJW 2018, 2883.

238 *LG Bochum* Beschluss vom 22.4.2008, AZ 2 Qs 10/08; lesen Sie dazu auch *BVerfG* Beschluss vom 9.11.2010, AZ 2 BvR 2101/09 – abrufbar unter www.bundesverfassungsgericht.de sowie *Verfassungsgerichtshof Rheinland-Pfalz* Urteil vom 24.2.2014, AZ VGH B 26/13 – abrufbar unter www.mjv.rlp.de/Gerichte/Verfassungsgerichtshof/Entscheidungen.

nicht ausschließe. Es hat ferner deutlich gemacht, dass durch die Verwertung nicht die Intimsphäre, sondern der geschäftliche Bereich und damit nur die Sozialsphäre betroffen sei. Da die Verwertung zur Aufklärung einer Straftat diene, die im besonderen Interesse der Allgemeinheit liege, durften die Daten zur Grundlage des Beschusses des Ermittlungsrichters gemacht werden. ■

Von dem Grundsatz der Verwertbarkeit sind jedoch gewichtige Ausnahmen zu machen. So ist ein **Beweisverwertungsverbot** anzunehmen, wenn die Privatperson das Beweismittel auf eine Art und Weise erlangt hat, die eklatant gegen die **Menschenwürde** verstößt, indem sie z.B. dem vermeintlichen Täter unter Androhung von Folter ein Geständnis abgepresst hat.[239] Bei **heimlichen Tonbandaufnahmen** richtet sich die Verwertbarkeit nach der oben dargestellten **Sphärentheorie des BVerfG**.

179 Nicht verwertbar sind darüber hinaus Beweismittel, die von Privatpersonen **im Auftrag der Strafverfolgungsbehörden** rechtswidrig erlangt wurden. In diesem Zusammenhang ist die sog. **„Hörfalle"** von einiger Klausurrelevanz.

**Beispiel**
A ist des Mordes an seiner Ehefrau E verdächtig. Allerdings konnte bislang die Leiche der Frau nicht gefunden werden, so dass die Aussichten, in einer Hauptverhandlung zu einer Verurteilung zu gelangen, nicht gut sind. Als Zeuge Z gegenüber den ermittelnden Beamten erklärt, der Beschuldigte habe ihm gegenüber mit der Ermordung seiner Frau geprahlt, veranlasst Staatsanwalt S den Z, diesen erneut anzurufen und zu der Tat zu befragen. Dieses Telefonat wiederum wird von einem Polizeibeamten über eine entsprechende Vorrichtung mitgehört. ■

Ein Beweiserhebungsverbot wegen **Verstoßes gegen die Vorschriften über die Überwachung der Telekommunikation gem. §§ 100a ff. StPO** scheidet aus, da jedenfalls einer der beiden Gesprächsteilnehmer – nämlich der Anrufende – das Mithören genehmigt hat, die Maßnahme also insoweit nicht heimlich erfolgt.

Nach dem von der **h.M.** vertretenen, **„formellen Vernehmungsbegriff"** ist auch eine **direkte Anwendung von § 136a StPO nicht möglich**, da es sich bei dem Gespräch nicht um eine Vernehmung handelt. Eine solche Vernehmung liegt nur dann vor, wenn die fragende Person nach außen in amtlicher Eigenschaft auftritt.[240] Auch eine **analoge Anwendung des § 136a StPO kommt** nach **h.M. nicht in Betracht**, da **keine Täuschung** vorliegt. Der Zeuge, der im Auftrag der Polizei das Gespräch führt, erklärt nicht konkludent, dass keiner das Gespräch mithöre. Allerdings wird in der **Literatur** eine analoge Anwendung des § 136 StPO bejaht, da die Strafverfolgungsbehörden die Belehrungspflicht des § 136 StPO nicht gezielt dadurch unterlaufen dürften, dass sie private Vernehmungspersonen einschalteten.[241]

239 *Beulke/Swoboda* Strafprozessrecht Rn. 730.
240 *Beulke/Swoboda* Strafprozessrecht Rn. 742.
241 *Beulke/Swoboda* Strafprozessrecht Rn. 742.

Der **BGH** hat ein **Beweisverwertungsverbot** dann **abgelehnt**, wenn es um die Aufklärung einer Straftat von erheblicher Bedeutung geht und die Erforschung des Sachverhaltes unter Einsatz anderer Ermittlungsmethoden erheblich weniger erfolgversprechend oder wesentlich erschwert gewesen wäre.[242] Das **BVerfG** hat deutlich gemacht, dass das **Recht am gesprochenen Wort Teil des Persönlichkeitsrechtes** aus Art. 2 Abs. 1 i.V.m. Art. 1 Abs. 1 GG ist, welches auch davor schützt, dass der Gesprächspartner ohne Kenntnis des Anderen dritte Personen als Zuhörer in das Gespräch mit einbezieht. Allein das Interesse an einer funktionstüchtigen Strafrechtspflege soll infolgedessen als Rechtfertigung eines solchen Eingriffs nicht genügen. Erforderlich seien vielmehr zusätzliche Gesichtspunkte, so etwa die Aufklärung besonders schwerer Straftaten.[243]

## IV. Fernwirkung und Fortwirkung von Beweisverboten

Haben die Strafverfolgungsbehörden ein rechtswidrig gewonnenes Beweismittel zum Anlass genommen, einen Anfangsverdacht zu begründen und haben sie infolgedessen in diesem nunmehr eingeleiteten Ermittlungsverfahren **weitere Beweise** erlangt, so stellt sich die Frage, ob diese **Beweise, die mittelbar auf dem Beweismittel beruhen, welches einem Verwertungsverbot unterliegt**, ihrerseits verwertbar sind. Es handelt sich hierbei um die sog. **Fernwirkung von Beweisverboten**, die in Literatur und Rechtsprechung umstritten ist. **180** 

**Beispiel** Erinnern Sie sich, dass gegen A im obigen *Beispiel* (Rn. 164) wegen eines Bandendiebstahls ermittelt wurde und die Strafverfolgungsbehörden am Telefon, welches sie abgehört haben, ein Gespräch über einen Versicherungsbetrug belauscht haben? Wie Sie inzwischen wissen, ist das Band, welches den Mitschnitt des Gesprächs beinhaltet, nicht verwertbar, ebenso wenig kann der abhörende Beamte als Zeuge in einer Hauptverhandlung gehört werden. Haben nun aber die Ermittlungsbehörden dieses Gespräch zum Anlass genommen, weitere Ermittlungen zu tätigen und haben sie infolgedessen Zeugen ausfindig gemacht, die die Straftat bestätigen können, so stellt sich die Frage, ob diese Zeugen in der Hauptverhandlung gegen A wegen Versicherungsbetruges gehört werden können. ■

Eine teilweise in der **Literatur** vertretene Auffassung nimmt in entsprechender Anwendung der amerikanischen **„fruit-of-the-poisonous-tree-doctrine"** eine Fernwirkung an, da anderenfalls nach ihrer Auffassung der Sinn und Zweck von Beweisverwertungsverboten unterlaufen werden könnte.[244] Nach einer **a.A.** soll differenziert werden nach dem Schutzbereich der verletzten Verfahrensnorm. Insbesondere bei Verstößen gegen § 136a StPO wird eine Fernwirkung angenommen.[245] Nach **Auffassung der Rechtsprechung** hingegen soll eine Fernwirkung grundsätzlich nicht angenommen werden, da nicht das gesamte Ermittlungsverfahren durch einen Verfahrensverstoß lahm gelegt werden dürfe.[246]

242 BGHSt GrS 42, 139, 149.
243 BVerfGE 106, 28.
244 *Rogall* FS-Rengier 2018, 435.
245 *Beulke/Swoboda* Strafprozessrecht Rn. 744.
246 BGHSt 32, 68.

**Beispiel** Nach Auffassung des **BGH** wären damit die Zeugenaussagen in einem Ermittlungsverfahren gegen A im obigen *Beispiel* verwertbar. Nach den in der **Literatur** vertretenen Auffassungen wird man wohl ein Beweisverwertungsverbot annehmen müssen. ■

Von der „Fernwirkung" ist die **„Fortwirkung"** zu unterscheiden. Von einer solchen spricht man, wenn eine rechtswidrige Beweisgewinnung und ein damit einhergehendes Verwertungsverbot bei nachfolgenden Ermittlungsmaßnahmen fortwirkt (dazu auch Rn. 171). In der Regel kann eine solche Fortwirkung durch eine **qualifizierte Belehrung** beseitigt werden. Bei der qualifizierten Belehrung wird der Aussagende darüber in Kenntnis gesetzt, dass seine frühere Aussage nicht verwertbar ist. Er steht von daher nicht unter dem Zwang des zuvor Ausgesagten, so dass der Verstoß nicht mehr fortwirken kann.

**Beispiel** G, der den 5-jährigen Sohn eines Bankiers entführt hat, wird im Rahmen des Ermittlungsverfahrens von den Polizisten Folter in nicht gekanntem Ausmaß angedroht. Diese Drohung erfolgt, um das vermeintlich noch lebende Kind zu retten. G verrät daraufhin das Versteck des toten Kindes. In der Hauptverhandlung wird G darauf hingewiesen, dass das Geständnis gem. § 136a StPO nicht verwertbar sei. Gleichwohl legt G ein neues Geständnis ab, aufgrund dessen er verurteilt wird.[247]

Hier kann von einer Fortwirkung des rechtswidrig erlangten Geständnisses im Ermittlungsverfahren nicht ausgegangen werden, da G bewusst war, dass das Geständnis nicht verwertet werden durfte. Hätte der Richter diese Aufklärung unterlassen, hätte G evtl. unter dem Eindruck gestanden, dass „Leugnen sinnlos ist", da er ja bereits gestanden hatte. In diesem Fall hätte der Verstoß nach § 136a StPO das Aussageverhalten des G beeinflusst. Nach überwiegender Auffassung unterläge dann die Aussage des G ebenfalls wegen der Fortwirkung des Verstoßes einem Verwertungsverbot.[248] ■

## Online-Wissens-Check

**Welche gesetzlich geregelten Beweisverwertungsverbote kennen Sie?**

Überprüfen Sie jetzt online Ihr Wissen zu den in diesem Abschnitt erarbeiteten Themen. Unter **www.juracademy.de/skripte/login** steht Ihnen ein Online-Wissens-Check speziell zu diesem Skript zur Verfügung, den Sie kostenlos nutzen können. Den Zugangscode hierzu finden Sie auf der Codeseite.

247 Eine ausführliche Lösung des Falles „Daschner" finden Sie im Skript „Strafrecht BT I", Rn. 381.

248 *Haller/Conzen* Das Strafverfahren Rn. 629 m.w.N.

# 3. Teil
# Die Rechtsbehelfe

## A. Überblick

181 Die StPO bietet der Staatsanwaltschaft, dem Beschuldigten sowie dessen Verteidigung verschiedene Möglichkeiten, Entscheidungen des Gerichts überprüfen zu lassen. Die Rechtsbehelfe, mit denen wir uns gleich auseinandersetzen werden, lassen sich dabei in zwei Gruppen unterteilen:

- Die **ordentlichen Rechtsbehelfe**: Die ordentlichen Rechtsbehelfe, die auch als **Rechtsmittel** bezeichnet werden, hemmen grundsätzlich den Eintritt der Rechtskraft und verhindern so die Vollstreckung der gerichtlichen Entscheidung. Zu ihnen zählen die **Berufung** gem. **§§ 312 ff. StPO**, die **Revision** gem. **§§ 333 ff. StPO** und die **Beschwerde** gem. **§§ 304 ff. StPO**.
- Die **außerordentlichen Rechtsbehelfe**: Diese Rechtsbehelfe zeichnen sich dadurch aus, dass sie die bereits eingetretene Rechtskraft durchbrechen. Zu den außerordentlichen Rechtsbehelfen zählen die **Wiederaufnahme des Verfahrens** gem. **§§ 359 ff. StPO**, die **Wiedereinsetzung in den vorigen Stand** gem. **§§ 44 ff. StPO** sowie die **Verfassungsbeschwerde** gem. **Art. 93 Abs. 1 Nr. 4a GG, §§ 90 ff. BVerfGG**.

» Die Verfassungsbeschwerde ist ausführlich dargestellt u.a. im Skript „Staatsorganisationsrecht“. Sollten Sie deren Voraussetzungen noch nicht oder nicht mehr kennen, so können Sie an dieser Stelle die Gelegenheit nutzen und dieses Thema wiederholen. «

Mit Ausnahme der Verfassungsbeschwerde werden wir uns nachfolgend mit den wesentlichen Voraussetzungen der übrigen Rechtsbehelfe auseinandersetzen.

**Hinweis**

Auch der **Einspruch gegen einen Strafbefehl** gem. § 410 StPO ist ein ordentlicher Rechtsbehelf. Auf diese Möglichkeit haben wir bereits hingewiesen unter Rn. 26.

## B. Die ordentlichen Rechtsbehelfe (Rechtsmittel)

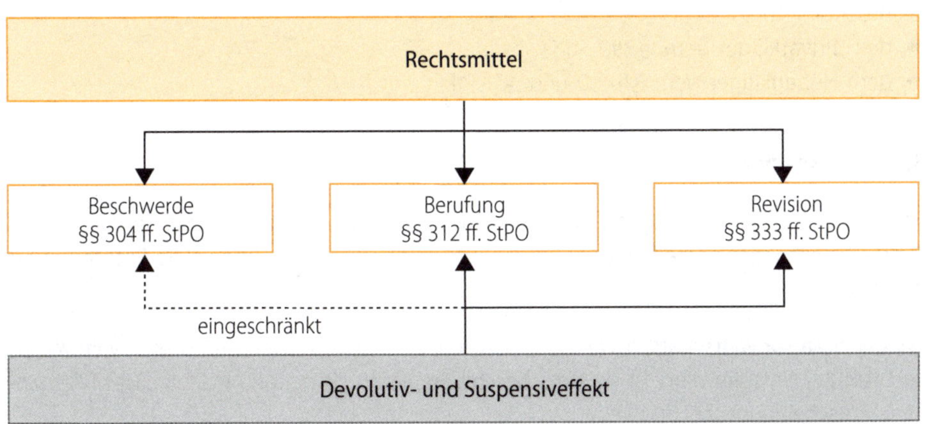

## I. Gemeinsame Grundsätze

» Lesen Sie zunächst die nebenstehend genannten Vorschriften und versuchen Sie, die Gemeinsamkeiten herauszuarbeiten. «

182 Die Rechtsmittel der Berufung, der Revision und der Beschwerde weisen Gemeinsamkeiten auf, die u.a. in den **§§ 296 bis 303 StPO** geregelt sind.

Alle Rechtsmittel werden im Strafrecht bei dem Gericht eingelegt, dessen Entscheidung angefochten werden soll (= **iudex a quo**), nicht beim Rechtsmittelgericht (= **iudex ad quem**).

### 1. Wirkungen der Rechtsmittel

183 Den Rechtsmitteln ist zunächst gemein, dass sie einen Devolutiv- und einen Suspensiveffekt haben.

Der **Devolutiveffekt** besteht darin, dass die Rechtsmittel das Verfahren in eine höhere Instanz bringen. Bei der **Beschwerde** ist insoweit jedoch gem. **§ 306 Abs. 2 StPO** zu beachten, dass zunächst das Gericht oder der Vorsitzende, dessen Entscheidung angefochten wird, der Beschwerde selbst abhelfen kann, sofern er sie für begründet hält. Erst wenn er dies ablehnt, muss die Beschwerde dem nächsthöheren Beschwerdegericht vorgelegt werden.

Der **Suspensiveffekt** bedeutet, dass die rechtzeitige Einlegung des Rechtsmittels die Rechtskraft des Urteil hemmt, was zur Folge hat, dass das Urteil noch nicht vollstreckt wird. Damit hat das Rechtsmittel, wie Sie inzwischen wissen, des Weiteren die Konsequenz, dass der erstinstanzlich Verurteilte noch immer als unschuldig zu gelten hat.

Auch hier ist eine **Besonderheit bei der Beschwerde** zu beachten. Gem. **§ 307 Abs. 1 StPO** tritt der Suspensiveffekt bei der Beschwerde nicht automatisch ein. **§ 307 Abs. 2 StPO** bestimmt jedoch, dass das Gericht, dessen Entscheidung angefochten wird, ebenso wie das Beschwerdegericht die Vollziehung der angefochtenen Entscheidung aussetzen kann.

### 2. Anfechtungsberechtigung

184 Die Rechtsmittel können eingelegt werden von

- der **Staatsanwaltschaft** gem. § 296 Abs. 1 StPO, wobei zu beachten ist, dass diese auch zu Gunsten des Beschuldigten Rechtsmittel einlegen kann,
- dem **Beschuldigten** gem. § 296 Abs. 1 StPO,
- dem **Verteidiger** gem. § 297 StPO, allerdings nicht gegen den Willen des Beschuldigten,
- dem **gesetzlichen Vertreter** gem. § 298 StPO, hier auch gegen den Willen des Beschuldigten,
- dem **Privatkläger** gem. § 390 StPO sowie
- dem **Nebenkläger** gem. §§ 400 und 401 StPO.

### 3. Die Beschwer

185 Voraussetzung für die Einlegung eines Rechtsmittels ist des Weiteren, dass der Einlegende ein **Rechtsschutzinteresse** hat. Dies liegt immer dann vor, wenn er **durch die Entscheidung beschwert** ist.

Da die **Staatsanwaltschaft** sowohl zu Gunsten als auch zu Ungunsten des Verurteilten Rechtsmittel einlegen kann, ist sie **stets beschwert**, wenn sie geltend macht, dass die ergangene Entscheidung unrichtig sei.

Der **Beschuldigte** und damit im Zusammenhang stehend auch sein **Verteidiger bzw. der gesetzliche Vertreter** ist beschwert, wenn die **Entscheidung zu seinem Nachteil** ergangen ist.

Die Beurteilung der Beschwer hängt allein vom **Urteilstenor** ab. Die Urteilsgründe hingegen sind, auch wenn sie nach Auffassung eines der Verfahrensbeteiligten nicht richtig sind, unbeachtlich.

**Beispiel** Der wegen schweren Raubes Angeklagte A wurde vom *Landgericht* „aus Mangel an Beweisen" freigesprochen. A empfindet diesen Freispruch als einen solchen „zweiter Klasse" und möchte gegen das Urteil Revision einlegen. Da es jedoch insoweit nur auf den Urteilstenor ankommt, ist A durch das Urteil nicht beschwert. Eine Revision ist mithin nicht zulässig. ■

## 4. Dispositionsfreiheit

Der Rechtsmittelführer kann in bestimmtem Umfang über das von ihm eingelegte Rechts- 186
mittel disponieren. Dies geschieht insbesondere durch Beschränkung, Verzicht oder Rücknahme.

Sowohl bei der Berufung als auch bei der Revision ist es möglich, die **Anfechtung des Urteils nur auf bestimmte Beschwerdepunkte zu beschränken, §§ 318, 344 Abs. 1 StPO**. Nach der sog. **Trennbarkeitsformel**[1] ist dies jedoch nur dann zulässig, wenn „Gegenstand der Anfechtung ein solcher Teil der Entscheidung ist, der losgelöst oder getrennt von dem nicht angefochtenen Teil des Urteils eine in sich selbstständige Prüfung und Beurteilung zulässt".

**Beispiel** A ist angeklagt worden, wegen zweier verschiedener Brandstiftungen im Jahre 2008. Die Einlegung der Revision beschränkt er auf die erste, angeblich im Frühjahr des Jahres 2008 von ihm begangene Brandstiftung (sog. **vertikale Beschränkung**).

Es ist auch möglich, dass A den Vorwurf selbst nicht bestreiten möchte, sich jedoch vom Gericht als viel zu hoch und damit ungerecht bestraft sieht. In diesem Fall kann er das Rechtsmittel auf das Strafmaß beschränken (sog. **horizontale Beschränkung**).[2] ■

Gem. **§ 302 Abs. 1 S. 1 StPO** kann darüber hinaus die **Rücknahme eines Rechtsmittels** sowie der **Verzicht auf die Einlegung eines Rechtsmittels** erklärt werden. Diese Erklärung kann auch vor Ablauf der Frist zu seiner Einlegung erfolgen. Sind sie einmal erklärt worden, dann ist ein Widerruf nicht mehr möglich.[3]

## 5. Verbot der „reformatio in peius"

Aus den **§§ 331 Abs. 1 und 358 Abs. 2 S. 1 StPO** können Sie ersehen, dass die **Art und Höhe** 187
**der Rechtsfolgen** der Tat nicht zum Nachteil des Verurteilten geändert werden darf, wenn

- ausschließlich der Angeklagte oder
- sein gesetzlicher Vertreter oder
- zu seinen Gunsten die Staatsanwaltschaft das Rechtsmittel eingelegt hat.

Hat hingegen die Staatsanwaltschaft das Rechtsmittel zu Ungunsten des Angeklagten eingelegt, so kann die angefochtene Entscheidung in beiderlei Richtungen geändert werden.

1 BGHSt 10, 100.
2 *Beulke/Swoboda* Strafprozessrecht Rn. 819.
3 *BGH* NStZ 2005, 113.

**Hinweis**

Beachten Sie, dass das Verbot der reformatio in peius nur die **Rechtsfolgen der Tat** betrifft. Diese dürfen nach Art und Höhe nicht verändert werden. Eine Änderung des Schuldspruchs bleibt hingegen möglich.

### 6. Falsa demonstratio non nocet

188 Wird ein Rechtsmittel eingelegt, so ist gem. **§ 300 StPO** eine **fehlende oder falsche Bezeichnung des Rechtsmittels grundsätzlich unschädlich**, sofern das Rechtsmittel statthaft ist und die übrigen Zulässigkeitsvoraussetzungen vorliegen.

**Beispiel** A, der sich einen Strafverteidiger nicht leisten kann, ist vom *Amtsgericht Köln* wegen Diebstahls gem. § 242 StGB zu einer Geldstrafe verurteilt worden. Noch an demselben Tag legt er schriftlich beim *Amtsgericht* „Beschwerde" ein und beantragt eine erneute Durchführung der Hauptverhandlung. Da eine Beschwerde hier nicht zulässig ist, eine Berufung hingegen schon, wird das von A eingelegte Rechtsmittel als Berufung angesehen. Da die übrigen Zulässigkeitsvoraussetzungen der Berufung im vorliegenden Fall gegeben sind, wird das Verfahren vor dem *Landgericht Köln* durchgeführt werden. ■

**Hinweis**

In den Klausuren der ersten staatlichen Pflichtfachprüfung kann es sein, dass die materiellrechtliche Prüfung eine **strafprozessuale „Einkleidung"** erfährt, indem z.B. bei der Aufgabenstellung danach gefragt wird, wie der Beschuldigte gegen die Untersuchungshaft vorgehen kann. In einem solchen Fall fangen Sie mit der Vorüberlegung an, welches Rechtsmittel in Betracht kommt und prüfen dann dessen Voraussetzungen durch. Handelt es sich um die Haftbeschwerde gem. §§ 304 ff. StPO, dann prüfen Sie die nachfolgend geschilderten Voraussetzungen durch. Bei der Frage nach dem dringenden Tatverdacht steigen Sie dann in die materiell rechtliche Prüfung ein.

Denkbar ist auch, dass im Anschluss an das Gutachten danach gefragt wird, **welche Rechtsmittel** dem Täter zur Verfügung stehen nach einer entsprechenden Verurteilung. In einem solchen Fall müssen Sie zunächst überlegen, vor welchem Gericht der Täter erstinstanzlich angeklagt worden wäre und danach dann das Rechtsmittel bestimmen. Zumeist wird es sich um eine Revision handeln, die Sie dann entsprechend dem nachfolgend dargestellten Prüfungsschema prüfen. Der Schwerpunkt wird auf den Revisionsgründen liegen.

## II. Die Beschwerde gem. §§ 304 ff. StPO

### 1. Die verschiedenen Arten der Beschwerde

189 Bei der Beschwerde müssen Sie drei Arten voneinander unterscheiden:

- Die **einfache Beschwerde gem. § 304 StPO**: Sie ist nicht befristet und kann jederzeit eingelegt werden;
- die **sofortige Beschwerde gem. § 311 StPO**: Diese Beschwerde ist binnen einer Woche einzulegen wobei gem. § 311 Abs. 2 StPO die Frist mit der Bekanntmachung beginnt. Eine sofortige Beschwerde ist nur dann erforderlich, wenn dies im Gesetz ausdrücklich angeordnet ist, so z.B. bei den §§ 28 Abs. 2 S. 1, 210 Abs. 2, 322 Abs. 2 StPO;

- die **weitere Beschwerde gem. § 310 StPO**: Bei Verhaftungen, der einstweiligen Unterbringung und bestimmten Anordnungen des dinglichen Arrests ist eine weitere Beschwerde möglich, welche sich wiederum gegen die Entscheidung des vorangegangenen Beschwerdegerichts richtet.

## 2. Voraussetzungen

Folgende Prüfungsvoraussetzungen müssen Sie bei der Beschwerde beachten: 190

### Die Beschwerde gem. §§ 304 ff. StPO

PRÜFUNGSSCHEMA

**I. Statthaftigkeit der Beschwerde**
gegen Beschlüsse und Verfügungen des Gerichts des ersten Rechtszugs oder der Berufungsinstanz gem. § 304 StPO; Einschränkungen gem. § 305 StPO beachten.

**II. Rechtsmittelberechtigung**
1. Antragsberechtigung gem. § 296 ff. StPO
2. Beschwer
3. Kein Verzicht, keine Rücknahme

**III. Ordnungsgemäße Einlegung**
1. Einlegung beim iudex a quo gem. § 306 StPO
2. Frist: Die einfache Beschwerde ist unbefristet; nur bei der sofortigen Beschwerde ist die einwöchige Frist gem. § 311 Abs 2 StPO einzuhalten
3. Form: Schriftlich oder zu Protokoll der Geschäftsstelle gem. § 306 Abs. 1 StPO

**IV. Ordnungsgemäße Begründung**
bei der Beschwerde nicht erforderlich

## 3. Entscheidungsmöglichkeiten

Wird die einfache Beschwerde eingelegt, so hat das Gericht die **Möglichkeit, der Beschwerde abzuhelfen,** sofern es sie für begründet erachtet, § 306 Abs. 2 Hs. 1 StPO. Andernfalls legt es die Beschwerde **dem zuständigen Beschwerdegericht vor,** § 306 Abs. 2 Hs. 2 StPO. 191

**Hinweis**

Das **Beschwerdegericht** ist

- das **Landgericht gem. § 73 GVG**, sofern es Verfügungen des Richters beim *Amtsgericht* oder Beschlüsse des *Amtsgerichts* betrifft;
- das **Oberlandesgericht gem. § 121 Abs. 1 Nr. 2 und 3 GVG**, sofern es Verfügungen beim *Landgericht* und Beschlüsse des *Landgerichts* betrifft;
- der **BGH gem. § 135 Abs. 2 GVG** in den dort genannten Fällen.

Liegen die Zulässigkeitsvoraussetzungen der Beschwerde nicht vor, so wird die **Beschwerde als unzulässig verworfen**. Ist die Beschwerde hingegen zulässig und begründet, so entscheidet das Beschwerdegericht **in der Sache selbst, § 309 Abs. 2 StPO**.

## III. Die Berufung gem. §§ 312 ff. StPO

### 1. Voraussetzungen

192 Aus § 312 StPO ergibt sich, dass die Berufung nur **gegen amtsgerichtliche Urteile des Strafrichters oder des Schöffengerichts zulässig** ist. Erstinstanzliche Urteile des *Landgerichts* oder *Oberlandesgerichts* können nur mit der Revision angefochten werden, über die der *Bundesgerichtshof* entscheidet.

» Haben Sie noch den Instanzenzug im Kopf? Wenn nicht, dann sollten Sie ihn an dieser Stelle wiederholen (s. Rn. 55)! «

Im Gegensatz zur Revision führt die Berufung zu einer **Überprüfung der Entscheidung** sowohl **in rechtlicher als auch in tatsächlicher Hinsicht**. Damit ist die Berufungsinstanz eine zweite Tatsacheninstanz, in welcher neue Tatsachen und Beweismittel eingeführt werden können, **§ 323 Abs. 3 StPO**.[4]

Ebenso wie bei der Beschwerde und wiederum anders als bei der Revision muss die Berufung **nicht begründet** werden, wobei gem. **§ 317 StPO** eine **Begründung allerdings möglich** ist.

In gewissen Fällen bedarf die Berufung gem. **313 StPO** einer vorherigen Annahme durch das Gericht (sog. **Annahmeberufung**). Die Berufung wird angenommen, wenn sie nicht offensichtlich unbegründet ist, § 313 Abs. 2 S. 1 StPO.

Folgende Voraussetzungen müssen Sie bei der Berufung prüfen:

PRÜFUNGSSCHEMA

**Berufung gem. §§ 312 ff. StPO**

**I. Statthaftigkeit der Berufung**
gegen Urteile des *Amtsgerichts* gem. § 312 StPO, zu beachten: Annahme der Berufung gem. § 313 StPO

**II. Rechtsmittelberechtigung**
1. Antragsberechtigung gem. §§ 296 ff. StPO
2. Beschwer
3. Kein Verzicht und keine Rücknahme

**III. Ordnungsgemäße Einlegung**
1. Frist: gem. § 314 StPO binnen einer Woche beim iudex a quo
2. Form: gem. § 314 StPO schriftlich oder zu Protokoll der Geschäftsstelle

**IV. Ordnungsgemäße Begründung**
nicht erforderlich, aber möglich gem. § 317 StPO

### 2. Entscheidungsmöglichkeiten

193 Liegen die Zulässigkeitsvoraussetzungen nicht vor, so kann das Berufungsgericht die Berufung durch Beschluss gem. **§ 322 Abs. 1 S. 1 StPO als unzulässig verwerfen**.

4 *Beulke/Swoboda* Strafprozessrecht Rn. 834.

Werden die Zulässigkeitsvoraussetzungen hingegen bejaht, muss es in den Fällen der **§§ 313, 322a StPO über die Annahme der Berufung entscheiden**.

Stellt sich vor Beginn der Hauptverhandlung ein Verfahrenshindernis heraus, so hat das Gericht gem. **§ 206a StPO** die Möglichkeit, das Verfahren **durch Beschluss einzustellen**.

**Hinweis**

§ 206a StPO gilt in jedem Verfahrensabschnitt, also auch im Berufungsverfahren.[5]

Ist die **Berufung zulässig**, so findet eine **Hauptverhandlung** statt, welche in ihren wesentlichen Zügen der Hauptverhandlung der ersten Instanz entspricht. Einzelheiten zur Hauptverhandlung finden Sie in den **§§ 323 bis 325 StPO**.

**» Lesen Sie die zitierten Normen durch und verschaffen Sie sich einen Überblick. «**

Ist die Berufung **zulässig und begründet**, so hebt das Berufungsgericht das erstinstanzliche Urteil auf und **entscheidet gem. § 328 Abs. 1 StPO in der Sache selbst**. Hält das Berufungsgericht dagegen das **erstinstanzliche Urteil** für **richtig**, so wird die Berufung **als unbegründet verworfen**.[6]

## IV. Die Revision gem. §§ 333 ff. StPO

### 1. Voraussetzungen

Gem. **§§ 333 und 335 StPO** ist die Revision **zulässig gegen alle erstinstanzlichen Urteile des Amtsgerichts, des Landgerichts und des Oberlandesgerichts** sowie darüber hinaus gegen alle **Berufungsurteile der kleinen Strafkammer des Landgerichts**. Wird gegen das erstinstanzliche Urteil des *Amtsgerichts* Revision eingelegt, dann handelt es sich gem. **§ 335 StPO** um eine **Sprungrevision**, da mit ihr die grundsätzlich vorgesehene und mögliche Berufung „übersprungen" wird. 194

Im Gegensatz zur Berufung ist die Revision **keine Tatsacheninstanz**, d.h. das Revisionsgericht legt bei seiner Entscheidung den vom erstinstanzlichen Gericht festgestellten Sachverhalt zugrunde. Mit der Revision wird überprüft, ob **das Urteil verfahrensrechtlich ordnungsgemäß zustande gekommen** ist und ob das Gericht dabei das **materielle Recht richtig angewendet** hat.

Im Gegensatz zur Berufung ist bei der Revision auch eine **Begründung erforderlich**. Dies ergibt sich aus **§ 344 Abs. 1 StPO**. Diese Revisionsbegründung muss innerhalb eines Monats nach Ablauf der Rechtsmittelfrist angebracht werden, § 345 Abs. 1 S. 1 StPO.

5 BGHSt 24, 208.

6 Zu weiteren Entscheidungsmöglichkeiten vgl. *Beulke/Swoboda* Strafprozessrecht Rn. 838.

Die zu überprüfenden Zulässigkeitsvoraussetzungen der Revision sehen mithin wie folgt aus:

PRÜFUNGSSCHEMA

### Revision gem. §§ 333 ff. StPO

**I. Statthaftigkeit der Revision**
gem. § 333 StPO gegen Urteile des *LG* und *OLG* und § 335 StPO gegen Urteile des AG

**II. Rechtsmittelberechtigung**
1. Antragsberechtigung gem. §§ 296 ff. StPO
2. Beschwer
3. Kein Verzicht und keine Rücknahme

**III. Ordnungsgemäße Einlegung**
1. Form: gem. § 341 StPO schriftlich oder zu Protokoll der Geschäftsstelle beim iudex a quo
2. Frist: gem. § 341 Abs. 1 StPO binnen einer Woche nach Verkündung des Urteils

**IV. Ordnungsgemäße Begründung**
1. Form: gem. § 345 Abs. 1 StPO beim iudex a quo (sofern durch den Verteidiger schriftlich oder zu Protokoll der Geschäftsstelle, § 345 Abs. 2 StPO) und entsprechend den Anforderungen des § 344 StPO
2. Frist: gem. § 345 Abs. 1 StPO binnen eines Monats nach Ablauf der Frist zur Einlegung des Rechtsmittels

## 2. Die Revisionsgründe

195

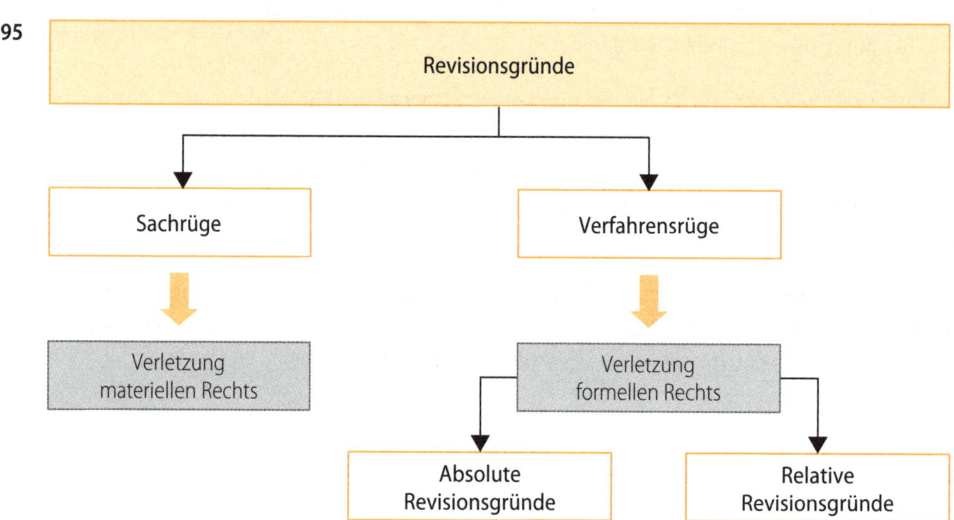


Aus **§ 344 Abs. 1 StPO** können Sie entnehmen, dass der Beschwerdeführer zunächst anzugeben hat, inwieweit er das Urteil anficht und dessen Aufhebung beantragt und dass er darüber hinaus die Anträge zu begründen hat. Aus **§ 344 Abs. 2 StPO** kann entnommen werden, dass aus der Begründung hervorgehen muss, ob das Urteil wegen Verletzung einer Rechtsnorm über das Verfahren oder wegen Verletzung einer anderen Rechtsnorm angefochten wird. Im Falle der Verletzung einer Rechtsnorm über das Verfahren müssen die den Mangel enthaltenen Tatsachen angegeben werden.

Die **Revisionsgründe** können damit in zwei Kategorien eingeteilt werden:

- Die **Verletzung materiellen Rechts** sowie
- die **Verletzung formellen Rechts**.

### a) Die Sachrüge

Mit der Sachrüge wird die **Verletzung materiellen Rechts** beanstandet. Wird sie erhoben, so **196**
muss das Revisionsgericht die richtige Anwendung der materiell-rechtlichen Strafvorschriften überprüfen, deretwegen der Angeklagte verurteilt wurde. Diese Überprüfung geschieht **von Amts wegen**. Aus diesem Grund reicht es aus, wenn der Antragsteller die Sachrüge lediglich erhebt. Üblich ist hier die **allgemeine Formulierung**: **„gerügt wird die Verletzung materiellen Rechts"**. Eine nähere Begründung, inwieweit das materielle Recht verletzt worden ist, ist nicht erforderlich.[7]

### b) Die Verfahrensrüge

Mit der Verfahrensrüge wird die **Verletzung formellen Rechts** beanstandet, wobei hier wei- **197**
ter zu differenzieren ist:

- Es ist möglich, dass das erstinstanzliche Gericht **Verfahrenshindernisse nicht beachtet** hat,
- darüber hinaus ist es denkbar, dass **Verfahrensvorschriften verletzt** wurden.

Das erstinstanzliche Urteil ist damit verfahrensrechtlich nicht ordnungsgemäß zustande gekommen.

Im Gegensatz zur Sachrüge muss der Revisionsführer bei der Verfahrensrüge gezielt die **Tatsachen angeben, die den Verfahrensmangel begründen**. Eine Bezugnahme oder Verweisung auf die Sitzungsprotokolle ist nicht zulässig. Die Tatsachen müssen vielmehr so konkret angegeben werden, dass es für das Revisionsgericht grundsätzlich nicht erforderlich ist, die Akten beizuziehen.

Aus diesem Grund muss der Tatsachenvortrag in sich schlüssig und widerspruchsfrei sein. Die Tatsachen müssen vollständig und bestimmt dargelegt werden.

**Hinweis**

Die soeben dargestellten Anforderungen gelten nicht für die Nichtbeachtung von Verfahrenshindernissen. Diese sind **Prozessvoraussetzungen** und müssen grundsätzlich **von Amts wegen geprüft** werden, so dass es einer detaillierten Rüge nicht bedarf.[8]

Innerhalb der Verfahrensrügen ist zu differenzieren zwischen **absoluten und relativen Revisionsgründen**.

7 Zu den einzelnen Voraussetzungen der Sachrüge vgl. ausführlich *Russack* Die Revision in der strafrechtlichen Assessorklausur Rn. 551 ff.

8 *Haller/Conzen* Das Strafverfahren Rn. 950.

Die **absoluten Revisionsgründe** sind in **§ 338 StPO** geregelt. Liegen sie vor, so wird zwingend angenommen, dass das Urteil auf der Verletzung der jeweiligen Norm des Strafprozessrechts „beruht", d.h. dass ein ursächlicher Zusammenhang zwischen dem Verstoß und dem Urteil besteht. Daraus folgt, dass bei diesen gravierenden Verfahrensverstößen das Beruhen des Urteils nicht begründet zu werden braucht.[9]

Bei den **relativen Revisionsgründen**, die in **§ 337 StPO** geregelt sind, wird dieses „Beruhen" nicht automatisch angenommen. Voraussetzung ist insoweit zunächst, dass der Revisionsführer eine **Verletzung des Verfahrensrechts** feststellt und sodann darlegt und begründet, warum ein **Beruhen des Urteils auf dem Verfahrensfehler nicht ausgeschlossen** werden kann. Dieses ist immer dann der Fall, wenn ein rechtsfehlerfreies Verfahren möglicherweise zu einem anderen Ergebnis geführt hätte.[10]

**JURIQ-Klausurtipp**

Relative Revisionsgründe liegen häufig in der Verletzung eines der Verfahrensprinzipien und/oder in der unzulässigen Verwertung von Beweismitteln, weshalb Sie den entsprechenden Kapiteln große Aufmerksamkeit gewidmet haben sollten.

### 3. Entscheidungsmöglichkeiten

198 Sofern das Revisionsgericht die Revision für **nicht zulässig** erachtet, wird sie gem. **§ 349 Abs. 1 StPO durch Beschluss als unzulässig verworfen**. Gleiches gilt, wenn die Revision zwar zulässig aber **offensichtlich unbegründet** ist.

Hält das Revisionsgericht die Revision **sicher für begründet**, so hebt es gem. **§ 349 Abs. 4 StPO** das Urteil ebenfalls durch **Beschluss** auf.

Hat eine **Hauptverhandlung** stattgefunden, so ergeht ein **Urteil**. Hält das Revisionsgericht die Revision erneut für **unzulässig**, so wird die Revision **gem. § 349 Abs. 5 StPO als unzulässig verworfen**.

Glaubt das Revisionsgericht, das erstinstanzliche **Urteil** sei **rechtsfehlerfrei**, so wird die **Revision als unbegründet verworfen**.

Erachtet das Revisionsgericht hingegen die **zulässige Revision** für **begründet**, so hebt es gem. **§ 353 StPO** das Urteil inklusive der zugrunde liegenden Tatsachenfeststellung auf und **verweist die Sache zur erneuten Entscheidung an einen anderen Spruchkörper oder ein anderes Gericht gleicher Ordnung zurück,** § 354 Abs. 2 StPO. Lediglich in den Fällen des **§ 354 Abs. 1 StPO** kann das Revisionsgericht ausnahmsweise **selbst entscheiden**.

9 Zu den einzelnen absoluten Revisionsgründen vgl. *Russack* Die Revision in der strafrechtlichen Assessorklausur Rn. 167 ff.

10 *Russack* a.a.O. Rn. 249 mit weiteren Ausführungen zu den einzelnen relativen Revisionsgründen in Rn. 281 ff.

## C. Die außerordentlichen Rechtsbehelfe

### I. Wiederaufnahme des Verfahrens gem. §§ 359 ff. StPO

In den engen Grenzen der **§§ 359 ff. StPO** ist eine Wiederaufnahme des Verfahrens möglich. Eine Wiederaufnahme des Verfahrens kommt erst dann in Betracht, **wenn ein rechtskräftiges Urteil vorliegt** und danach z.B. neue Tatsachen oder Beweismittel auftauchen, die allein oder in Verbindung mit den früher erhobenen Beweisen den Freispruch des Angeklagten oder die Anwendung eines milderen Strafgesetzes möglich machen, § 359 Nr. 5 StPO. 199

» Lesen Sie beide Vorschriften und vergleichen Sie sie miteinander. «

Bei der Wiederaufnahme müssen Sie unterscheiden zwischen der **Wiederaufnahme zu Gunsten des Verurteilten gem. § 359 StPO und § 79 Abs. 1 BVerfGG** und jener **zu Ungunsten des Verurteilten**, deren Voraussetzungen in **§ 362 StPO** geregelt sind.

Sofern Sie die beiden Vorschriften miteinander vergleichen, stellen Sie fest, dass in beiden Fällen eine Wiederaufnahme möglich ist, wenn neue Tatsachen oder Beweismittel beigebracht werden. Zuungunsten des Angeklagten ist dies aber nur bei Taten zulässig, die nicht der Verjährung unterliegen, wie z.B. der Mord gem. § 211 StGB. Diese Möglichkeit wurde vom Gesetzgeber mit dem „Gesetz zur Herstellung materieller Gerechtigkeit" vom 21.12.2021 eingefügt, um vor allem auch die heute möglichen Auswertungen von DNA-Spuren berücksichtigen zu können.

Das Wiederaufnahmeverfahren läuft **in drei Schritten** ab:

Im **Additionsverfahren** erfolgt eine **Zulässigkeitsprüfung** gem. § 368 StPO: Hier überprüft das Gericht, ob Inhalt und Form des Antrags den Anforderungen des § 366 StPO entsprechen. Fehlt es daran, wird der Antrag als unzulässig im Wege des Beschlusses verworfen. Liegen die Voraussetzungen hingegen vor, erlässt das Gericht einen Zulassungsbeschluss.

Im **Probationsverfahren** erfolgt eine **Begründetheitsprüfung** gem. §§ 369, 370 StPO: In diesem Verfahrensabschnitt erfolgt eine Beweisaufnahme über die vom Antragsteller geltend gemachten Wiederaufnahmegründe. Hält das Gericht diese für nicht ausreichend, so wird der Antrag durch Beschluss als unbegründet gem. § 370 Abs. 1 StPO verworfen, andernfalls ergeht gem. § 370 Abs. 2 StPO ein Wiederaufnahmebeschluss.

Ist die Wiederaufnahme zulässig und begründet erfolgt gem. § 373 StPO eine neue **Hauptverhandlung.**[11]

### II. Wiedereinsetzung in den vorigen Stand gem. §§ 44 ff. StPO

Es ist denkbar, dass eine vom Gesetz zwingend vorgesehene Frist, bei welcher es sich um eine sog. **absolute Ausschlussfrist** handelt, von einem Verfahrensbeteiligten **versäumt** wird. 200

11 Einzelheiten zur Wiederaufnahme des Verfahrens können Sie nachlesen bei *Beulke/Swoboda* Strafprozessrecht Rn. 877 ff.

In diesen Fällen kommt gem. **§§ 44 ff. StPO** eine Wiedereinsetzung in den vorigen Stand in Betracht. Ist die Wiedereinsetzung erfolgreich, dann wird das **Verfahren so weitergeführt, als ob die versäumte Handlung rechtzeitig vorgenommen worden wäre**.

**Beispiel** Der wieder nicht durch einen Strafverteidiger vertretene A wird in der Hauptverhandlung wegen Diebstahls gem. § 242 StGB zu einer sechsmonatigen Freiheitsstrafe auf Bewährung verurteilt. Unmittelbar nach Verlassen des Gerichtssaals erleidet A eine Hirnblutung, mit der Folge, dass er für drei Wochen in ein künstliches Koma versetzt wird. Kaum ist er aus diesem Koma aufgewacht, möchte er von dem nunmehr konsultierten Verteidiger wissen, ob er gegen das Urteil noch ein Rechtsmittel einlegen kann. Da die Berufungsfrist inzwischen abgelaufen ist, kommt eine Wiedereinsetzung in den vorigen Stand gem. § 44 ff. StPO in Betracht. ■

Der Rechtsbehelf, der ebenso wie die Wiederaufnahme des Verfahrens die Rechtskraft durchbricht, hat folgende **Voraussetzungen**:

- Der Antrag auf Wiedereinsetzung muss **gem. § 45 Abs. 1 StPO binnen einer Woche nach Wegfall des Hindernisses gestellt** werden,
- gem. **§ 45 Abs. 2 S. 1 StPO** ist der **Hinderungsgrund glaubhaft zu machen,**
- gem. **§ 45 Abs. 2 S. 2 StPO** muss die **versäumte Handlung** innerhalb der Antragsfrist **nachgeholt werden** und
- gem. § 44 S. 1 StPO muss das **Fristversäumnis ohne Verschulden** gewesen sein, wobei das **Verschulden des Verteidigers** bzw. **dessen Kanzleipersonals** dem Beschuldigten grundsätzlich **nicht zurechenbar** ist.[12]

**Beispiel** Im obigen *Beispiel* müsste der Verteidiger mithin nunmehr den Antrag auf Wiedereinsetzung in den vorigen Stand stellen und dabei zugleich die Berufung in der vorgeschriebenen Form beim iudex a quo einlegen. Die Glaubhaftmachung kann erfolgen durch eine Versicherung an Eides statt oder sonstige Urkunden, z.B. ein ärztliches Attest. Das fehlende Verschulden ergibt sich hier aus der Krankheit des A, die es ihm nicht möglich machte, ein Rechtsmittel einzulegen.

Hätte nicht der A aufgrund seiner Krankheit, sondern sein Verteidiger aufgrund mangelnder Fristenkontrolle versäumt, die Berufung einzulegen, dann stellt sich die Frage, ob dem A das Verschulden seines Verteidigers zuzurechnen ist. Dies wird im Strafverfahrensrecht abgelehnt, sofern der Mandant das Verschulden nicht mitverursacht hat, z.B. durch die sorgfaltswidrige Auswahl des Verteidigers.[13] ■

## Online-Wissens-Check

**Wodurch unterscheiden sich die ordentlichen von den außerordentlichen Rechtsbehelfen?**

Überprüfen Sie jetzt online Ihr Wissen zu den in diesem Abschnitt erarbeiteten Themen. Unter **www.juracademy.de/skripte/login** steht Ihnen ein Online-Wissens-Check speziell zu diesem Skript zur Verfügung, den Sie kostenlos nutzen können. Den Zugangscode hierzu finden Sie auf der Codeseite.

12 BGHSt 14, 306.
13 BGHSt 14, 330.

# Sachverzeichnis

Die Zahlen verweisen auf die Randnummern.